日本留学試験（EJU）対策厳選書籍

総合科目

⚓ 啓程塾

はじめに

　あなたはこれから，外国人留学生として，日本の大学に入学することをめざしています。

　そのために，あなたは何をすればよいでしょうか。

　最も必要なことは，日本留学試験（EJU）を受験することです。大学，大学院，短期大学など，日本にある高等教育機関のほとんどが，この試験制度を採用しています。ですから，EJU で高得点を取ることができれば，あなたの志望校に合格する可能性は高くなります。

　この本は，外国人留学生のための，EJU の「総合科目」の予想問題集です。「総合科目」とは，地理・歴史・政治・経済などを合わせた科目です。

　本書の執筆にあたって，私たちが重視したことは二つあります。

　一つは，本物の EJU「総合科目」と同じ形式・傾向・難易度の問題を出題することです。過去に出題された問題を徹底的に分析し，対策を立て，あなたの実力を伸ばすための問題を厳選して掲載しました。

　そしてもう一つは，大学での学びの入口を用意することです。あなたが大学で何を学ぶにせよ，確実なことが一つあります。

　大学で学ぶうえで最も重要なことは，自分の頭で「考える」ことです。

　ここで言う「考える」とは，与えられた問題を解くことではありません。誰からも与えられていない問題について，自分で自分の問いを立てることです。誰かに与えられた問題ではないので，正解も与えられません。それは，すでにある選択肢の中から選ぶのではなく，自分で見つける，あるいは創るしかありません。

　そのようにして「考えた」ことだけが，あなた自身のものになります。それこそが，決して失われない，誰にも奪われない，あなたの本当の財産です。

　ただし，まっとうな問いを立てるためには，一定の知識を必要とします。特に社会について「考える」ためには，常に変化しつづけるこの社会の現在を知らなければなりません。「総合科目」はそのための準備です。本書には，あなたがあなたの問いを立てるうえで，参考になるであろうヒントがあちこちに散りばめられています。ぜひ

隅から隅まで熟読し，あなたの問いに役立ててください。

　自分で自分の問いを立て，自分でその答えを見つける。それが本当の意味での「考える」という行為であり，そのための最良の選択が大学進学です。そして，それをめざすあなたに寄り添いお手伝いすることが，私たち啓程塾の仕事です。私たちは，あなたに選んでいただけるように，これからも最善の努力を尽くしてまいります。

　最後になりましたが，あなたが晴れて志望校に合格し，そしてあなた自身の本当の財産を築くことを，私たちは心より願ってやみません。

2023 年 6 月吉日　啓程塾　編集者一同

本書について

　本書は，日本留学試験（EJU）を受験する留学生のための，「総合科目」の予想問題集です。正しく活用して，あなたの学習に役立てましょう。

■ 日本留学試験（EJU）とは

　日本留学試験（EJU）とは，日本の大学等に入学を希望する留学生を対象とした試験です。留学生が日本の学校で必要となる基礎学力や日本語能力をもっているか，それを測るために行われます。日本の大学の多くがこの試験制度を利用しています。ですから，この試験で高得点を取ることが，日本留学のための最も有力かつ確実な方法といえます。

　EJU の出題科目は，「日本語」・「理科」・「総合科目」・「数学」の 4 つです。これらのうち，あなたの志望校の指定する科目を受験してください。

　試験で使われる言語は，日本語または英語です。

　EJU は 1 年に 2 回，6 月と 11 月に実施されます。日本国内だけでなく，国外にも試験会場があります。詳しくは，日本学生支援機構のホームページを見てください。

（https://www.jasso.go.jp/en/ryugaku/eju/index.html）

■ 総合科目とは

　日本留学試験（EJU）における「総合科目」とは，地理・歴史・政治・経済などを合わせた科目です。現代日本についての基礎知識，現代国際社会についての基礎知識，そして近現代国際社会について論理的に考え，判断する能力が求められます。試験時間は 80 分，最高点は 200 点です。

　総合科目の出題範囲は，以下の通りです。各分野のキーワードに関連する問題が出題されます。

I　政治・経済・社会

1.　現代の社会

情報社会，少子高齢社会，多文化理解，生命倫理，社会保障と社会福祉，地域社会

の変貌，不平等の是正，食料問題，エネルギー問題，環境問題，持続可能な社会

2．現代の経済

経済体制，市場経済，価格メカニズム，消費者，景気変動，政府の役割と経済政策，労働問題，経済成長，国民経済，貿易，為替相場，国際収支

3．現代の政治

民主主義の原理，日本国憲法，基本的人権と法の支配，国会，内閣，裁判所，議会制民主主義，地方自治，選挙と政治参加，新しい人権

4．現代の国際社会

国際関係と国際法，グローバリゼーション，地域統合，国連と国際機構，南北問題，人種・エスニシティ・民族問題，地球環境問題，国際平和と国際協力，日本の国際貢献

II 地理

現代世界の特色と諸課題の地理的考察

地球儀と地図，距離と方位，空中写真と衛星画像，標準時と時差，地理情報，気候，地形，植生，世界の生活・文化・宗教，資源と産業，人口，都市・村落，交通と通信，自然環境と災害・防災，日本の国土と環境

III 歴史

1．近代の成立と世界の一体化

産業革命，アメリカ独立革命，フランス革命，国民国家の形成，帝国主義と植民地化，日本の近代化とアジア

2．20世紀の世界と日本

第一次世界大戦とロシア革命，世界恐慌，第二次世界大戦と冷戦，アジア・アフリカ諸国の独立，日本の戦後史，石油危機，冷戦体制の崩壊

■ 本書の使い方

この問題集には，全部で10回分の予想問題が収録されています。

私たちは過去問を詳しく分析し，できる限り実際の日本留学試験（EJU）に近い問題を用意しました。ですから，あなたもなるべく実際の試験に近い環境を整えて，この問題集に挑戦しましょう。

一人で，学習に集中しやすい環境で，スマートフォン等の電源を切って，1回につき80分の解答時間で取り組みましょう。また，マークシート式の解答用紙が本書の巻末にあるので，これをコピーした上で使用しましょう。

　このように，ふだんから本番の試験に近い状況を作っておくことで，試験当日の緊張やミスを減らすことができます。

　解答を終えたら，正解を確認して採点しましょう。その際，「どの選択肢が正解か，不正解か」だけでなく，「この選択肢はなぜ正解なのか，なぜ不正解なのか」も確認しましょう。

　本書の解答には，各問に詳細な解説が付いています。ここをしっかり読んで，これまで学習した内容の復習・確認に役立ててください。間違えてしまった問題，苦手な問題については，特に念入りに復習するとよいでしょう。

　正解という結果だけでなく，そこへ至るための知識や考え方を確認すること。それが問題集を解くうえで最も大切なことです。解説のない問題集をいくら解いても，学力の向上にはつながりません。

■ 解答用紙の記入上の注意点

　日本留学試験（EJU）「総合科目」の解答用紙は，マークシート式です。解答を記入するにあたっては，次の点に注意しましょう。

　①正しいと考える選択肢だけをマークする（黒く塗りつぶす）。他の選択肢には何も書かない。
　②必ず**鉛筆（濃さはHB）を使用する。**
　（本番の試験では，ボールペンやシャープペンシルなど**鉛筆以外の使用は認められていません**）
　③マークするときは，数字が見えなくなるまで濃く塗りつぶす。（薄いと採点されません）
　④マークするときは，枠から大きくはみ出さない。
　⑤間違ってマークしたところを消すときは，消しゴムを使用する。
　（修正液や修正テープなど，消しゴム以外の使用は認められていません）

⑥間違ってマークしたところを消すときは，鉛筆のあとが見えなくなるまで完全に消す。

（完全に消えていない場合，採点されません）

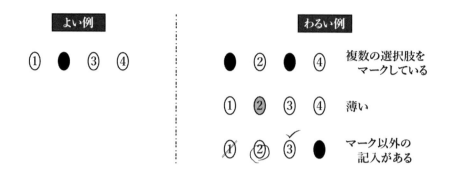

なお「総合科目」では，1回につき 38 問出題されます。つまり，解答番号 1 ～ 38 を使用します。39 以降の解答番号には何も記入しないでください。

中国語動画解説の視聴方法

STEP 1

WeChat（微信）で上記の QR コードを
スキャンします。

STEP 2

左下にある「启程在线」をタップします。

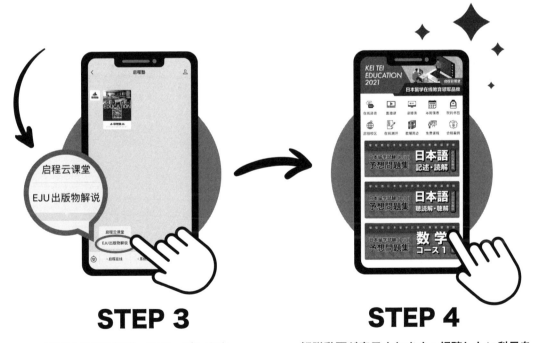

STEP 3

「EJU 出版物解説」をタップします。

STEP 4

解説動画が表示されます。視聴したい科目を
選んでください。

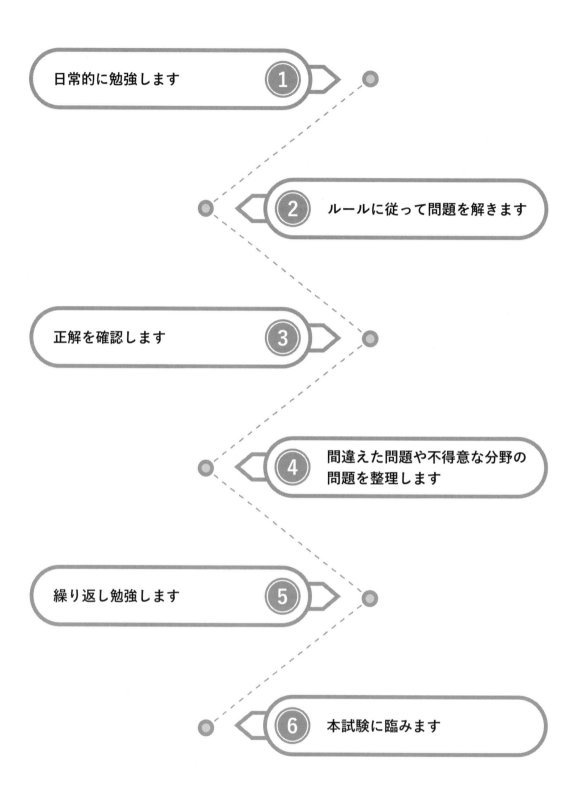

1 日常的に勉強します

2 ルールに従って問題を解きます

3 正解を確認します

4 間違えた問題や不得意な分野の問題を整理します

5 繰り返し勉強します

6 本試験に臨みます

日本留学試験（EJU）
総合科目　予想問題集

目次

第①回

（制限時間：80分）

問1　次の文章を読み，下の問い（1）〜（4）に答えなさい。

　　スイス（Switzerland）は中央ヨーロッパに位置する永世中立国であり，特に₁ジュネーヴ（Geneva）には世界保健機関（WHO）を始めさまざまな国際機関の本部や事務局が置かれている。また，₂歴史的経緯から国内政治においても特色ある₃政治体制を採用している。アルプス山脈に面した豊かな自然と魅力ある₄物産をほこり，保養地・観光地としても世界的に有名である。

（1）下線部1に関して，次の地図はスイスを示したものである。ジュネーヴの位置
　　　として正しいものを，地図中の①〜④の中から一つ選びなさい。　　　　　⃞1

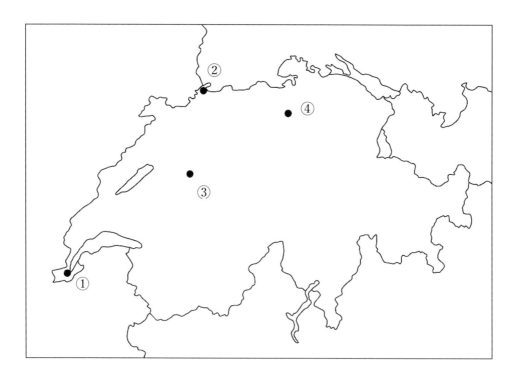

(2) 下線部 2 に関して，19 世紀にはラテンアメリカ諸国（Latin America）があいついで独立した。ポルトガル（Portugal）から独立した国として正しいものを，次の①～④の中から一つ選びなさい。　　　2

①　ハイチ（Haiti)

②　ペルー（Peru）

③　ブラジル（Brazil）

④　アルゼンチン（Argentine）

(3) 下線部 3 に関して，スイスの政治体制に関する記述として最も適当なものを，次の①～④の中から一つ選びなさい。　　　3

①　議院内閣制であり，連邦議会が立法権を，連邦議会から選出される内閣が行政権をもつ。

②　半大統領制であり，大統領は国民投票（Referendum）によって選出され，首相は連邦議会から選出される。

③　行政権をもつ連邦参事会は，連邦議会から選出される 7 名の連邦参事により構成される。

④　連邦議会は直接選挙による一院制であり，国民投票によっていつでも解散させることができる。

(4) 下線部4に関して，次の表は2020年における各国の商品別輸出額の割合を示したものである。A〜Dにあてはまる国名の組み合わせとして最も適当なものを，下の①〜④の中から一つ選びなさい。　　4

A		B		C		D	
輸出品	(%)	輸出品	(%)	輸出品	(%)	輸出品	(%)
医薬品	16.3	機械類	11.8	金（非貨幣用）	48.7	医薬品	29.3
自動車	11.5	石油製品	9.7	野菜・果実	10.3	金（非貨幣用）	22.6
機械類	11.1	医薬品	7.3	貴金属鉱	5.9	機械類	10.5
有機化合物	6.4	有機化合物	5.8	ごま	2.5	精密機械	8.9
プラスチック	4.9	ダイヤモンド	5.5	葉たばこ	2.4	有機化合物	6.3

（出典：『世界国勢図会 2022/23』）

	A	B	C	D
①	スイス	タンザニア	ベルギー	インド
②	タンザニア	スイス	インド	ベルギー
③	インド	ベルギー	スイス	タンザニア
④	ベルギー	インド	タンザニア	スイス

注）　タンザニア（Tanzania），ベルギー（Belgium），インド（India）

問2　次の文章を読み，下の問い（1）〜（4）に答えなさい。

　　古代₁ギリシャ（Ancient Greece）は人類史上最も興味深い文明のひとつである。
　地中海交易により₂経済発展をとげた都市国家では，自由市民による₃民主政治が
確立した。諸都市国家を征服したマケドニア（Macedonia）のアレクサンドロス大王
（Alexander the Great）は，さらに東方への大遠征を敢行し，中央アジアをこえて
₄インド へも侵入した。彼の死とともにその王国も分裂したが，東西の文化交流がう
ながされヘレニズム（Hellenism）とよばれる独特の文化が栄えた。

（1）下線部1に関して，現在のギリシャ共和国が位置する半島の名称として最も適
　　当なものを，次の①〜④の中から一つ選びなさい。　　　　　　　　　5

　　①　スカンディナヴィア半島（Scandinavian Peninsula）
　　②　バルカン半島（Balkan Peninsula）
　　③　イタリア半島（Italian Peninsula）
　　④　イベリア半島（Iberian Peninsula）

（2）下線部2に関して，2009年のギリシャ危機に関する記述として最も適当なものを，
　　次の①〜④の中から一つ選びなさい。　　　　　　　　　　　　　6

　　①　トルコ北西部地震によって，物価高騰と金融恐慌が起こった。
　　②　ギリシャが大幅な財政赤字を隠していたことが発覚し，ギリシャ国債の価格が
　　　　暴落した。
　　③　アテネオリンピックの反動で不況に陥り，失業率が過去最悪の水準に達した。
　　④　ギリシャでEU離脱をかかげる政権が誕生したことをきっかけに，ユーロの価
　　　　値が下落した。

(3) 下線部3に関して，現在のギリシャ共和国と似た政治体制をもつ国家として最も適当なものを，次の①～④の中から一つ選びなさい。　　　　　7

① ノルウェー（Norway）
② イギリス
③ スペイン（Spain）
④ ドイツ（Germany）

(4) 下線部4に関して，19世紀のイギリスの南アジア支配に関する記述として最も適当なものを，次の①～④の中から一つ選びなさい。　　　　　8

① インド人傭兵シパーヒー（Sipahi）が中心となってインド大反乱（シパーヒーの乱）が起きた。
② ムガル帝国（Mughal Empire）を滅ぼすとともに東インド会社を設立し，インドを直接統治した。
③ 女王エリザベス（Elizabeth）が皇帝を兼ねるインド帝国（イギリス領インド，British Raj）が成立した。
④ 西はパキスタン（Pakistan）から東はバングラディシュ（Bangladesh）までの広大な領域を植民地として支配した。

問3　重商主義を批判し，農業生産を基本とする自由な経済活動をめざす重農主義を主張した経済学者として正しい人物を，次の①～④の中から一つ選びなさい。　9

① ケネー（Quesnay）
② トマス・マン（Thomas Mun）
③ J.S. ミル（John Stuart Mill）
④ シュンペーター（Schumpeter）

問4　景気循環に関する記述として最も適当なものを，次の①～④の中から一つ選びなさい。　10

① ジュグラーの波とは，3～4年（約40ヶ月）周期の短期波動であり，企業在庫の変動が原因とされる。
② コンドラチェフの波とは，7～10年周期の中期波動であり，企業の設備投資の過不足の調整が原因とされる。
③ クズネッツの波とは，約20年周期の中期波動であり，住宅や商工業施設の建て替えによる建設需要が原因とされる。
④ キチンの波とは，約50年周期の長期波動であり，産業革命期から現在までを4つの時期に分けて説明している。

問5　次の図は，労働市場の需要曲線 D・供給曲線 S を示したものである。この図から読み取れることとして最も適当なものを，下の①〜④の中から一つ選びなさい。

11

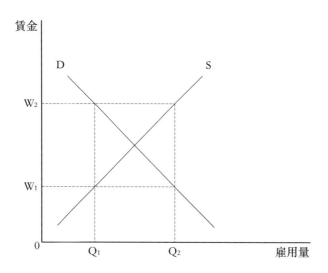

① 賃金が W_1 のとき，失業者は（$Q_2 - Q_1$）ぶん存在する。

② 賃金が W_2 のとき，この労働市場は人手不足の状態である。

③ 賃金が W_1 から W_2 へ上昇すると，求職者数は（$Q_1 + Q_2$）ぶん増加する。

④ 賃金が W_2 から W_1 へ低下すると，失業者は減少する。

問6　日本の国債発行に関する記述として誤っているものを，次の①〜④の中から一つ選びなさい。

12

① 建設国債は財政法にもとづき，おもに公共事業を目的として発行されている。

② 赤字国債は財政法により発行が禁止されているが，特例法を制定して発行されている。

③ 売り手にかかわらず，日銀が国債を購入することは禁止されている。

④ 国債の償還の割合が増えることで必要な財源が圧迫され，財政の硬直化を招く恐れがある。

問7　次の為替レート変動に関する文章を読み，空欄 a ～ c に当てはまる語の組み合わせとして最も適当なものを，下の①～④の中から一つ選びなさい。 13

為替レートが 1 ドル = 110 円から 1 ドル = 100 円に変化すると， a になる。 a が進行すると，一般に日本からアメリカへの輸出は b し，アメリカから日本への輸入は c する。

	a	b	c
①	円安	増加	減少
②	円安	減少	増加
③	円高	増加	減少
④	円高	減少	増加

問8　20 世紀の国際通貨制度に関する記述として最も適当なものを，次の①～④の中から一つ選びなさい。 14

① 日本，アメリカ，西欧諸国では，第二次世界大戦が始まるまで一貫して金本位制が採用されていた。

② 戦後，安定した国際通貨体制を目指してブレトン・ウッズ協定が結ばれ，固定相場制から変動相場制へ移行した。

③ 1970 年代，アメリカのニクソン（Nixon）大統領は，国際収支が悪化したことを理由にドルと金の交換を停止した。

④ 1980 年代，先進 5 か国蔵相会議（G5）は，過剰なドル安を是正するためプラザ合意を結んだ。

問9　ある国では，前年の名目 GDP が 100 兆円，今年の名目 GDP が 150 兆円であった。また，今年の物価水準は前年より 20%上昇した。この国の今年の実質経済成長率として正しいものを，次の①～④の中から一つ選びなさい。　　　　　15

① 　− 20%
② 　＋ 20%
③ 　＋ 25%
④ 　＋ 50%

問10　日本銀行の政策や業務に関する記述として最も適当なものを，次の①～④の中から一つ選びなさい。　　　　　16

① 　日本銀行が預金準備率を上げると，市中銀行の資金が増えて景気が刺激される。
② 　日本銀行による公開市場操作は，マネーストック（通貨残高）を直接的に増減させるものではない。
③ 　日本銀行は，マネタリーベース（資金供給量）を増やすことによってマネーストック（通貨残高）を減らす。
④ 　景気が後退したとき，日本銀行は金融緩和策として売りオペレーションを行う。

問11　会社の仕組みに関する記述として最も適当なものを，次の①～④の中から一つ選びなさい。　　　　　17

① 　株主は株主総会に参加することができ，1 人につき 1 票の投票権を持つ。
② 　大企業と中小企業のあいだに生産性や賃金の格差がある状態を，混合経済という。
③ 　株式会社の取締役は，一定以上の株式を所有しなければならない。
④ 　経営を支配する目的で他の会社の株式を所有する株式会社を，持株会社という。

問12　次の表は，日本の輸入木材（丸太）における輸入元の地域別割合である。A ～
D に当てはまる語の組み合わせとして最も適当なものを，下の①～④の中から一つ
選びなさい。　　　　　　　　　　　　　　　　　　　　　　　　　　　 18

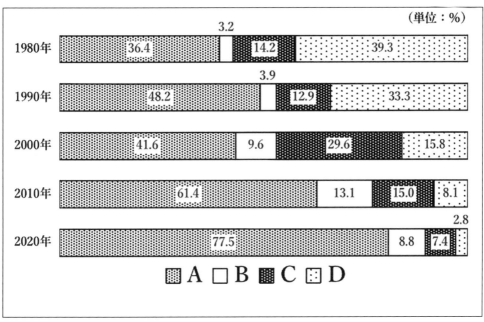

（出典：『日本国勢図会 2022/23』）

	A	B	C	D
①	北洋材	南洋材	ニュージーランド材	米材
②	米材	ニュージーランド材	北洋材	南洋材
③	南洋材	北洋材	米材	ニュージーランド材
④	ニュージーランド材	米材	南洋材	北洋材

注）　北洋材……ロシア（ソ連）からの輸入木材。南洋材……東南アジア，南アジアからの輸入木材。

米材……アメリカ合衆国，カナダからの輸入木材。

問13　次のグラフは，日本，ブラジル，スウェーデン（Sweden），アメリカの4ヶ
国の高齢化率の推移を示したものである。スウェーデンを示すものとして最も適当
なものを，下の①～④の中から一つ選びなさい。　　　　　　　　　　　　 19

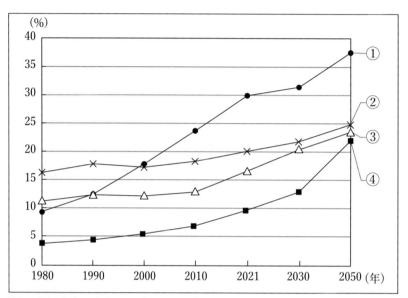

注）　高齢化率…全人口に占める65歳以上人口の割合。2030年，2050年は推計値。
（出典：『世界国勢図会 2022/23』）

問14　平野地形に関する記述として最も適当なものを，次の①～④の中から一つ選び
なさい。　　　　　　　　　　　　　　　　　　　　　　　　　　　　　 20

①　　沖積平野は，隆起作用によって形成された。

②　　海岸平野は，沈降作用によって形成された。

③　　河岸段丘は，堆積作用によって形成された。

④　　構造平野は，侵食作用によって形成された。

問15　次の地図は，南アメリカの気候について，ケッペンの気候区分（Köppen climate classification）にしたがい，温帯にみられる四つの気候（地中海性気候，温暖冬季少雨気候，温暖湿潤気候，西岸海洋性気候）の範囲をおおまかに示したものである。これらのうち，温暖湿潤気候を次の①〜④の中から一つ選びなさい。

21

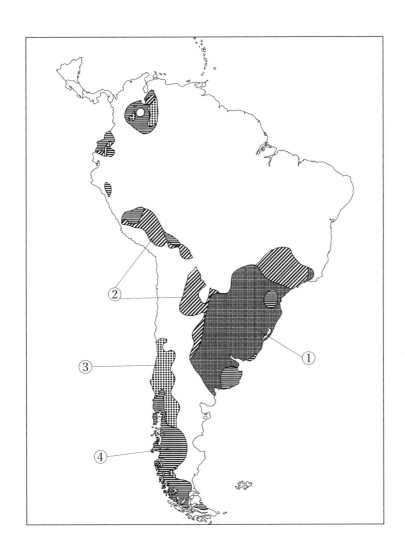

問16　オランダ（Netherlands）の農業に関する説明として最も適当なものを，次の
　　　①〜④の中から一つ選びなさい。 22

①　地中海性気候をいかしてオレンジ類，オリーブ（olive），トマトは世界有数の
　　　生産量を誇る。

②　気温の高い南東部では綿花，乾燥した西部では肉牛などの牧畜が盛んである。

③　安価で豊富な労働力を利用し，大規模農場でタバコなどの商品作物を栽培して
　　　いる。

④　酪農や園芸農業が盛んで，チューリップなどが栽培されている。

問17　ドナウ川（Danube）が流れる国として正しいものを，次の①〜④の中から一
　　　つ選びなさい。 23

①　ベルギー

②　リトアニア（Lithuania）

③　ルーマニア（Rumania）

④　ロシア（Russia）

問18　リアス海岸がみられる地域として最も適当なものを，次の地図中の①〜④の中から一つ選びなさい。　24

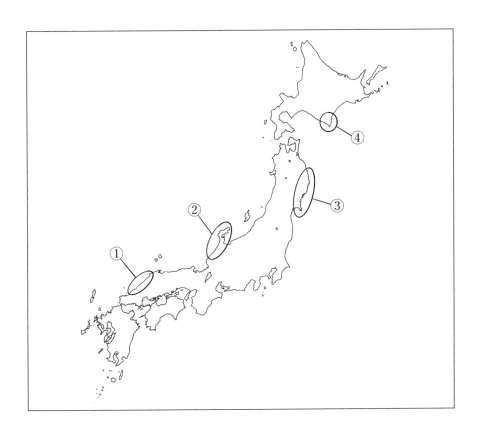

問19　マックス・ヴェーバー（Max Weber）による支配の正統性の類型として誤っているものを，次の①〜④の中から一つ選びなさい。　25

①　合法的支配とは，制定された法律の合法性に基づく支配である。

②　国民的支配とは，政党など人民から選挙された指導者集団による支配である。

③　カリスマ的支配とは，権力者の個人的資質と権威で大衆を魅了する支配である。

④　伝統的支配とは，昔から続く秩序と支配権力の伝統に基づく支配である。

問20　アメリカの連邦議会に関する説明として最も適当なものを，次の①〜④の中から一つ選びなさい。 26

① 上院は条約の批准を承認する権利を持つ。
② 上院議員は各州の人口比に応じて選出され，任期は2年である。
③ 下院は大統領の不信任決議を行う権利を持つ。
④ 下院議員は各州から2名選出され，任期は6年である。

問21　日本の衆議院は，小選挙区と比例区から議員を選出する決まりになっている。仮に小選挙区の議席数の割合を高めた場合，あるいは比例区の議席数の割合を高めた場合，どのような変化が起きると考えられるか。最も適当なものを，次の①〜④の中から一つ選びなさい。なお，定数および有権者の投票行動は変化しないものとする。 27

① 小選挙区の議席数の割合を高めた場合，小政党が分立し政権が安定しにくくなる。
② 小選挙区の議席数の割合を高めた場合，死票が減るため大政党が議席を得にくくなる。
③ 比例区の議席数の割合を高めた場合，多様な民意が議席に反映されやすくなる。
④ 比例区の議席数の割合を高めた場合，二大政党制を導き政権交代が円滑に行われやすくなる。

問22　各国の社会保障制度に関する記述として**適当ではないもの**を，次の①〜④の中から一つ選びなさい。　　28

① 日本では，1980年代前半の年金制度の改正によって，国民皆年金の制度が実現された。

② イギリスでは，第二次世界大戦中に発表されたベバリッチ報告（Beveridge Report）を受けて，社会保障制度の整備が進められた。

③ ドイツでは，ビスマルク（Bismarck）によって，政府による公的な社会保険制度が導入された。

④ アメリカでは，世界恐慌に対するためのニューディール政策（New Deal）の一環として，社会保障法が制定された。

問23　日本国憲法では，「検閲は，これをしてはならない。通信の秘密は，これを侵してはならない。」と規定されている。この規定によって保障される権利として最も適当なものを，次の①〜④の中から一つ選びなさい。　　29

① 表現の自由

② 財産権

③ 信教の自由

④ 裁判を受ける権利

問24　国際連合の仕組みに関する記述として最も適当なものを，次の①～④の中から一つ選びなさい。　30

①　国連安全保障理事会が制裁を決定するためには，常任理事国を含めたすべての理事国の賛成が必要である。

②　国際連合の財政は，各国が均等に負担する国連分担金によって支えられている。

③　国連平和維持活動を実施するため，加盟国は平和維持軍を編成するのに必要な要員を提供する義務を負う。

④　国連憲章に規定されている本来の国連軍は，これまでに組織されたことはない。

問25　カナダ（Canada）のケベック州（Quebec）問題に関する記述として最も適当なものを，次の①～④の中から一つ選びなさい。　31

①　ケベック州はカナダの西部に位置し，英語系住民とフランス語系住民の対立が長く続いている。

②　ケベック州の大半を占める英語系住民が，カナダからの分離独立を求める運動を起こした。

③　1963年，分離独立派はクーデターにより一時的に政権を掌握したが，アメリカ軍の介入により鎮圧された。

④　1995年，カナダからの分離独立を問う住民投票が行われたが，僅差で否決された。

問 26　環境保全に関する記述として最も適当なものを，次の①〜④の中から一つ選び
なさい。　　　　　　　　　　　　　　　　　　　　　　　　　　　　32

① 　化石燃料の消費を抑制するため，オランダは 1990 年に世界で初めて炭素税を
導入した。

② 　ワシントン条約（Washington Convention）とは，絶滅の恐れがある野生動植
物の国際取引を規制する条約である。

③ 　「緑の革命」とは，リオ宣言（Rio Declaration）にもとづく大規模な植林活動
によって森林面積が回復したことをいう。

④ 　ラムサール条約（Ramsar Convention）とは，有害廃棄物の国境を越えた移動
を制限する条約である。

問 27　1794 年 7 月に起きたテルミドール 9 日のクーデタ（Coup of 9 Thermidor）で
失脚した人物として最も適当なものを，次の①〜④の中から一つ選びなさい。
　　　　　　　　　　　　　　　　　　　　　　　　　　　　　　　33

① 　ダントン（Danton）

② 　クロムウェル（Cromwell）

③ 　ロベスピエール（Robespierre）

④ 　ルソー（Jean-Jacques Rousseau）

問28　第一次世界大戦後の出来事A～Dを年代順に並べたものとして最も適当なものを，次の①～④の中から一つ選びなさい。　　　　　　　　　　34

A　：　ソビエト連邦が成立する

B　：　日本で男子普通選挙が実施される

C　：　世界恐慌が始まる

D　：　オタワ連邦会議（Ottawa Conference）が開催される

①　A　→　B　→　C　→　D

②　A　→　D　→　C　→　B

③　B　→　A　→　D　→　C

④　B　→　C　→　D　→　A

問29　20世紀初頭の日本の出来事に関する記述として最も適当なものを，次の①～④の中から一つ選びなさい。　　　　　　　　　　35

①　大日本帝国憲法が制定され，帝国議会が開かれた。

②　韓国を併合し，統治のために朝鮮総督府を置いた。

③　ソビエト連邦とのあいだに日ソ共同宣言が結ばれた。

④　アメリカとの間に沖縄返還協定が結ばれ，沖縄が日本に返還された。

問30　1933年3月，ドイツでは全権委任法が成立しヒトラー（Hitler）の独裁体制が確立した。その後，1939年9月にドイツがポーランド（Poland）に侵攻して第二次世界大戦がはじまった。この間の出来事A〜Dを起きた順に並べたものとして最も適当なものを，次の①〜④の中から一つ選びなさい。　36

A　：　ドイツが国際連盟を脱退する

B　：　日独伊三国防共協定が結ばれる

C　：　ドイツがオーストリア（Austria）を併合する

D　：　独ソ不可侵条約（German-Soviet Nonaggression Pact）が結ばれる

①　A　→　B　→　C　→　D

②　B　→　D　→　C　→　A

③　C　→　A　→　D　→　B

④　D　→　B　→　A　→　C

問31　第二次世界大戦後，1940年代後半から50年代にかけて冷戦が始まった。冷戦初期の出来事として最も適当なものを，次の①〜④の中から一つ選びなさい。　37

①　アメリカはトルーマン・ドクトリンによって西欧諸国への経済援助を約束した。

②　アメリカを中心とするワルシャワ条約機構（WPO）が結成された。

③　ソ連は，西側によるドイツ占領地域の改革に対抗してベルリン封鎖を行った。

④　ポーランドでは，自主管理労働組合「連帯」が共産主義化を推進した。

問 32　1955 年に第 1 回アジア・アフリカ会議 （Asian-African Conference）　が開か
　　　 れた都市として正しいものを，次の①〜④の中から一つ選びなさい。　　　　38

①　ハノイ（Hanoi）
②　バンコク（Bangkok）
③　ケープタウン（Cape　Town）
④　バンドン（Bandung）

総合科目の問題はこれで終わりです。回答欄の　39　〜　60　はマークしないで
ください。

この問題冊子を持ち帰ることはできません。

第②回

（制限時間：80分）

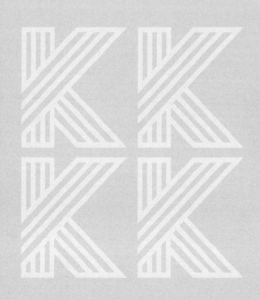

問1　次の文章を読み，下の問い（1）〜（4）に答えなさい。

　₁シリア（Syria）では，2011年以来はげしい内戦が続いている。この戦争には₂アラブ諸国（Arab states）のみならず，₃先進国・諸民族・テロ組織などが複雑に関わっており，まさに泥沼の様相を呈している。シリアは石油資源に恵まれ石油輸出国機構（OPEC）の加盟候補国であるものの，経済状況は依然として厳しく，多くの人びとが今も飢餓と貧困に苦しめられている。こうした中東情勢の不安定さは，世界的な₄石油価格の高騰にもつながっている。

（1）下線部1に関して，シリアの位置として正しいものを，次の地図中の①〜④の中から一つ選びなさい。　　　　　　　　　　　　　　　　1

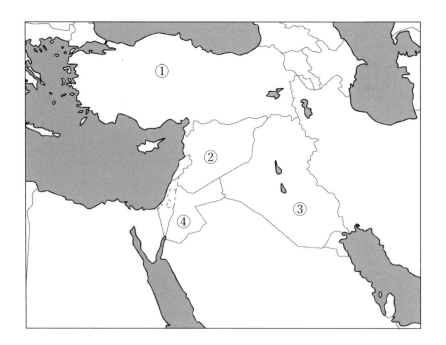

(2) 下線部 2 に関して，アラブ諸国における戦争や政変に関する記述として最も適当なものを，次の①〜④の中から一つ選びなさい。　　2

① 1990 年，石油利権をめぐってイスラエル（Israel）がクウェート（Kuwait）に侵攻し，それに対抗して多国籍軍が投入された。

② 2001 年，アメリカは「アフガニスタン（Afghanistan）が大量破壊兵器を隠している」と主張してこれに侵攻した。

③ 2002 年，アメリカはイラク（Iraq）を「テロ支援国家」とみなして侵攻し，タリバン政権（Taliban）を打倒した。

④ 2011 年のチュニジア（Tunisia）での反政府デモをきっかけに，「アラブの春」と呼ばれる民主化運動が広がった。

(3) 下線部 3 に関して，世界の民族紛争に関する記述として最も適当なものを，次の①〜④の中から一つ選びなさい。　　3

① スーダン（Sudan）紛争では，ムスリム（Muslims）と非ムスリムが対立し，2011年に北スーダン共和国が分離独立した。

② チェチェン（Chechen）紛争とは，チェチェンの民族問題をめぐり，ロシア（Russia）とトルコの間で起きた戦争である。

③ コソボ（Kosovo）紛争では，セルビア（Serbia）のアルバニア（Albania）系住民が新国家の独立を宣言した。

④ 北アイルランド（Northern Ireland）の独立紛争は，イギリスの交渉によって2018 年に和平が成立した。

(4) 下線部4に関して，石油価格高騰の原因となった出来事として最も適当なものを，次の①〜④の中から一つ選びなさい。　　　　　4

①　1952年，エジプト（Egypt）がスエズ運河の国有化を宣言し，これに反発するアメリカ・イスラエルとのあいだに第二次中東戦争（Suez Crisis）がおこった。

②　1963年，アフリカの新興独立諸国がアフリカ連合（AU）を結成し，アフリカ諸国の連帯および旧宗主国の政治的・経済的支配の克服をめざした。

③　1973年，イスラエルがエジプトとシリアを攻撃して第四次中東戦争（Yom Kippur War）がおこった。このときアラブ石油輸出国機構（OAPEC）はイスラエル支援国に対する原油輸出を厳しく制限した。

④　1979年，イラン革命が起こり新たにホメイニー（Ruhollah Khomeini）を中心とするイラン・イスラーム共和国が成立した。これによりイランとアメリカの関係は悪化した。

問2　次の会話を読み，下の問い（1）〜（4）に答えなさい。

学生：この前，₁茶道を体験しました。華やかな着物，美しいお庭…，これぞ日本
　　　の伝統文化ですね。

先生：茶道が日本の伝統文化というのは間違いではありません。ただし，華やかな
　　　着物の女性が優雅にお茶をふるまう「良家の令嬢の教養」というイメージは，
　　　₂明治時代になってから創られたものです。それ以前は，茶道を女子の備え
　　　るべき教養とみなす考えはありませんでした。

学生：どうしてそう変わったのでしょうか。

先生：急速な西洋化によってすたれた茶道を復興するため，関係者は₃経済界・富
　　　裕層にアピールしました。その結果，女子教育に茶道が取り入れられたので
　　　す。また，欧米諸国からの視線を意識して伝統を " 演出 " していった側面も
　　　否定できません。

学生：つまり，私たちが今見ているものが古代の姿そのままとは限らない，という
　　　ことですか。

先生：はい。ひとくちに伝統文化といっても，その文化がどのような₄環境で継承
　　　されてきたのかを考えることが大切です。

（1）下線部１に関して，茶の生産がさかんな地域を次の地図中の①〜④の中から一つ選びなさい。　　　　　　　　　　　　　　　　　　　　　　　　　　5

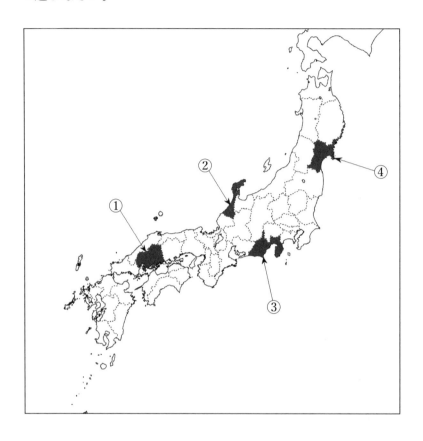

（2）下線部２に関して，明治時代に制定された大日本帝国憲法に関する記述として最も適当なものを，次の①〜④の中から一つ選びなさい。　　　　　　　　6

①　内閣は天皇の行政権行使をささえる機関であり，首相が国務大臣を任命・罷免した。

②　帝国議会は二院制で，皇族・華族からなる参議院と選挙で選ばれた議員からなる衆議院があった。

③　国民は法律の範囲内で言論・集会等の自由を認められた。また，兵役・納税を義務づけられた。

④　特定の身分に関する裁判をあつかうため，軍法会議や枢密院などの特別裁判所が設置されていた。

(3) 下線部3に関して，国際経済に関する次の文章の空欄 A ・ B に当てはまる語の組み合わせとして正しいものを，下の①〜④の中から一つ選びなさい。

7

　A は国際金融システムと為替相場の安定をめざして設立され，赤字に陥った加盟国へ短期融資を行っている。　B は戦災復興支援のために設立され，現在では開発途上国を援助するための長期融資を行っている。

	A	B
①	国際通貨基金（IMF）	国際開発復興銀行（IBRD）
②	国際通貨基金（IMF）	経済協力開発機構（OECD）
③	国際農業開発基金（IFAD）	国際開発復興銀行（IBRD）
④	国際農業開発基金（IFAD）	経済協力開発機構（OECD）

(4) 下線部4に関して，地球環境を保全するためこれまでさまざまな国際的な取り決めがなされた。2015年に採択されたパリ協定（Paris Agreement）に関する記述として最も適当なものを，次の①〜④の中から一つ選びなさい。

8

① 絶滅の恐れのある希少な野生動物を保護する目的で，それらの動物の国際取引を規制した。

② クリーン・エネルギーを推進するため，各国の原子力発電所の稼働数に上限を設定した。

③ 温室効果ガスの国別削減目標を定め，開発途上国を含めたすべての国に削減義務が課せられた。

④ 特定フロンなど，オゾン層を破壊する有害物質の生産・使用を厳しく規制した。

問3　古典派経済学を批判し，不況時には政府が有効需要を創出して市場に介入すべきだと主張した経済学者として最も適当なものを，次の①〜④の中から一つ選びなさい。　9

①　フリードマン（Friedman）

②　ケインズ（Keynes）

③　リスト（Friedrich　List）

④　トマ・ピケティ（Thomas　Piketty）

問4　次の図は，自由貿易の下で，ある商品の国際価格が P のときの国内供給量 Q_1，国内需要量 Q_2，輸入量（$Q_2 - Q_1$）を示している。他の事情を一定とした場合，この商品の輸入量を増加させうる要因として正しいものを，下の①〜④の中から一つ選びなさい。　10

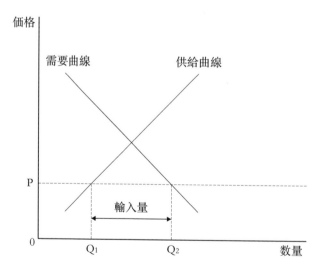

①　この商品の国際価格が上昇する。

②　この商品にかかる関税を引き上げる。

③　輸入国の国民の所得が増加する。

④　輸出国の失業者が減少する。

問5　為替レートが1ドル＝120円のとき，ある日本企業が翌年のアメリカでの売上を2億ドルと予想した。翌年，為替レートは1ドル＝105円となり，この企業のアメリカでの実際の売上は2億ドルだった。円に換算した実際の売上は予想よりどのくらい増加または減少したか。次の①〜④の中から一つ選びなさい。　　11

①　予想より30億円増加した。

②　予想より30億円減少した。

③　予想より50億円増加した。

④　予想より50億円減少した。

問6　銀行Ａが3,000万円の預金（本源的預金）を受け入れ，これをもとに企業に貸し出すとする。この貸出金は企業の取引の支払いに充てられた後，全額が銀行Ｂに預金されるとする。銀行Ｂはこの預金をもとに企業へ貸し出し，同様の過程をへて銀行Ｃに預金される。この過程が次々と繰り返された場合，銀行の支払準備率をすべて20%で一定とすると，信用創造で作り出された銀行全体の預金の増加額として正しいものを，下の①〜④の中から一つ選びなさい。　12

銀行	預金	支払準備金	貸出金
A	3,000万円	600万円	2,400万円
B	2,400万円	480万円	1,920万円
C	1,920万円	384万円	1,536万円
	⋮	⋮	⋮

①　4,800万円

②　7,320万円

③　1億2,000万円

④　1億5,000万円

問7　中央銀行が国債を過剰に発行した場合に起こり得る問題として最も適当なものを，次の①〜④の中から一つ選びなさい。　　　13

①　通貨が大量に発行されるため，インフレーションが起きる。

②　政府支出に占める国債の返済の割合が減るため，社会保障費などに充てる予算が増える。

③　金利が低下するため，民間企業が銀行から融資を受けにくくなる。

④　国債は未来の国民が返済するため，現在の高齢者世代ほど負担が大きくなる。

問8　日本における私企業の分類に関する記述として最も適当なものを，次の①〜④の中から一つ選びなさい。　　　14

①　合名会社は，各1人以上の無限責任社員と有限責任社員から構成される。

②　合資会社は，1人以上の無限責任社員から構成される。

③　有限会社を新規設立する場合，2人以上の有限責任社員が必要となる。

④　合同会社を新規設立する場合，1人以上の有限責任社員が必要となる。

問9　次の表はA国，B国で，自動車と衣服をそれぞれ1単位生産するのに必要な労働者数を示している。現在，両国は自動車と衣服を1単位ずつ生産している。A国の総労働者数は50人，B国の総労働者数は100人である。両国の労働者は，それぞれの国においてこの二つの財の生産で全員雇用されるものとする。この表に関する記述として最も適当なものを，下の①～④の中から一つ選びなさい。　15

	自動車	衣服
A国	30	20
B国	40	60

① どちらの財も，A国に比べてB国の方が労働者一人当たりの生産量は多い。

② どちらの国も，衣服に比べて自動車の方が労働者一人当たりの生産量は多い。

③ A国が衣服，B国が自動車の生産にそれぞれ特化すると，特化しない場合に比べて，両国全体での両財の生産量は増える。

④ A国が自動車，B国が衣服の生産にそれぞれ特化すると，特化しない場合に比べて，両国全体での両財の生産量は増える。

問10　次の表は，2020年におけるイギリス，東南アジア諸国連合（ASEAN），ヨーロッパ連合（EU），南米南部共同市場（MERCOSUR），アメリカ・メキシコ・カナダ協定（USMCA）の各種統計を示したものである。ASEAN を示すものを，①〜④の中から一つ選びなさい。 16

	面積 （千㎢）	人口 （百万人）	名目 GDP （億ドル）	貿易額（億ドル）	
				輸出	輸入
①	4,487	669	29,962	13,852	12,687
②	4,132	445	152,922	50,759	45,164
③	21,783	500	236,112	22,329	32,150
④	13,921	309	20,597	2,915	2,401
イギリス	67	67	27,642	3,995	6,383

（出典：『世界国勢図会 2022/23』）

問11　関税及び貿易に関する一般協定（GATT）および世界貿易機関（WTO）に関する記述として最も適当なものを，次の①〜④の中から一つ選びなさい。 17

①　東京ラウンドでは，非関税障壁の軽減に加え，初めて関税の一括引き下げが合意された。

②　ドーハ・ラウンドでは，農産物の輸出国と輸入国の利害対立から交渉全体の妥結に至らなかった。

③　ケネディ・ラウンドでは，サービス貿易や知的財産権に関する協定が結ばれた。

④　GATT とは異なり，WTO では最恵国待遇原則を採用していない。

問12　1972年，スウェーデン（Sweden）のストックホルム（Stockholm）で国連人間環境会議（ストックホルム会議）が開催された。この会議に関する記述として最も適当なものを，次の①〜④の中から一つ選びなさい。　　　　18

①　この会議では，先進国による温室効果ガスの削減目標値が設定された。

②　この会議では，環境と経済の調和をめざす「持続可能な開発」が提唱された。

③　この会議で採択されたモントリオール議定書は，オゾン層を破壊する物質の使用を規制した。

④　この会議の議決によって，国連の専門機関として国連環境計画（UNEP）が設立された。

問 13　次の表は，2020 年における各国の合計特殊出生率，5 歳未満児死亡率，男女別平均寿命を示したものである。A，B に当てはまる国名の組み合わせとして最も適当なものを，下の①～④の中から一つ選びなさい。　19

	合計特殊出生率	5 歳未満児死亡率 (%)	平均寿命　（年）	
			男	女
A	2.4	32.2	62.2	68.3
B	1.8	4.4	79.8	85.1
中国	1.7	7.3	74.7	80.5
日本	1.3	2.5	81.5	86.9

注）平均寿命のみ 2019 年のデータ。
（出典：『世界国勢図会 2022/23』）

	A	B
①	フランス	南アフリカ
②	南アフリカ	フランス
③	インド	ブラジル
④	ブラジル	インド

注) フランス (France)，南アフリカ (Republic of South Africa)，インド (India)，ブラジル (Brazil)

問14　コロンビア（Colombia）の首都ボゴタ（Bogotá）は，カンボジア（Cambodia）の首都プノンペン（Phnom Penh）の対蹠点と同じ経度であるとする。日本の東京が7月7日午前7時のときのボゴタの時刻として正しいものを，次の①～④の中から一つ選びなさい。なお，プノンペンの経度は東経105°，ボゴタの標準時子午線はボゴタの経度と同じであり，サマータイムは考慮しないものとする。　20

①　7月6日午後5時
②　7月6日午後9時
③　7月7日午後5時
④　7月7日午後9時

問15　近年，気候変動と関連してエルニーニョ現象が話題になることが多い。エルニーニョ現象に関する説明として最も適当なものを，次の①～④の中から一つ選びなさい。　21

①　貿易風が弱まることによって，東太平洋の赤道付近の海面温度が上昇する現象。
②　湿潤な上昇気流が，山地を越えた後で暖かく乾燥した下降気流となる現象。
③　主にインド洋周辺で，夏の雨季に南西の風が，冬の乾季に北東の季節風が吹く現象。
④　貿易風が強くなった影響で，太平洋東部の低緯度海域で海水温が下がる現象。

問16　新期造山帯に分類される山脈として正しいものを，次の地図中の①～④の中から一つ選びなさい。　22

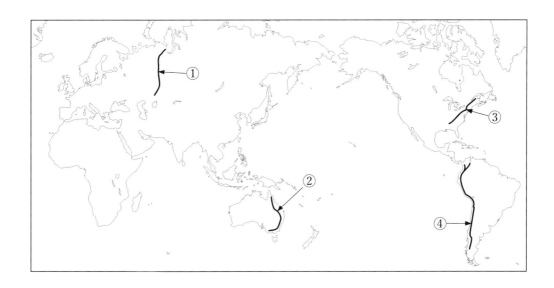

問17　アメリカ合衆国は「世界の食料庫」とも呼ばれる世界有数の農業大国である。アメリカ合衆国各地の農業に関する記述として最も適当なものを，次の①～④の中から一つ選びなさい。　23

①　北方の五大湖周辺では酪農が盛んに行われている。

②　南東部のミシシッピ川周辺では地中海式農業が行われている。

③　中央部のプレーリーでは野菜・果実の園芸農業が盛んである。

④　太平洋沿岸では小麦の栽培が盛んで穀倉地帯として知られている。

問18　次の図は，カナダ(Canada)のモントリオール(Montreal)，ニュージーランド(New Zealand) のウェリントン（Wellington），トルコのイズミル（Izmir），ベネズエラ（Venezuela）のカラカス（Caracas）の気候を表した雨温図である。ウェリントンを示す雨温図として最も適当なものを，次の①～④の中から一つ選びなさい。　24

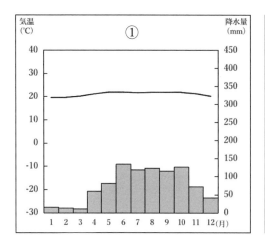
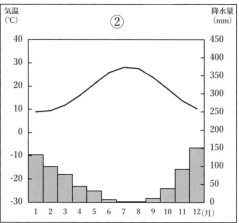
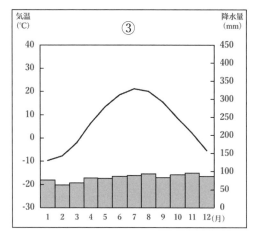
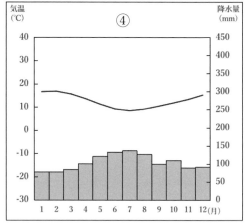

問19　「法の支配」は近代的法制度の本質である。「法の支配」の確立に関する記述として**適当でないもの**を，次の①〜④の中から一つ選びなさい。　25

①　13世紀のマグナ・カルタ（Magna Carta）には「法によらなければ逮捕・監禁などをされない」とあり，「法の支配」につながる考えを生み出した。

②　17世紀のフランスでは，絶対王政下であってもコモン・ロー（一般慣習法，判例法）は王権に優越するという見解が主張された。

③　19世紀のアメリカで連邦最高裁判所が違憲立法審査権を行使したことによって「法の支配」が確立した。

④　20世紀ドイツ（Germany）のワイマール憲法は，国民の最低限の生活を保障することを国家に義務づけ，「法の支配」を確認した。

問20　国家を超えた司法機関として国際刑事裁判所（ICC）が存在する。国際刑事裁判所に関する記述として最も適当なものを，次の①〜④の中から一つ選びなさい。　26

①　国連の主要機関の一つで，オランダ（Netherlands）のハーグ（Hague）に設置されている。

②　個人のジェノサイド，戦争犯罪，人道に対する罪を裁く。

③　紛争当事国双方の付託があった場合，裁判が開廷される。

④　財・サービスの貿易や知的財産権などの紛争も扱われる。

問21　外交に関する日本国憲法の規定として最も適当なものを，次の①～④の中から一つ選びなさい。　　　　　　　　　　　　　　27

　①　内閣総理大臣は，外国の大使を接受する権利をもつ。

　②　国会は，外交関係を処理する権利をもつ。

　③　内閣は，条約を締結する権利をもつ。

　④　天皇は，条約の締結を承認する権利をもつ。

問22　衆議院議員選挙が行われ，各政党が次の表の通りの議席を獲得したとする。単独で過半数の議席を獲得した政党がないため，複数の政党が連立して内閣を構成することになる。このとき，連立与党の議席数が最大となる組み合わせとして正しいものを，下の①～④の中から一つ選びなさい。ただし，無所属の議員は存在しないものとする。　　　　　　　　　　　　　　28

政党	議席数
A 党	165
B 党	110
C 党	95
D 党	65
E 党	30

　①　A 党，C 党の連立

　②　A 党，D 党，E 党の連立

　③　B 党，C 党，D 党の連立

　④　C 党，D 党，E 党の連立

問23　「新しい人権」に関する記述として最も適当なものを，次の①〜④の中から一つ選びなさい。　　29

① 労働者が組合に加入してよりよい賃金や待遇を要求する権利は，環境権と呼ばれる。
② プライバシー権にもとづいて，生活に困窮した国民は生活保護を受給することができる。
③ 1990 年代に制定された情報公開法によって，知る権利が規定された。
④ 「新しい人権」は，日本国憲法に規定された幸福追求権に根拠を持つと考えられている。

問24　アメリカの大統領の権限に関する説明として最も適当なものを，次の①〜④の中から一つ選びなさい。　　30

① 連邦議会を通過した法案を拒否する権利を持つ。
② 議会を召集および解散する権利をもつ。
③ 議会へ教書を送付し，予算案を提出することができる。
④ 上院の承認の下に，各省長官，大使，下院議長などを任命・罷免する。

問25　近年の日本における臓器移植に関する記述として最も適当なものを，次の①～
④の中から一つ選びなさい。　　　　　　　　　　　　　　　　　31

① 臓器移植法は，15歳未満が臓器提供者（ドナー）として臓器を提供することを
禁じている。

② 臓器移植法では，臓器の提供に正当な対価が支払われることが定められている。

③ 臓器提供者（ドナー）として臓器を提供する場合，本人の意思表示が必須であり，
家族の意思は考慮されない。

④ ドナーカードは，自分の死後に臓器提供を望むか拒否するかの意思表示をする
ことができる。

問26　国際連合の総会に関する記述として最も適当なものを，次の①～④の中から一
つ選びなさい。　　　　　　　　　　　　　　　　　　　　　　32

① 総会は，安全保障理事会の勧告に基づいて事務総長を任命する。

② 総会は，表決手続きとして全会一致制を用いる。

③ 総会は，紛争中の加盟国に対して国際法に基づいて裁定する。

④ 総会は，国際連合運営に関するすべての事務を担当する。

問27　日本の衆議院と参議院の関係に関する記述として最も適当なものを，次の①～
　　　④の中から一つ選びなさい。　　　　　　　　　　　　　　　　　　　33

　①　衆議院と参議院は，内閣に対して不信任決議を議決することができる。

　②　参議院は，衆議院の同意のもとに国政に対する調査権を行使することができる。

　③　両院の結論が異なる場合は両院協議会が開催され，それでも一致しない場合は
　　　衆議院の議決が国会の議決となる。

　④　参議院は，予算案を衆議院よりも先に審議・可決することができる。

問28　第二次世界大戦中の北ヨーロッパ諸国に関する記述として最も適当なものを，
　　　次の①～④の中から一つ選びなさい。　　　　　　　　　　　　　　　34

　①　スウェーデンは中立政策を取っていたが，ドイツの侵攻に抵抗した。

　②　デンマーク（Denmark）はドイツの侵攻を受けて占領された。

　③　ノルウェー（Norway）はズデーテン地方をドイツに割譲した。

　④　フィンランド（Finland）はドイツに侵攻され，これによって第二次世界大戦
　　　がはじまった。

問29　1854 年に江戸幕府は日米和親条約を結んでいくつかの港を外国へ開いた。このとき開かれた港として正しいものを，次の①〜④の中から一つ選びなさい。 35

① 浦賀
② 横浜
③ 下田
④ 神戸

問30　以下の A 〜 D は 17 世紀から 19 世紀にかけて起きた出来事である。これらを年代順に並べたものとして最も適当なものを，次の①〜④の中から一つ選びなさい。

36

A ： ウィーン会議（Congress of Vienna）
B ： 名誉革命（Glorious Revolution）
C ： フランス革命（French Revolution）
D ： アヘン戦争（First Opium War）

① A → B → C → D
② B → A → C → D
③ B → C → A → D
④ C → A → D → B

問31　第一次世界大戦において，中立を保った国として最も適切なものはどれか。次の①〜④の中から一つ選びなさい。　　　　　　　　　　　　　　　　　37

① スペイン（Spain）

② オスマン帝国（Ottoman Empire）

③ フランス

④ ギリシャ（Greece）

問32　反アパルトヘイト（Anti-apartheid）運動を指導し 1993 年にノーベル平和賞（Nobel Peace Prize）を受賞した人物として正しいものを，次の①〜④の中から一つ選びなさい。　　　　　　　　　　　　　　　　　38

① ネルソン・マンデラ（Nelson Mandela）

② キング牧師（Martin Luther King Jr.）

③ マハトマ・ガンディー（Mahatma Gandhi）

④ ワンガリ・マータイ（Wangari M. Maathai）

総合科目の問題はこれで終わりです。回答欄の　39　〜　60　はマークしないでください。

この問題冊子を持ち帰ることはできません。

第③回

（制限時間：80分）

問1　次の文章を読み，下の問い（1）〜（4）に答えなさい。

　アフリカ（Africa）には ₁植民地時代の負の遺産が残っている。₂エチオピア（Ethiopia）などの例外を除き，ほとんどの地域がイギリス，₃フランス（France）などのヨーロッパ諸国に支配された。かつての帝国が設けた制度や国境線が，現在まで人種・民族・宗教をめぐる紛争の大きな原因になってきた。

　本来アフリカは天然資源に恵まれ，とくに ₄農業や鉱業に大きな発展の可能性を秘めた大陸である。新たな支配と抑圧の体制に陥ることなく，平和的な統合と持続的な成長を模索しなければならない。

（1）下線部1に関して，アフリカに植民地をもたなかった国として最も適当なものを，次の①〜④の中から一つ選びなさい。　　　　　　　　　　　　　　　1

　①　スペイン（Spain）
　②　ベルギー（Belgium）
　③　ポルトガル（Portugal）
　④　オーストリア（Austria）

（2）下線部 2 に関して，エチオピアの位置として正しいものを，次の地図中の①～
④の中から一つ選びなさい。　　　　　　　　　　　　　　　　　 2

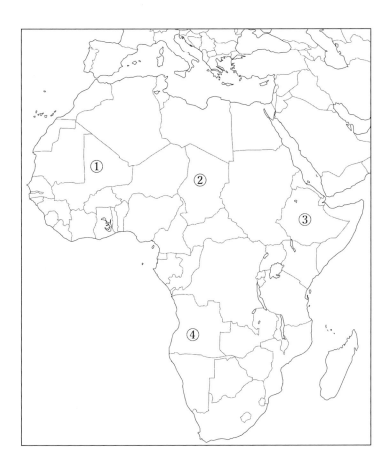

(3) 下線部 3 に関して，フランス大統領の権限に関する記述として最も適当なものを，次の①～④の中から一つ選びなさい。　　**3**

① 任期は 6 年で，再選は禁止されている。

② 首相を任命・罷免する権限を持つ。

③ 就任に際して議会の信任を必要とせず，また議会の解散権を持たない。

④ 一院制の議会によって選出され，議会で成立した法案の拒否権を持つ。

(4) 下線部 4 に関して，次の表は，2020 年における農産物の生産量の上位 3 ヶ国とその割合を示したものである。表中の A ～ D に当てはまる国名の組み合わせとして正しいものを，下の①～④の中から一つ選びなさい。　　**4**

（単位 :%）

カカオ豆		茶		オリーブ		いも類	
A	38.2	中国	42.3	スペイン	34.4	中国	15.8
ガーナ	13.9	インド	20.3	イタリア	9.3	D	14.0
インドネシア	12.8	B	8.1	C	8.5	インド	6.8

注）オリーブ（olive）

（出典：『世界国勢図会 2022/23』）

	A	B	C	D
①	コートジボワール	ケニア	チュニジア	ナイジェリア
②	ケニア	コートジボワール	ナイジェリア	チュニジア
③	チュニジア	ナイジェリア	ケニア	コートジボワール
④	ナイジェリア	チュニジア	コートジボワール	ケニア

注）ガーナ（Ghana），インドネシア（Indonesia），インド（India），イタリア（Italy），コートジボワール（Côte d'Ivoire），ケニア（Kenya），チュニジア（Tunisia），ナイジェリア（Nigeria）

問2　次の会話を読み，下の問い（1）～（4）に答えなさい。

学生：コロナ禍という言葉もすっかり定着しましたね。

先生：ええ。この言葉には新型コロナウイルス感染症（COVID-19）のパンデミックとそれによるさまざまな悪影響，例えば不況などが含まれます。

学生：かつての₁世界恐慌のように，コロナ禍によって各国の経済は大きな混乱状態に陥っています。

先生：残念なことに，₂世界保健機関（WHO）によれば収束の見通しはいまだ不透明です。世界経済は₃2008年の世界金融危機以降で最も困難な状況にある，と言わざるを得ないでしょう。

学生：どの業界も厳しいですが，とくに飲食業や₄観光業は深刻な打撃を受けていると聞きます。

先生：こういう時にこそ，政府の迅速かつ強力な支援策が求められています。

（1）下線部1に関して，1929年から30年代にかけて各国は世界恐慌にみまわれた。このころの各国の動向として最も適当なものを，次の①～④の中から一つ選びなさい。

5

① イギリスは積極的な自由貿易政策を行い，全国産業復興法（NIRA）を制定して失業者を救済した。

② フランスは金本位制を維持し，自国の植民地とのあいだにブロック経済圏を形成した。

③ ドイツ（Germany）ではヒトラー政権が大規模な公共事業と軍備拡張を推進し，ポーランド（Poland）を保護国化した。

④ イタリアではナチ党のムッソリーニ（Mussolini）が一党独裁体制を確立し，植民地の拡張をめざした。

(2) 下線部2に関して，世界保健機関（WHO）は国際連合と連携協定を結んだ専門機関の一つである。国連の組織である国際司法裁判所（ICJ）の役割として最も適当なものを，次の①〜④の中から一つ選びなさい。　　　　　6

① 大量虐殺や戦争犯罪など，個人の重大犯罪を裁く。

② 侵略行為を行った国家に対し，禁輸などの非軍事的制裁を加える。

③ 「人間の安全保障」の理念のもと，難民の保護と救援を行う。

④ 国家間の紛争を，当事者双方の付託にもとづいて裁定する。

(3) 下線部3に関して，2008年世界金融危機の要因に関する記述として最も適当なものを，次の①〜④の中から一つ選びなさい。　　　　　7

① アメリカの低所得者層向け住宅ローンが不良債権化した影響で，大手証券会社が破綻した。

② チェコ（Czech）が巨額の財政赤字を抱え，EUがこれを補填したためユーロの価値が暴落した。

③ シェールガス革命によってエネルギー需給のバランスが大きく変わり，多くの産油国が財政難に陥った。

④ イギリスのEU離脱によってポンドの価値が暴落し，イギリスの貿易赤字が増加した。

（4）下線部 4 に関して，観光資源にもなる特徴的な地形にフィヨルドがある。フィヨルドのある国として最も適当なものを，次の①〜④の中から一つ選びなさい。

8

①　ブルガリア（Bulgaria）

②　ジョージア（Georgia）

③　ノルウェー（Norway）

④　スペイン

問3　次の図は，商品Aと商品Bについて価格と需要量の関係を表したものである。この図に関する記述として正しいものを，下の①〜④の中から一つ選びなさい。

9

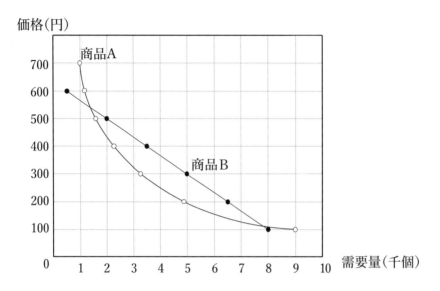

①　商品Aを300円，商品Bを400円で販売した場合，需要量は商品Bより商品Aの方が大きい。

②　商品Aと商品Bを200円で販売した場合と100円で販売した場合を比べると，商品Aと商品Bの需要量の差は100円で販売した場合の方が大きい。

③　商品Aと商品Bを400円で販売し，そこから100円値上げした場合，需要量の減少幅は商品Bより商品Aの方が大きい。

④　商品Aと商品Bを500円で販売し，そこから200円値下げした場合，需要量の増加幅は商品Aより商品Bの方が大きい。

問4　株主総会に関する説明として**誤っているもの**を，次の①〜④の中から一つ選びなさい。　　10

① 株式会社における最高意思決定機関である。
② 株主が取締役を選出し，取締役が監査役を任命する。
③ 株主は株主総会への出席を義務づけられていない。
④ 株主は1株につき1票の投票権を持って議決に参加できる。

問5　外部不経済の例として最も適当なものを，次の①〜④の中から一つ選びなさい。　　11

① 原油価格の高騰によって，プラスチック製品の価格が上昇した。
② 都市の人口が増加したのに道路が拡張されず，交通渋滞が多発した。
③ 人気映画のロケ地になったホテルでは，宿泊客が増加した。
④ 工場排水による公害が発生したため，周辺の地価が下落した。

問6　市場取引と国内総生産（GDP）の関係についての記述として最も適当なものを，次の①〜④の中から一つ選びなさい。　　12

① 警察官・消防士などの人件費は，公共サービスであるためGDPに計上されない。
② 輸入される財・サービスは，国内の市場で取引されるためGDPに計上される。
③ 新古車の販売は，付加価値の生産ではないためGDPに計上されない。
④ 株式の売却は，証券取引市場で行われるためGDPに計上される。

問7　中央銀行の業務に関する次の文章を読み，空欄 A ～ C に当てはまる語の組み合わせとして最も適当なものを，下の①～④の中から一つ選びなさい。　13

中央銀行が市場に供給される資金量を増やす場合，金融緩和政策を行う。具体的には，政策金利を A ，国債・手形の B を行う，預金準備率を C ，などの方法がある。

	A	B	C
①	引下げる	買いオペレーション	引下げる
②	引下げる	売りオペレーション	引上げる
③	引上げる	買いオペレーション	引上げる
④	引上げる	売りオペレーション	引下げる

問8　次のグラフは，2020年におけるアメリカ，韓国，スウェーデン（Sweden），オランダ（Netherland）の女性の年齢階級別労働力率を表している。A～Dに当てはまる国名の組み合わせとして最も適当なものを，下の①～④の中から一つ選びなさい。 14

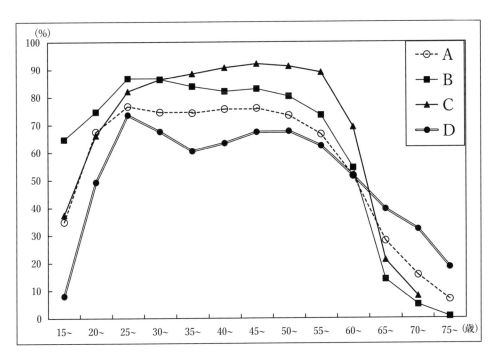

（『データブック国際労働比較2022』により作成）

	A	B	C	D
①	スウェーデン	韓国	オランダ	アメリカ
②	韓国	スウェーデン	アメリカ	オランダ
③	アメリカ	オランダ	スウェーデン	韓国
④	オランダ	アメリカ	韓国	スウェーデン

注）　労働力率＝（就業者数＋完全失業者数）÷生産年齢人口×100。人口に占める労働可能な人の割合。

問9　イノベーション（技術革新）による創造的破壊こそが経済発展をもたらすと主張した経済学者として最も適当なものを，次の①～④の中から一つ選びなさい。

15

①　シュンペーター（Schumpeter）

②　ジョン・ケイ（John Kay）

③　ハイエク（Hayek）

④　リカード（Ricardo）

問10　ある国の国際収支が次のような場合，資本移転等収支はいくらになるか。正しいものを，下の①～④の中から一つ選びなさい。

16

経常収支	貿易・サービス収支	貿易収支	＋ 250
		サービス収支	＋ 150
	第一次所得収支		＋ 200
	第二次所得収支		－ 150
金融収支	直接投資		＋ 150
	証券投資		＋ 150
誤差脱漏			－ 50

①　－ 150

②　－ 100

③　＋ 100

④　＋ 150

問11　域内の貿易拡大をはかるため，地域的経済統合が世界各地で進められている。地域的経済統合の例として最も適当なものを，次の①〜④の中から一つ選びなさい。　17

① 東南アジア諸国連合（ASEAN）

② 新興工業経済地域（NIES）

③ アラブ石油輸出国機構（OAPEC）

④ 経済協力開発機構（OECD）

問12　三角州がみられる地域として正しいものを，次の地図中の①〜④の中から一つ選びなさい。　18

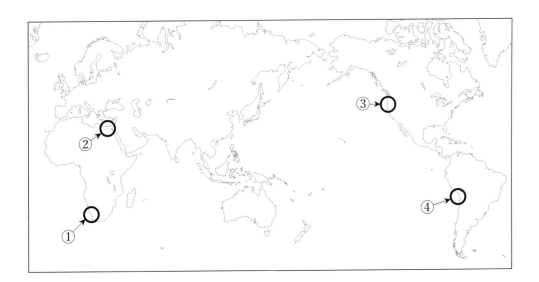

問13　次の地図中の都市 A ～ D の気候に関する記述として最も適当なものを，下の
　　　①～④の中から一つ選びなさい。　　　　　　　　　　　　　　　　　　　19

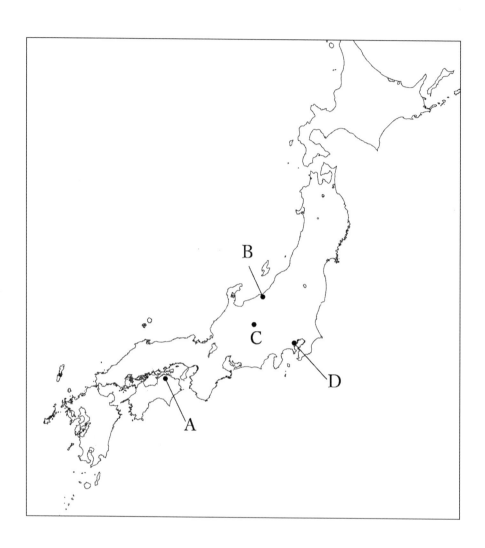

①　A では，降水量は夏より冬の方が多い。

②　B では，夏は雨が多くて蒸し暑く，冬は晴れて乾燥している。

③　C では，一年中降水量が少なく，昼と夜の寒暖差が大きい。

④　D では，一年を通じて温暖で降水量が少ない。

問14　次の図は，ある農作物の産地を示したものである。A，B に当てはまる農作物の組み合わせとして最も適当なものを，下の①〜④の中から一つ選びなさい。 20

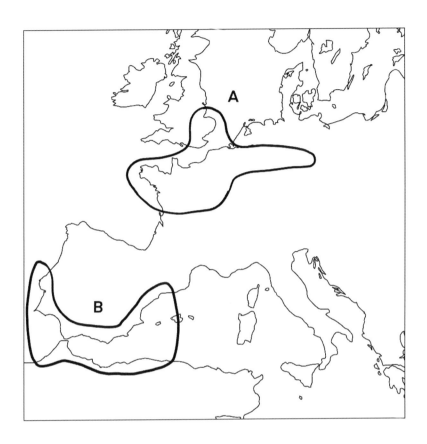

	A	B
①	小麦	てんさい
②	小麦	柑橘類
③	柑橘類	小麦
④	柑橘類	てんさい

問15　北回帰線または南回帰線が通過している国の組み合わせとして正しいものを，次の①～④の中から一つ選びなさい。　　21

	北回帰線	南回帰線
①	トルコ	ブラジル
②	サウジアラビア	オーストラリア
③	スリランカ	南アフリカ
④	メキシコ	インドネシア

注）トルコ（Turkey），ブラジル（Brazil），サウジアラビア（Saudi Arabia），オーストラリア（Australia），スリランカ（Sri Lanka），南アフリカ（Republic of South Africa），メキシコ（Mexico）

問16　言語学は世界の言語を分類し，同じ系統に属すると考えられる言語を「語族」と呼んでいる。言語・語族の組み合わせとして最も適当なものを，次の①～④の中から一つ選びなさい。　　22

	言語	語族
①	英語	アルタイ語族
②	アラビア語	アフロ・アジア語族
③	ロシア語	ウラル語族
④	マレー語	インド・ヨーロッパ語族

問17　次の表は 2018 年のイラク（Iraq），イタリア，フィンランド（Finland），カ
　　　ナダ（Canada）における発電量の割合を示したものである。A ～ D に当てはまる
　　　国名の組み合わせとして正しいものを，下の①～④の中から一つ選びなさい。23

（単位 :%）

	水力	火力	原子力	新エネルギー
A	58.8	19.8	15.7	5.7
B	1.9	98.0	0.0	0.1
C	16.4	66.5	0.0	17.0
D	18.2	37.9	35.0	8.9

（出典：『世界国勢図会 2022/23』）

	A	B	C	D
①	イラク	イタリア	フィンランド	カナダ
②	イタリア	フィンランド	カナダ	イラク
③	フィンランド	カナダ	イラク	イタリア
④	カナダ	イラク	イタリア	フィンランド

注）　火力発電には，バイオ燃料や産業廃棄物によるものを含む。

問 18　ニューヨーク (New York) の時刻が 3 月 3 日午前 0 時のときのサンフランシス
コ (San Francisco) の時刻として正しいものを，次の①〜④の中から一つ選びなさ
い。ただし，ニューヨークの経度は西経 75°，サンフランシスコは西経 120° とし，
サマータイムは考慮しないものとする。　　　　　　　　　　　　　　　　24

① 　3 月 2 日午後 6 時
② 　3 月 2 日午後 9 時
③ 　3 月 3 日午前 3 時
④ 　3 月 3 日午前 6 時

問 19　近代民主政治の基本原理を説いた思想家に関する記述として最も適当なもの
を，次の①〜④の中から一つ選びなさい。　　　　　　　　　　　　　　25

① 　ロック (Locke) は，政府が社会契約に背いた場合，市民は革命によって新た
な政府を作る権利があると主張した。
② 　ホッブズ (Hobbes) は，権力の濫用を防ぐためには立法・行政・司法の三権
を分立するべきだと主張した。
③ 　ルソー (Rousseau) は，近代民主政治の本質を論じ「地方自治は民主主義の学
校である」と主張した。
④ 　ブライス (Bryce) は，人々は社会契約を結び一般意思に基づいた政治を行う
べきだと主張した。

問 20　イギリスの議会制度に関する説明として最も適当なものを，次の①〜④の中から一つ選びなさい。　26

① 上院議員の任期は 8 年で解散がなく，下院議員の任期は 5 年で解散がある。
② 野党は政権交代に備えて影の内閣（シャドー・キャビネット）を作っている。
③ 下院で可決された法案が上院で否決された場合，上院による修正案が成立する。
④ 大臣の過半数が国会議員，および両院の議員が同数でなければならない。

問 21　海洋上の問題に関する国際法として，国連海洋法条約が存在する。国連海洋法条約に関する記述として最も適当なものを，次の①〜④の中から一つ選びなさい。　27

① この条約は，国連総会で採択され，すべての国連加盟国が批准している。
② この条約は，排他的経済水域を沿岸国の国境線から測定して 200 海里までと定めている。
③ この条約は，領海の幅を沿岸国の基線から測定して 12 海里までと定めている。
④ この条約の解釈に関する紛争を解決するために，国際刑事裁判所（ICC）が設置されている。

問22　日本の社会保障制度に関する記述として最も適当なものを，次の①〜④の中から一つ選びなさい。　　　　　　　　　　　　　　　　　28

①　社会保険とは，傷病・失業・老後などに備えるための制度で，税金と保険料で賄われている。

②　公的扶助とは，国が国民の健康増進，生活環境の改善，伝染病予防などを行うことである。

③　公衆衛生とは，国や地方公共団体が社会的弱者に対して施設やサービスを提供することである。

④　社会福祉とは，国が最低限度の生活が困難な者を公費で援助することである。

問23　日本国憲法の三大原則の一つ，平和主義に関する記述として**誤っているもの**を，次の①〜④の中から一つ選びなさい。　　　　　　　　　　　　　　　29

①　日本国憲法第９条には，国際紛争を解決する手段としての武力行使は永久に放棄すると書かれている。

②　自衛隊の最高指揮官である内閣総理大臣は，かならず文民でなければならない。

③　最高裁判所は，平和主義の観点から自衛隊を憲法違反とする判決を下したことがある。

④　日本政府は2014年から限定的な集団的自衛権の行使を容認している。

問24　日本国憲法では，国会は「国権の最高機関」であり「国の唯一の立法機関」と定められている。日本の立法過程に関する記述として最も適当なものを，次の①〜④の中から一つ選びなさい。　30

①　法案が提出されると，衆議院では委員会，参議院では公聴会で審議された後に本会議で審議される。

②　衆議院の議決した法律案を参議院が 60 日以内に議決しないときは，衆議院の議決が国会の議決となる。

③　国会で可決された法律には，衆参両院の議長および内閣総理大臣が連署することを必要とする。

④　法律案を提出できるのは内閣と国会議員だが，予算案を提出できるのは内閣のみである。

問25　2000 年代以降，社会情勢の変化に合わせて日本の選挙制度は徐々に改革されてきた。近年の選挙制度改革に関する記述として最も適当なものを，次の①〜④の中から一つ選びなさい。　31

①　離島や過疎地域に居住する有権者に限り，期日前投票が可能になった。

②　選挙権年齢および被選挙権年齢が 18 歳に引き下げられた。

③　衆議院議員選挙でインターネットを介した投票（電子投票）が行われた。

④　ブログや SNS など，インターネットを活用した選挙運動が認められた。

問 26　政治犯・思想犯といった「良心の囚人」の人権保護，難民の保護，死刑廃止などのために活動している国際 NGO の名称として正しいものを，次の①〜④の中から一つ選びなさい。　　　　32

①　グリーンピース（Greenpeace）
②　アムネスティ・インターナショナル（Amnesty International）
③　パグウォッシュ会議（Pugwash Conferences）
④　国際司法裁判所（ICO）

問 27　環境保全のための国際条約に関する記述として最も適当なものを，次の①〜④の中から一つ選びなさい。　　　　33

①　生物多様性条約とは，生物多様性の保全と持続可能な利用，遺伝子資源による利益の公正な配分をめざす条約である。
②　ワシントン条約（Washington Convention）とは，フロンなどのオゾン層破壊物質の使用を規制する条約である。
③　バーゼル条約（Basel Convention）とは，水鳥の生息地となる重要な湿地の保護を義務づける条約である。
④　ラムサール条約（Ramsar Convention）とは，有害廃棄物の国境を越えた移動を規制する条約である。

問 28　18 世紀のイギリス産業革命の背景に関する記述として最も適当なものを，次の①〜④の中から一つ選びなさい。　　　　34

①　機械の燃料や原料となる石炭・鉄鉱石といった地下資源に恵まれていた。
②　ナポレオン戦争に勝利したことで広大な海外市場を獲得した。
③　イギリス・インド・中国を結ぶ三角貿易によって資本が蓄積されていた。
④　植民地から多くの移民を受け入れ，賃金労働者として雇用した。

問29　以下の A〜D は 1880 年代から 90 年代にかけての日本の出来事である。これらを起こった順に並べたものとして最も適当なものを，次の①〜④の中から一つ選びなさい。　　　　35

A　：　日露戦争
B　：　韓国併合
C　：　関税自主権の回復
D　：　内閣制度の成立

①　B　→　A　→　D　→　C
②　C　→　D　→　A　→　B
③　D　→　B　→　C　→　A
④　D　→　A　→　B　→　C

問30　第一次世界大戦期における諸国間の関係に関する記述として最も適当なものを，次の①〜④の中から一つ選びなさい。　　　　36

①　イタリアは「未回収のイタリア」獲得のため，同盟国として参戦した。
②　ドイツが中立国ベルギーを侵犯したため，中立国であったアメリカは参戦した。
③　皇太子を暗殺されたオーストリアがセルビア (Serbia) とトルコに宣戦布告して戦争が始まった。
④　戦争中に革命が起きたロシア (Russia) は，ドイツと停戦条約を結んだ。

問31　ベトナム戦争（Vietnam War）に関する記述として最も適当なものを，次の①〜④の中から一つ選びなさい。　　　　　　　　　　　　　37

① ベトナムではイギリスに対する独立戦争が起こり，ホー・チ・ミン（Ho Chi Minh）が北ベトナムに共産主義政権を樹立した。

② 東南アジアの共産化を恐れたアメリカは，南ベトナムに傀儡政権を樹立した。

③ 1964年，アメリカのニクソン大統領は南ベトナムを支援するため武力介入を行った。

④ 1975年，南ベトナム軍が勝利し，ベトナムの独立と南北統一が達成された。

問32　第二次世界大戦末期の連合国の首脳会談に関する記述として最も適当なものを，次の①〜④の中から一つ選びなさい。　　　　　　　　　　　　38

① アメリカ・イギリス・ソ連の首脳がカイロ（Cairo）で会談し，日本降伏後の戦後処理方針について合意した。

② アメリカ・イギリス・ソ連の首脳がテヘラン（Tehran）で会談し，対ドイツ戦争方針について合意した。

③ アメリカ・イギリス・ソ連の首脳がヤルタ（Yalta）で会談し，戦後世界秩序やソ連の対独参戦について合意した。

④ アメリカ・イギリス・中国の首脳がポツダム（Potsdam）で会談し，ドイツへ無条件降伏を勧告することを同意した。

総合科目の問題はこれで終わりです。回答欄の　39　〜　60　はマークしないでください。

この問題冊子を持ち帰ることはできません。

第④回

（制限時間：80分）

問1　次の文章を読み，下の問い（1）〜（4）に答えなさい。

　2021年12月，₁ドイツ（Germany）のアンゲラ・メルケル（Angela Merkel）が首相を退任した。彼女はきわめて粘り強く，₂バランス感覚に秀でた指導者だった。16年間のメルケル政権の下でドイツはいちじるしい₃経済成長を遂げ，EUを牽引する地位に立った。また外交では，2009年のユーロ危機や2014年のロシア（Russia）の₄クリミア（Crimea）併合などでも，彼女の粘り強い交渉によって破綻が回避された。イギリスが離脱しメルケルが去った後のEUは，いま大きな分岐点に直面しているといえるだろう。

（1）下線部1に関して，ドイツの都市ミュンヘン（Munich）の位置として正しいものを，次の地図中の①〜④の中から一つ選びなさい。　　　　　　　　1

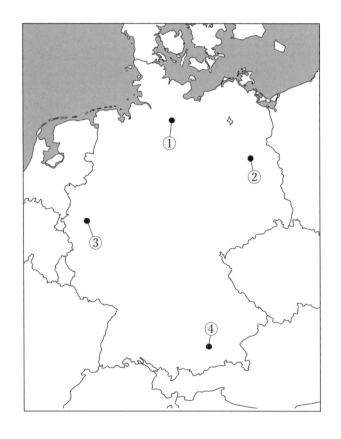

(2) 下線部 2 に関して，ドイツ帝国の宰相ビスマルク（Bismarck）は「アメとムチ（Carrot and stick）」とよばれる，強硬と柔軟を使い分けるたくみな政治手腕を見せた。ビスマルクの「アメとムチ」の事例として最も適当なものを，次の①～④の中から一つ選びなさい。 　　　　　　　　　　　　　　　　　　　　 2

① 国民の要求に応えて議会制と立憲政治を導入する一方で，ユンカー（Junker）のみを有権者とする制限選挙を行った。

② 労働者の要求に応えて社会保障制度を整備する一方で，社会主義者鎮圧法を制定して労働運動を抑圧した。

③ オーストリア（Austria）・フランス（France）・イタリア（Italy）と同盟を結ぶ一方で，東ヨーロッパをめぐりロシアと対立した。

④ 南部に多いカトリック教徒を優遇する一方で，北部に多いプロテスタントを抑圧する，いわゆる文化闘争を行った。

(3) 下線部 3 に関して，景気の変動と物価は密接な関係にある。インフレーションとデフレーションに関する記述として最も適当なものを，次の①～④の中から一つ選びなさい。 　　　　　　　　　　　　　　　　　　　　 3

① 景気の後退によって需要が供給を下回ると，失業者が増加するためインフレーションが起きる。

② 中央銀行が国債を引き受けると，通貨の供給量が増えるためデフレーションが起きる。

③ 原材料費の上昇などによって生産コストが増加すると，その増加分が価格に上乗せされるためインフレーションが起きる。

④ 減税によって消費者の購買力が上昇すると，企業の利潤が増加するためデフレーションが起きる。

（4）下線部４に関して，1850年代に起きたクリミア戦争に関する記述として最も適当なものを，次の①～④の中から一つ選びなさい。　　　　　　　　4

① 南下政策を進めるロシアとオスマン帝国（Ottoman Empire）が，イギリス・フランスを攻撃して開戦した。

② 列強の利害が複雑にからむクリミア半島は，「ヨーロッパの火薬庫」と呼ばれた。

③ 講和条約では黒海の中立化が議論されたが，オスマン帝国の干渉で実現しなかった。

④ 戦後，ロシアではアレクサンドル２世（Alexander II）による農奴解放などの国内改革が行われた。

問2　次の会話を読み，下の問い（1）〜（4）に答えなさい。

学生：最近，食品ロスが問題になっています。食べられる食品を無駄に捨てるのは
　　　もったいないし，₁経済的にも大きな損失ですよね。

先生：ええ，日本では 2019 年に食品ロス削減推進法が成立しました。ただし，
　　　2016 年に₂フランスやイタリアで成立した同様の法律と比べると規制はゆる
　　　いものですが。

学生：とにかく，まずは一歩前進ですね。

先生：人類は農業によって自然環境に負荷をかけて₃農産物を生産し，多くのエネ
　　　ルギー資源を費やしてそれを食品に加工します。そして，それを食べずにご
　　　みとして処理するためにまた多くの資源が消費されるわけです。

学生：ということは，食品ロスを減らすことは無駄を省くだけでなく₄環境保護に
　　　もなるのですか。

先生：そうです。「もったいない」という言葉には，経済的合理性という視点だけ
　　　でなく，自然環境への敬意という視点も含まれているのですよ。

（1）下線部 1 に関して，外部不経済の例として最も適当なものを，次の①〜④の中
から一つ選びなさい。　　　　　　　　　　　　　　　　　　　　　　　　5

① 景気低迷により業績の悪化した企業は多くの従業員を解雇した。

② 原子力発電所で事故が起こったので周辺地域で作られた農産物が売れなくなっ
た。

③ 近くにショッピングモールができたので昔ながらの小さな商店はさびれてし
まった。

④ クラウドファンディング（crowdfunding）の会員特典として私は高級家具を安
く購入できた。

（2）下線部 2 に関して，フランス革命に関する記述として最も適当なものを，次の
①〜④の中から一つ選びなさい。　　　　　　　　　　　　　　　6

① 旧制度（アンシャン・レジーム，Ancien Régime）では，第一身分のみ納税の
義務を負わないという特権をもっていた。

② 特権身分と対立した第三身分の議員が，立法議会を結成して憲法制定まで解散
しないと誓った。

③ 国民公会でジャコバン派が権力を握り，国王ルイ 16 世を処刑した。

④ ナポレオン（Napoleon）がクーデターで総裁政府を倒し，同じ年に皇帝に即位
して帝政を開始した。

(3) 下線部3に関して，下の表は2020年におけるある農産物の生産量上位5ヶ国を示している。また地図は生産量の多いA国・B国の位置を示している。この農産物の名称として最も適当なものを，次の①〜④の中から一つ選びなさい。　　7

国名	生産量（千t）	割合（%）
A	3,700	34.6
ベトナム	1,763	16.5
B	833	7.8
インドネシア	773	7.2
エチオピア	585	5.5

（出典：『世界国勢図会 2022/23』）

注）ベトナム（Vietnam），インドネシア（Indonesia），エチオピア（Ethiopia）

① コーヒー豆

② カカオ豆

③ サトウキビ

④ トウモロコシ

（4）下線部 4 に関して，1971 年に採択された，水鳥を保護するために重要な湿地を登録・保全することを定めた条約として正しいものを，次の①～④の中から一つ選びなさい。　　　　　　　　　　　　　　　　　　　　　　　　　　　8

① ラムサール条約
② 生物多様性条約
③ ワシントン条約
④ 京都議定書

問3　経済学者フリードマン(Friedman)の思想に関する記述として最も適当なものを，次の①～④の中から一つ選びなさい。 9

① 政府が積極的な財政出動によって市場に介入するという修正資本主義を唱えた。

② 比較生産費説にもとづく国際分業理論を説いて自由貿易を擁護した。

③ 資本家は本来労働者が得るべき剰余価値を搾取していると批判した。

④ 中央銀行による安定的な貨幣供給を重視するマネタリズムを主張した。

問4　生活必需品である塩の需要曲線を示すグラフとして最も適当なものを，次の①〜④の中から一つ選びなさい。 $\boxed{10}$

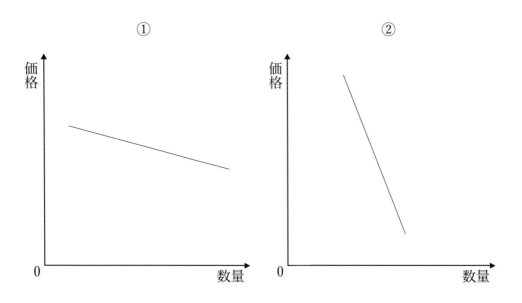

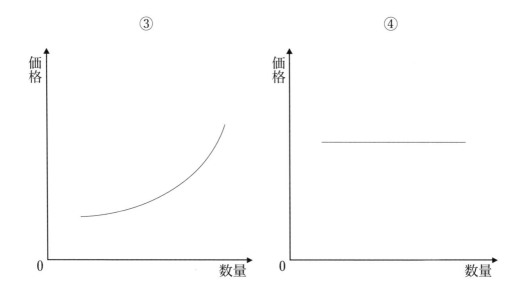

問5　家計・企業・政府からなる経済循環に関する次の文章を読み，空欄 A ～ D に当てはまる語の組み合わせとして最も適当なものを，下の①～④の中から一つ選びなさい。 11

　　政府は家計から A を徴収し，企業が供給しない B を家計に提供する。家計は政府や企業から財・サービスの供給を受け，その対価として A や代金を支払う。企業は家計から C の供給を受け，その対価として D を支払う。

	A	B	C	D
①	租税	労働力	賃金	労働力
②	労働力	公共財	賃金	租税
③	租税	公共財	労働力	賃金
④	賃金	租税	公共財	労働力

問6　株式に関する記述として最も適当なものを，次の①～④の中から一つ選びなさい。 12

① 企業が内部留保や株式発行によって調達した資本を自己資本という。
② 株式を発行して資金調達する場合，企業は利息の支払いと元本の返済をする必要がある。
③ 企業の経営が赤字になっても，株主への配当は支払われなければならない。
④ 一定割合以上の株式を所有した株主は株主総会に参加することができる。

問7　次の図は，国民総生産，国民純生産，国民所得の関係を模式的に示したものである。図中のA～Cに当てはまる語の組み合わせとして最も適当なものを，下の①～④の中から一つ選びなさい。　13

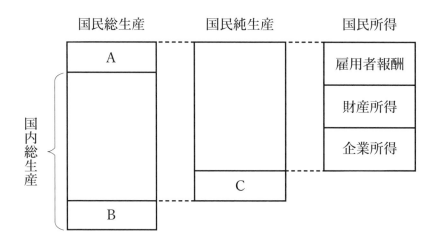

	A	B	C
①	固定資本減耗	間接税－補助金	海外からの純所得
②	直接税＋間接税	固定資本減耗	海外からの純所得
③	間接税－補助金	海外からの純所得	固定資本減耗
④	海外からの純所得	固定資本減耗	間接税－補助金

問8　ある商品がアメリカと日本で販売されているとする。アメリカでの販売価格は
　　5ドル，日本での販売価格は700円である。このとき，外国為替レートは1ドル＝
　　115円とする。各国の物価水準の比率から外国為替レートを理論的に求める考えを，
　　購買力平価説という。この説に基づいて算出される外国為替レートを基準として考
　　えるとき，実際の外国為替レート（1ドル＝115円）の状態を表す記述として正し
　　いものを，下の①～④の中から一つ選びなさい。

　　なお，両国で販売されているこの商品はまったく同一である。それぞれの販売価
　　格は同一時点のものであり時差は考えない。両国の物価水準はこの商品によって代
　　表されるものとする。　　　　　　　　　　　　　　　　　　　　　　　　14

①　実際の為替レートは，1ドルあたり25円の円高ドル安である。

②　実際の為替レートは，1ドルあたり25円の円安ドル高である。

③　実際の為替レートは，1ドルあたり140円の円高ドル安である。

④　実際の為替レートは，1ドルあたり140円の円安ドル高である。

問9　日本銀行は中央銀行としての役割を担っている。日本銀行に関する記述として
　　最も適当なものを，次の①～④の中から一つ選びなさい。　　　　　　　　15

①　金融緩和の必要がある場合に，市中銀行に貸出を行う際の金利である政策金利
　　を引き下げる。

②　日本銀行券を発行する唯一の発券銀行であり，日本政府の同意を得なくても国
　　債を発行できる。

③　不況時に政策的判断により財政支出を操作して，景気を支える裁量的財政政策
　　を行う。

④　市中銀行との間で国債や手形を売買することで，市中銀行の預金準備率を操作
　　する。

問10　環太平洋パートナーシップ協定（TPP）に関する記述として最も適当なものを，次の①〜④の中から一つ選びなさい。　16

① 国内の農業に与える打撃の大きさを懸念して，現在日本はこの協定に参加していない。

② アメリカ・カナダ（Canada）・メキシコ（Mexico）の３ヶ国がこの協定から離脱した。

③ この協定によって，自由貿易，投資・金融，軍事・安全保障などに関する協力関係が築かれた。

④ この協定は，環境保護，医薬品の価格，知的財産権など，従来の貿易協定を超える幅広い分野について共通のルールを設定した。

問 11　次のグラフは，1970 年〜2020 年における各国の一人あたり GNI の推移を表している。A 〜 D に当てはまる国名の組み合わせとして最も適当なものを，下の①〜④の中から一つ選びなさい。　17

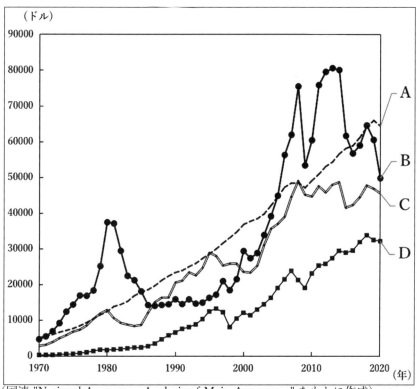

（国連 "National Accounts - Analysis of Main Aggregates" をもとに作成）

	A	B	C	D
①	カタール	アメリカ	韓国	ベルギー
②	アメリカ	カタール	ベルギー	韓国
③	韓国	ベルギー	カタール	アメリカ
④	ベルギー	韓国	アメリカ	カタール

注）カタール（Qatar），ベルギー（Belgium）

問12　次の表は，2019年における石炭の産出量と輸出量の上位5か国を示したものである。表中のX・Yに当てはまる国名の組み合わせとして正しいものを，下の①〜④の中から一つ選びなさい。　　　　　　18

	産出量 （単位：万 t）	％
中国	384,633	54.8
インド	73,087	10.4
X	61,617	8.8
Y	43,398	6.2
ロシア	35,756	5.1

	輸出量 （単位：万 t）	％
X	45,914	32.4
Y	39,293	27.8
ロシア	20,539	14.5
アメリカ	7,917	5.6
南アフリカ	7,845	5.5

（出典：『世界国勢図会 2022/23』）

	X	Y
①	インドネシア	オーストラリア
②	南アフリカ	アメリカ
③	アメリカ	インドネシア
④	オーストラリア	南アフリカ

注）インド（India），オーストラリア（Australia），南アフリカ（Republic of South Africa）

問 13　一部の国家を除き，国境を越える自由な移動は制限されている。検問がなく自由に移動できる国境として最も適当なものを，次の①〜④の中から一つ選びなさい。

19

① インドとパキスタン（Pakistan）の国境

② ロシアとジョージア（Georgia）の国境

③ コロンビア（Colombia）とペルー（Peru）の国境

④ ラトビア（Latvia）とエストニア（Estonia）の国境

問14　次の図は，ある都市の気候を表したハイサーグラフである。図中の数字は１月から12月までを示している。この都市の名称として最も適当なものを，下の①～④の中から一つ選びなさい。　20

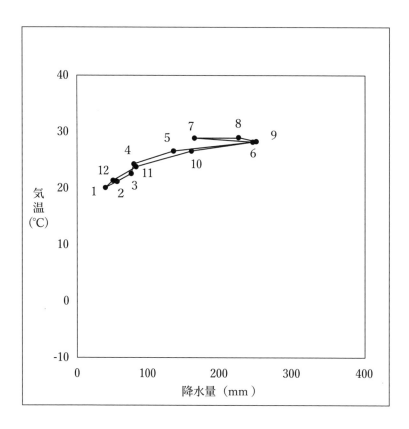

①　リオデジャネイロ（Rio de Janeiro）（ブラジル，Brazil）

②　ロンドン（London）（イギリス）

③　マイアミ（Miami）（アメリカ）

④　リヤド（Riyadh）（サウジアラビア，Saudi Arabia）

問15　ブラジルは広大な国土と豊かな自然をもつ，南アメリカ大陸最大の国家である。首都はブラジリア，公用語は　A　，主な宗教はカトリック。北部には熱帯雨林で有名なアマゾン川，南部にはブラジル高原がある。温暖な気候と恵まれた天然資源を生かした農業・鉱業がさかんで，特に大豆，　B　，コーヒー豆は世界有数の生産量を誇る。

21

(1)　上の文章中の空欄　A　に当てはまる言語として正しいものを次の①～④の中から一つ選びなさい。

① 英語
② フランス語
③ スペイン語
④ ポルトガル語

(2)　上の文章中の空欄　B　に当てはまる産物として正しいものを次の①～④の中から一つ選びなさい。

22

① 銅鉱
② 石炭
③ 鉄鉱石
④ 銀鉱

問16　8月9日午前10時に日本の東京を出発した飛行機が，10時間後にアメリカの
ロサンゼルス（Los Angeles）に到着した。この飛行機が到着した時のロサンゼル
スの時刻として正しいものを，次の①〜④の中から一つ選びなさい。ただし，ロサ
ンゼルスは西経120°とし，サマータイムはないものとする。　　　　　　23

①　8月8日午後5時
②　8月9日午前3時
③　8月9日午前10時
④　8月9日午後7時

問17　次の図は，2019年におけるカナダ，イラン（Iran），ミャンマー（Myanmar），タンザニア（Tanzania）の産業別就業者数の割合を示しているものである。A〜Dに当てはまるものとして最も適当なものを，下の①〜④の中から一つ選びなさい。

24

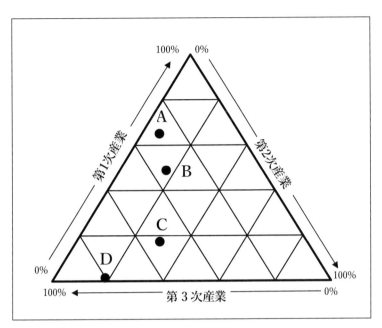

注）第2次産業には鉱業，製造業，建設業を含み，電気・ガス・水道事業を含まない。
（出典：『世界国勢図会2022/23』）

	A	B	C	D
①	カナダ	イラン	ミャンマー	タンザニア
②	イラン	カナダ	タンザニア	ミャンマー
③	ミャンマー	タンザニア	カナダ	イラン
④	タンザニア	ミャンマー	イラン	カナダ

問 18　マックス・ヴェーバー（Max Weber）が論じた近代官僚制の特徴として最も適当なものを，次の①〜④の中から一つ選びなさい。　25

① 計算能力に優れ，合理的判断に従って補佐する。

② 独立した収入源を持たず，権力者に完全に雇用されている。

③ 地縁血縁あるいは師弟関係など，人格的結合によって団結する。

④ 規則により体系化され，文書を重視して業務を行う。

問 19　日本国憲法に規定された天皇の国事行為として正しいものを，次の①〜④の中から一つ選びなさい。　26

① 国家元首として外国との条約を締結する。

② 参議院を解散する。

③ 外国大使および公使の信任状を認証する。

④ 国会の指名に基づいて最高裁判所長官を任命する。

問 20　日本国憲法は特別裁判所の設置を禁止している。特別裁判所に該当しないものを，次の①〜④の中から一つ選びなさい。　27

① 皇室および皇族に関する事件を審理する皇室裁判所

② 幹部級自衛官に関する事件を審理する軍法会議

③ 家庭および少年に関する事件を審理する家庭裁判所

④ 地方公共団体に関する事件を審理する行政裁判所

問21　各国の選挙制度に関する記述として最も適当なものを，次の①〜④の中から一つ選びなさい。　　　28

①　アメリカの大統領は，大統領選挙人を介した間接選挙によって選ばれる。

②　イギリスの国会議員は，上院は間接選挙で，下院は直接選挙で選ばれる。

③　日本の内閣総理大臣は，直接選挙によって選ばれる。

④　日本の国会議員は，衆議院は小選挙区制で，参議院は比例代表制で選ばれる。

問22　社会権に関する記述として最も適当なものを，次の①〜④の中から一つ選びなさい。　　　29

①　初めて社会権が登場したのは，17世紀イングランドで成立した権利章典である。

②　初めて社会権を明記したのは，第二次世界大戦後ドイツで成立したワイマール憲法である。

③　アメリカの憲法では，信教の自由および政教分離の原則が定められている。

④　日本国憲法では，すべての国民がひとしく教育を受ける権利を規定している。

問23　日本の地方自治における首長と議会の関係についての記述として最も適当なものを，次の①〜④の中から一つ選びなさい。　　　30

①　首長は議会を解散することができる。

②　首長は議会によって選出される。

③　首長は議会に不信任決議を行うことができる。

④　議会は首長の同意に基づいて地方行政を調査できる。

問24　国際連合の安全保障理事会に関する記述として最も適当なものを，次の①〜④の中から一つ選びなさい。　　　　　　　　　　　　　　　31

① 総会の勧告に基づいて，安全保障理事会が事務総長を任命する。

② 5ヶ国の常任理事国，10ヶ国の非常任理事国から構成される。

③ 為替相場の安定，国際貿易の拡大などを通じて恒久平和の実現をめざす。

④ 一般事項は過半数の賛成によって，重要事項はすべての常任理事国の賛成によって可決される。

問25　現在私たちが抱える深刻な環境問題の一つに，地球温暖化問題がある。地球温暖化問題に関する記述として最も適当なものを，次の①〜④の中から一つ選びなさい。　　　　　　　　　　　　　　　32

① 地球温暖化が進行すると，海面下降によって沿岸部の居住が困難になると予想されている。

② 地球温暖化の原因としては，化石燃料の大量消費，焼畑農業，大規模な森林伐採などが挙げられる。

③ 地球温暖化対策として，風力・太陽光・原子力などの自然エネルギーの開発が必要とされている。

④ 地球温暖化対策として，核兵器の廃絶，自由貿易の拡大，社会保障の強化が必要とされている。

問26　18世紀後半から19世紀前半のヨーロッパ，いわゆるナポレオン時代に関する記述として最も適当なものを，次の①～④の中から一つ選びなさい。　33

① フランスで産業革命が進行し，パリ万国博覧会が開催された。

② フランス革命の影響を受けて，ドイツの統一が実現した。

③ 個人の自由や財産権を保障するナポレオン法典が制定された。

④ フランスはクリミア戦争を始めるなど積極的な外交政策をとった。

問27　第一次大戦後の1921～1922年にかけて開かれたワシントン会議について説明した文章として最も適当なものを，次の①～④の中から一つ選びなさい。　34

① イギリス・フランス・アメリカ・ドイツのあいだで四ヵ国条約が結ばれ，太平洋上の領土保全が確認され，日英同盟は解消された。

② 主要国のあいだでロカルノ条約（Locarno Treaties）が結ばれ，中国の領土保全，機会均等，門戸開放が確認された。

③ アメリカ・イギリス・日本・フランス・イタリアのあいだで海軍軍備制限条約が結ばれ，主力艦の保有台数が制限された。

④ 主要国のあいだで不戦条約が結ばれ，戦争の放棄，平和的手段による紛争の解決が定められた。

問28　1941 年に結ばれた日ソ中立条約に関する記述として最も適当なものを，次の
　　　①〜④の中から一つ選びなさい。　　　　　　　　　　　　　　　　　35

①　同盟国ドイツが独ソ不可侵条約を結んでいたため，日本もソ連と相互不可侵を
　　約束した。

②　この条約によって千島列島を日本が，樺太島（Sakhalin）をソ連が領有するこ
　　とになった。

③　日本がソ連を初めて正式に承認し，ソ連領内から日本軍を撤退させた。

④　日本とソ連の国交が回復し，ソ連は日本の国際連合加盟を支持した。

問29　次のA〜Dは近代に成立したさまざまな地域連合である。これらを成立した
　　　順に並べたものとして最も適当なものを，次の①〜④の中から一つ選びなさい。
　　　　　　　　　　　　　　　　　　　　　　　　　　　　　　　　　　36

A　：　アジア太平洋経済協力会議（APEC）

B　：　東南アジア諸国連合（ASEAN）

C　：　ワルシャワ条約機構（WPO）

D　：　北大西洋条約機構（NATO）

①　C　→　D　→　A　→　B

②　C　→　B　→　D　→　A

③　D　→　C　→　A　→　B

④　D　→　C　→　B　→　A

問30　1962年に起きたキューバ危機（Cuban Missile Crisis）に関する文章として最も適当なものを，次の①〜④の中から一つ選びなさい。　37

① キューバ革命によってキューバが独立したため，米ソの対立が高まった。

② ソビエト連邦がキューバ国内に核ミサイル基地を建設したため，キューバ政府は激しく抵抗した。

③ アメリカがキューバに爆撃を行ったことで，核戦争の危機が高まった。

④ ソ連がアメリカの要求を受け入れたため，核戦争の危機は回避された。

問31　2001年にはじまったアフガニスタン戦争（Afghanistan War）に関する説明として最も適当なものを，次の①〜④の中から一つ選びなさい。　38

① 共産主義政権を打倒するため，アメリカがアフガニスタンに軍事侵攻した。

② イスラム主義勢力の台頭を恐れたソ連がアフガニスタンに軍事侵攻した。

③ 外国軍の侵攻後，タリバン（Taliban）勢力は後退，国連の主導で暫定政権が樹立された。

④ 戦争によって石油の生産が停止したため，アフガニスタンは石油輸出国機構（OPEC）から離脱した。

総合科目の問題はこれで終わりです。回答欄の　39　〜　60　はマークしないでください。

この問題冊子を持ち帰ることはできません。

111

日本留学試験（EJU）
総合科目　予想問題

第 ⑤ 回

（制限時間：80分）

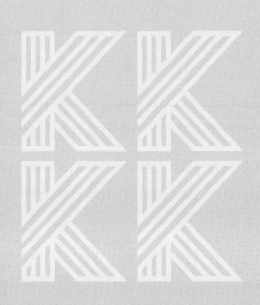

問1　次の文章を読み，下の問い（1）〜（4）のに答えなさい。

　　黒海は東ヨーロッパと西アジアの間にある。ドナウ川（Danube river）やドニプロ川（Dnieper river）などの大河は黒海を経て地中海へ至る。さらに川と運河を通じてカスピ海（Caspian Sea）ともつながっているため，黒海はユーラシア大陸西部における交通運輸の要衝の一つだといえる。沿岸では₁恵まれた環境をいかした農業や水運による貿易がさかんで，₂古代から大都市が栄えた。

　　ウクライナ（Ukraine），ロシア（Russia），ジョージア（Georgia），₃トルコ（Turkey），ブルガリア（Bulgaria），ルーマニア（Rumania）などの国々に囲まれた黒海は，その地政学的重要性ゆえにこれまで₄しばしば紛争の舞台ともなってきた。

（1）下線部1に関して，黒海北岸には黒土地帯が広がっている。この地域の農業に関する記述として最も適当なものを，次の①〜④の中から一つ選びなさい。　　　1

　　①　地中海性気候をいかしてオリーブ（olive）やオレンジを生産している。
　　②　肥沃な土壌をいかして小麦・ジャガイモをさかんに生産している。
　　③　ステップとよばれる草原が広がり，遊牧や牧畜がおこなわれている。
　　④　プランテーションでバナナ・タバコを大規模に生産している。

(2) 下線部 2 に関して，イスタンブール（Istanbul）の位置として正しいものを，次の地図中の①～④の中から一つ選びなさい。　　　　　　　　　　　　2

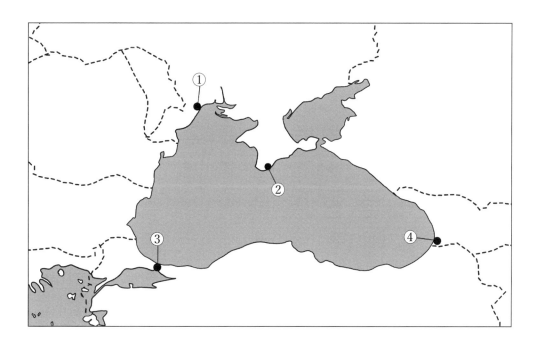

(3) 下線部 3 に関して，トルコは 1876 年に非西洋世界で初めて近代憲法を制定し，立憲君主制を採用した。現在立憲君主制を採用している国家として正しいものを，次の①～④の中から一つ選びなさい。　　　　　　　　　　　　3

① ネパール（Nepal）
② チリ（Chile）
③ サウジアラビア（Saudi　Arabia）
④ スウェーデン（Sweden）

（4）下線部4に関して，近代のロシアは領土・勢力圏を南方へ拡大する，いわゆる南下政策を推進してきた。ロシアの南下政策に関する記述として最も適当なものを，次の①～④の中から一つ選びなさい。　　　　　　　　　　　　　　　　4

①　露土戦争（Russo-Turkish War）の敗北によってロシアの後進性が明らかになり，アレクサンドル2世（Alexander II）による改革が進められた。

②　南下政策に反対する貴族がデカブリストの乱（Decembrist revolt）を起こしたが，皇帝の専制政治によって弾圧された。

③　トロツキー（Trotsky）とスターリン（Stalin）は南下政策の方針をめぐって対立し，最終的にスターリンが政権を握った。

④　東アジアで南下政策を進めたロシアは満州・朝鮮をめぐって日本と衝突したが，日本はイギリスと同盟を結んでこれを撃退した。

問2　次の文章を読み，下の問い（1）～（4）に答えなさい。

先生：先日行った博物館はどうでしたか。

学生：古代ローマ（Ancient Rome）の展示を見て文明の繁栄ぶりに驚かされました。当時作られた道路や建物がまさか現代でも使われているなんて！

先生：ええ。「すべての道は₁ローマに通ず（All roads lead to Rome）」とはよく言ったものです。

学生：あの道路が今日まで₂さまざまな歴史的事件を見てきたのかと思うと，ロマンをかき立てられますね。

先生：道路だけではありませんよ。通貨・芸術・法典など，₃経済や文化の面でも古代ローマがのこした遺産は数えきれません。

学生：いつかイタリア（Italy）を旅行して，₄現地の文化を実際に体験したいです。

（1）下線部1に関して，イタリアの首都ローマの位置として正しいものを，次の地図中の①～④の中から一つ選びなさい。 　　5

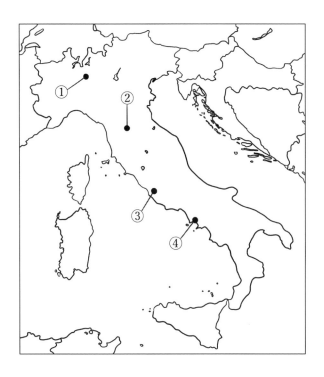

（2）下線部2に関して，近代イタリアの国家統一運動に関する記述として最も適当なものを，次の①～④の中から一つ選びなさい。 　　6

① ナポレオンのイタリア遠征に抵抗して政党「青年イタリア（Young Italy）」が結成された。

② サルデーニャ王国（Kingdom of Sardinia）がイタリア北部・中部の併合を進めた。

③ イタリア南部を占領したガリバルディ（Garibaldi）がイタリア共和国の初代大統領になった。

④ 統一国家の成立後も「未回収のイタリア」をめぐってフランス（France）との争いが続いた。

（3）下線部3に関して，次のグラフは韓国，オランダ（Netherlands），ニュージーランド（New Zealand），ベトナム（Vietnam）の業種別工業出荷額の割合を示したものである。韓国を表すグラフとして最も適当なものを，下の①～④の中から一つ選びなさい。　　　7

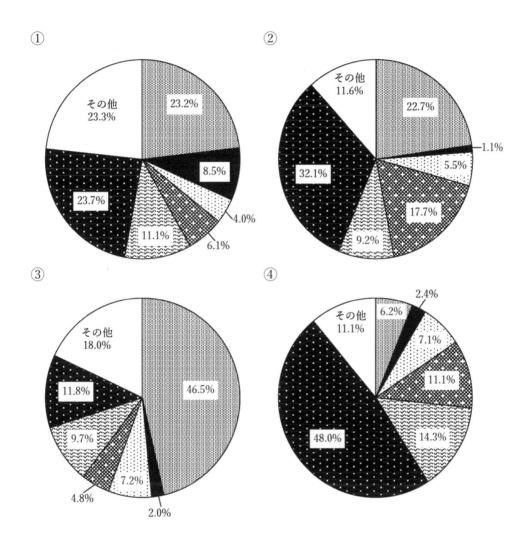

注1）「食品」にはタバコを含む。「石油製品」には石炭製品を含む。「機械」には自動車を含む。
注2）④のみ2019年，それ以外は2020年のデータ。
（出典：『世界国勢図会 2022/23』）

119

(4) 下線部4に関して，イタリアの主流宗教はローマ・カトリック（Roman Catholic）である。カトリックが主流の国として最も適当なものを，次の①～④の中から一つ選びなさい。　　　　　8

① ポルトガル（Portugal）

② イスラエル（Israel）

③ フィンランド（Finland）

④ ギリシア（Greece）

問3　次の図は，ある商品の価格と取引量との関係を表したものである。供給曲線 S
　　　は変化しないという条件の下で，この商品の人気が上昇したとき，需要曲線 D，価
　　　格 P，取引量 Q はどのように変化するか。最も適当なものを，次の①～④の中から
　　　一つ選びなさい。

9

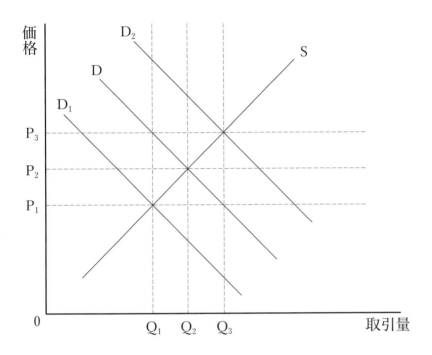

①　需要曲線は D_1 へシフトし，取引量は（$Q_3 - Q_1$）だけ変化する。
②　需要曲線は D_1 へシフトし，価格は（$P_2 - P_1$）だけ変化する。
③　需要曲線は D_2 へシフトし，取引量は（$Q_3 - Q_2$）だけ変化する。
④　需要曲線は D_2 へシフトし，価格は（$P_3 - P_1$）だけ変化する。

問4　農家は，来年用の種麦（原材料分）を除き，今年収穫した小麦すべてを4,000円で加工会社に販売した。加工会社はこれをすべて小麦粉に加工し，パン屋に10,000円で販売した。パン屋は小麦粉からパンを製造し，今年中に消費者にすべて販売して，その売り上げが20,000円であった。上の一連の取引において，この年のGDPとして計上されるのはいくらか。正しいものを，次の①～④の中から一つ選びなさい。

[10]

① 14,000円

② 16,000円

③ 20,000円

④ 34,000円

問5　インフレーション・デフレーションの原因や影響に関する記述として最も適当なものを，次の①～④の中から一つ選びなさい。 [11]

① インフレーションは，国債の返済のため通貨を大量に発行することで生じる可能性がある。

② デフレーションは，有効需要が創出され総需要が総供給を上回ることによって生じる可能性がある。

③ インフレーションが生じると，借りていた債務額が変わらなくても，返済の負担が実質的に増える。

④ デフレーションが生じると，支給される賃金額が変わらなくても，その賃金で購入できるものが減る。

問6　景気循環に関する記述として最も適当なものを，次の①〜④の中から一つ選び
なさい。　　　　　　　　　　　　　　　　　　　　　　　　　　　　　　12

①　景気後退期には，企業の設備投資は減少し，失業者数や物価は上昇する。

②　景気回復期には，金融機関の利子率は低下し，労働者の賃金は上昇する。

③　キチンの波とは，企業の在庫変動によって起こる3〜4年周期の循環である。

④　コンドラチェフの波とは，住宅等の建築投資によって起こる約20年周期の循
環である。

問7　企業の資金調達に関する記述として最も適当なものを，次の①〜④の中から一
つ選びなさい。　　　　　　　　　　　　　　　　　　　　　　　　　　13

①　銀行から資金を借り入れることを，間接金融という。

②　海外から調達された資金は，他人資本に分類される。

③　株式発行によって調達された資金は，内部金融の一種となる。

④　発行ずみの株式を家計が証券市場で買った場合，間接金融となる。

問8　第二次世界大戦後の国際通貨体制に関する記述として最も適当なものを，次の
①〜④の中から一つ選びなさい。　　　　　　　　　　　　　　　　　　14

①　ブレトンウッズ協定の下で採用された固定相場制は，金・ドル本位制と呼ばれる。

②　第二次世界大戦後の固定相場制が崩壊した背景には，アメリカの金保有量の過
剰があった。

③　変動為替相場制から固定相場制への復帰をめざした国際合意として，キングス
トン合意がある。

④　国際協調としてのプラザ合意は，変動為替相場制への移行後のドル安是正をそ
の目的の一つとしていた。

問9　著書『人口論』で「人口は幾何級数的に増加するが食料は算術級数的にしか増加しない」と述べ，人口過剰による貧困は必然だと主張した経済学者は誰か。最も適当なものを，次の①～④の中から一つ選びなさい。　15

①　マルクス（Karl Marx）

②　ブライス（Bryce）

③　マルサス（Malthus）

④　ワルラス（Walras）

問10　次の表は，ベルギー（Belgium），マレーシア（Malaysia），イギリス，アメリカの4か国の2020年における輸出依存度と輸入依存度を示したものである。輸出依存度，輸入依存度とは，それぞれGDPに占める輸出額あるいは輸入額の割合である。表中のA～Dに当てはまる国の組み合わせとして正しいものを，下の①～④の中から一つ選びなさい。　16

（単位 :%）

	A	B	C	D
輸出依存度	6.8	14.5	69.5	80.9
輸入依存度	11.5	23.1	56.4	76.2

（出典 :『世界国勢図会 2022/23』）

	A	B	C	D
①	アメリカ	イギリス	マレーシア	ベルギー
②	イギリス	ベルギー	アメリカ	マレーシア
③	ベルギー	マレーシア	イギリス	アメリカ
④	マレーシア	アメリカ	ベルギー	イギリス

問11　中央銀行が実施する政策や業務についての記述として最も適当なものを，次の
①～④の中から一つ選びなさい。　　　　　　　　　　　　　　　　　17

① 景気が過熱したときの抑制策として，国債の買いオペレーションを行う。

② 自国通貨の為替レートを切り下げるために，外国為替市場で自国通貨の売り介
入を行う。

③ 金融機関による企業への貸出を増やすために，預金準備率を引き上げる。

④ 金融緩和政策として，政策金利を高めに誘導する。

問12　国際法に関する記述として最も適当なものを，次の①～④の中から一つ選びな
さい。　　　　　　　　　　　　　　　　　　　　　　　　　　　　18

① 国際法とは，各国の憲法と，国家間の合意である条約を集合したものである。

② 国際法の概念は，三十年戦争終結後にイギリスの法学者クロムウェル
（Cromwell）によって初めて提唱された。

③ 国際法には，各国が均等な軍備をもつことで平和が維持されるという勢力均衡
の原則がある。

④ 現代の国際法は，国家の権限だけでなく，個人の権利や義務についても対象と
している。

問13　日本における労働問題の歴史に関する記述として最も適当なものを，次の①～
　　④の中から一つ選びなさい。　　　　　　　　　　　　　　　　　　　　19

①　日露戦争後に最初の労働法規である工場法が制定され，男女同一賃金，1日8
　　時間労働などが定められた。

②　1920年代には労働運動が盛んになったため，政府は治安維持法を制定して社会
　　主義者を弾圧した。

③　第二次世界大戦後に日本国憲法が制定され，勤労権，団結権，請願権のいわゆ
　　る労働三権が保障された。

④　バブル崩壊後の不況により非正規雇用労働者が増えたため，労働組合の組織率
　　が上昇した。

問 14　次の表は，2019 年におけるアメリカ，中国，日本，ヨーロッパ連合（EU）の二酸化炭素の排出量を示したものである。A〜D に当てはまる国または地域の組み合わせとして正しいものを，下の①〜④の中から一つ選びなさい。　20

	総排出量 （百万 t）	1 人あたり 排出量（t）	GDP あたり 排出量（kg）
A	10,619	7.07	0.69
B	5,246	14.44	0.24
C	2,730	5.92	0.18
D	1,071	8.37	0.23

（出典：『世界国勢図会 2022/23』）

	A	B	C	D
①	アメリカ	中国	日本	EU
②	中国	アメリカ	EU	日本
③	日本	EU	アメリカ	中国
④	EU	日本	中国	アメリカ

問15　次の図は，ある大陸の緯線に沿った地形断面図である。図の右側が東，左側が西にあたる。図中の A,B の地名の組み合わせとして最も適当なものを，下の①～④の中から一つ選びなさい。　　　21

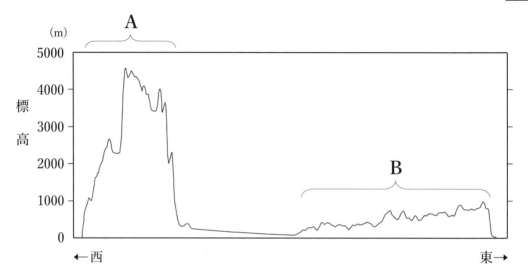

	A	B
①	ロッキー山脈	ブラジル高原
②	ロッキー山脈	アパラチア山脈
③	アンデス山脈	ブラジル高原
④	アンデス山脈	アパラチア山脈

注）ロッキー山脈（Rocky Mountains），ブラジル高原（Brazilian Highlands），アパラチア山脈（Appalachian Mountains），アンデス山脈（Andes Mountains）

問16　世界にはさまざまな機能をもつ都市がある。都市機能と都市名の組み合わせとして最も適当なものを，次の①〜④の中から一つ選びなさい。　　22

A：商業都市　　商業や金融などの中心地
B：政治都市　　政治や行政の中心地
C：学術都市　　研究・教育の中心地

	A	B	C
①	ニューヨーク	オタワ	オックスフォード
②	シンガポール	メッカ	エルサレム
③	ニース	キャンベラ	ワシントン D.C.
④	ケンブリッジ	大阪	ハイデルベルク

注）ニューヨーク（New York），オタワ（Ottawa），オックスフォード（Oxford），シンガポール（Singapore），メッカ（Makkah），エルサレム（Jerusalem），ニース（Nice），キャンベラ（Canberra），ワシントン D.C.（Washington,D.C.），ケンブリッジ（Cambridge），ハイデルベルク（Heidelberg）

問17　大河とその河口の海域との組み合わせとして正しいものを，次の①〜④の中から一つ選びなさい。　　23

	大河	河口の海域
①	アマゾン川	カリブ海
②	ニジェール川	地中海
③	コロラド川	カリフォルニア湾
④	ヴォルガ川	黒海

注）アマゾン川（Amazon River），カリブ海（Caribbean Sea），ニジェール川（Niger River），地中海（Mediterranean Sea），コロラド川（Colorado River），カリフォルニア湾（Gulf of California），ヴォルガ川（Volga River），黒海（Black Sea）

問18　次の図は，2019 年におけるフィリピン（Philippines），フランス，コンゴ民
　　主共和国（DRC），インド（India）の 4 か国の産業別就業者数の割合を示したも
　　のである。A〜D に当てはまる国名として最も適当なものを，下の①〜④の中から
　　一つ選びなさい。　　　　　　　　　　　　　　　　　　　　　　24

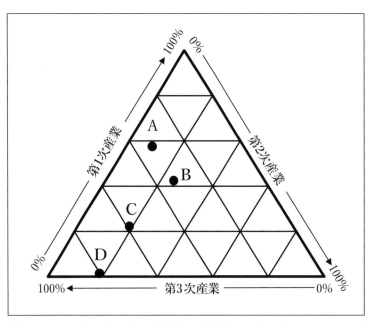

注）　第 2 次産業には鉱業，製造業，建設業を含み，電気・ガス・水道事業を含まない。
（出典：『世界国勢図会 2022/23』）

	A	B	C	D
①	フィリピン	フランス	コンゴ民主共和国	インド
②	インド	コンゴ民主共和国	フランス	フィリピン
③	コンゴ民主共和国	インド	フィリピン	フランス
④	フランス	フィリピン	インド	コンゴ民主共和国

問19　次の表は，各国の商品別貿易額の割合を表している。A～Dに当てはまる国名の組み合わせとして最も適当なものを，次の①～④の中から一つ選びなさい。

25

A

輸出	％	輸入	％
原油	75.4	機械類	25.7
液化天然ガス	11.2	石油製品	15.0
船舶	6.2	自動車	9.7
石油ガス	1.4	プラスチック	4.3
ごま	0.9	小麦	3.9

B

輸出	％	輸入	％
コーヒー豆	31.5	機械類	21.0
野菜・果実	22.8	石油製品	11.6
ごま	14.3	自動車	7.1
装飾用切花	7.5	鉄鋼	5.9
衣類	5.5	医薬品	4.2

C

輸出	％	輸入	％
カカオ豆	28.1	機械類	15.7
石油製品	8.8	原油	14.2
金（非貨幣用）	8.5	自動車	6.0
野菜・果実	8.1	米	5.8
カカオ豆加工品	7.8	石油製品	5.2

D

輸出	％	輸入	％
白金族	12.6	機械類	23.7
自動車	9.8	原油	7.4
金（非貨幣用）	7.9	自動車	6.1
機械類	7.6	石油製品	5.4
鉄鉱石	7.2	医薬品	3.7

注）A,B,D は 2020 年，C は 2019 年のデータ。
（『世界国勢図会 2022/23』により作成）

	A	B	C	D
①	ナイジェリア	エチオピア	コートジボワール	南アフリカ共和国
②	エチオピア	ナイジェリア	南アフリカ共和国	コートジボワール
③	コートジボワール	南アフリカ共和国	ナイジェリア	エチオピア
④	南アフリカ共和国	コートジボワール	エチオピア	ナイジェリア

注1）　カカオ豆加工品……カカオペースト，カカオバター。
注2）　ナイジェリア（Nigeria），エチオピア（Ethiopia），コートジボワール（Côte d'Ivoire），南アフリカ共和国（Republic of South Africa）

問20　次の文章を読み，空欄 A ・ B に当てはまる組み合わせとして最も適当なものを，下の①～④の中から一つ選びなさい。 26

　市民革命の結果，近代国家が確立した。当初，国家の果たす役割は必要最小限であるべきだと考えられた。このような国家のことを A という。こうした自由主義的な国家観の下で資本主義が発展したが，やがて社会問題や労働問題が深刻化した。そこで，国家が経済の諸過程に入り込んで利害の調整を図るべきだと考えられるようになった。このような国家を B とよぶ。

	A	B
①	夜警国家	福祉国家
②	積極国家	消極国家
③	福祉国家	積極国家
④	消極国家	夜警国家

問21　各国の政治制度に関する説明として最も適当なものを，次の①～④の中から一つ選びなさい。 27

① アメリカでは，大統領は議会に法案を提出することができる。
② イギリスでは，原則として上院の多数派政党の党首が首相となる。
③ フランスでは，大統領に政治的実権がなく事実上の議院内閣制を採用している。
④ ドイツ（Germany）では，下院議員のみ国民の選挙によって選ばれる。

問22　身体的自由権（人身の自由）の例として最も適当なものを，次の①〜④の中から一つ選びなさい。　　28

① 人種，性，言語，地位，出自などによって差別されることがない。
② どのような宗教を信仰しようとも，それを妨げられることがない。
③ 犯罪の容疑をかけられても，法的手続きを経ずに拘束されることがない。
④ 公共の福祉に反しない限り，職業を自己の意思で選択することができる。

問23　日本の内閣総理大臣の権限として適当ではないものを，次の①〜④の中から一つ選びなさい。　　29

① 内閣を代表して議案を国会に提出すること。
② 国務大臣を任命する，あるいは罷免すること。
③ 国会を召集および解散すること。
④ 国務大臣の訴追に同意を与えること。

問24　日本の違憲立法審査制度に関する記述として最も適当なものを，次の①〜④の中から一つ選びなさい。　　30

① 違憲立法審査を専門的に行う機関として，憲法裁判所が設置されている。
② 違憲立法審査権を行使する際，国会の同意を必要とする。
③ 違憲立法審査権は，すべての裁判所がもつ。
④ 地方公共団体が制定した条例は違憲立法審査の対象とならない。

問 25　日本の地方自治における直接請求権に関する記述として最も適当なものを，次
　　　の①〜④の中から一つ選びなさい。　　　　　　　　　　　　　　　　　　　31

①　有権者の 1/50 以上の署名があれば，議会に事務監査請求ができる。

②　有権者の 1/5 以上の署名があれば，首長に条例の制定・改廃請求ができる。

③　有権者の 1/3 以上の署名があれば，選挙管理委員会に議会の解散請求ができる。

④　有権者の 2/3 以上の署名があれば，選挙管理委員会に首長・議員の解職請求が
　　できる。

問 26　ドイツの国民参加型司法制度に関する記述として最も適当なものを，次の①〜
　　　④の中から一つ選びなさい。　　　　　　　　　　　　　　　　　　　　　32

①　陪審制であり，陪審員は事実認定のみを行い量刑判断は行わない。

②　陪審制であり，陪審員は選挙人名簿をもとに事件ごとに無作為に選出される。

③　参審制であり，参審員はすべての事件を審理しなければならない。

④　参審制であり，参審員は裁判官とともに事実認定と量刑判断を行う。

問27　オーストリア・ハンガリー帝国（Austro-Hungarian　Empire）に関する記述として最も適当なものを，次の①〜④の中から一つ選びなさい。　　　33

①　普墺戦争に勝利したオーストリアが，さらに東方に領土を拡大して 1867 年に建国した。

②　19 世紀後半に積極的な対外進出を行い，アフリカ大陸のコンゴ（Congo）を植民地化した。

③　1914 年にバルカン半島のサラエボ（Sarajevo）で皇族が暗殺され，これが第一次世界大戦の引き金になった。

④　第二次世界大戦直前の 1938 年，ナチス・ドイツに併合されて滅亡した。

問28　19 世紀〜 20 世紀前半にかけての東南アジア（Southeast Asia）の植民地化について説明した文章として最も適当なものを，次の①〜④の中から一つ選びなさい。　　　34

①　シンガポール（Singapore）はスペイン領となり，東南アジアで最も重要な貿易港として栄えた。

②　フィリピンは長らくオランダに支配されていたが，19 世紀末期に独立してフィリピン共和国となった。

③　ティモール島（Timor）は東半分がポルトガル領，西半分がオランダ領として分割統治されていた。

④　ベトナム・ラオス（Laos）・カンボジア（Cambodia）・タイ（Thailand）はフランスに支配され，一括してフランス領インドシナと呼ばれていた。

問29　第一次世界大戦後のヴェルサイユ条約で独立した国として正しいものを次の①
　　　～④の中から一つ選びなさい。　　　　　　　　　　　　　　　　　35

① ブルガリア

② アイルランド（Ireland）

③ ノルウェー（Norway）

④ ポーランド（Poland）

問30　第二次世界大戦に関する記述として最も適当なものを，次の①～④の中から一
　　　つ選びなさい。　　　　　　　　　　　　　　　　　　　　　　　36

① 日本はイギリスに宣戦布告し，イギリス領マレー（British Malaya）を占領した。

② デンマーク（Denmark）を併合するため，ドイツは独ソ不可侵条約を締結した。

③ アメリカ・イギリス・ソ連の首脳が大西洋憲章を発表した。

④ ドイツ降伏後の戦後処理を協議するため，ミュンヘン会談が行われた。

問31　第二次世界大戦以降のアメリカの外交政策に関する記述として<u>誤っているもの</u>を，次の①〜④の中から一つ選びなさい。　　　　　　　　　　　　 37

①　フィリピン・アメリカ戦争に勝利し，フィリピンを統治下に置いた。

②　アメリカ・ソ連などの五大国以外の核保有を禁止するという核拡散防止条約に調印した。

③　クウェート（Kuwait）を侵攻したイラク（Iraq）に対して，多国籍軍を結成して武力介入を行った。

④　ニクソン大統領は親中国路線に転換し，ベトナム和平を実現した。

問 32　次の文章を読み，空欄 A ・ B にあてはまる語の組み合わせとして最も適当なものを，下の①〜④の中から一つ選びなさい。　38

　1982 年，フォークランド諸島（Falkland Islands）（マルビナス諸島 , Islas Malvinas）の領有権をめぐって A と B のあいだで紛争がおこった。これに敗れた A では大統領が失脚した一方，勝利した B ではサッチャー（Thatcher）政権の人気が急上昇し国民経済を回復させた。

	A	B
①	アルゼンチン	スペイン
②	アルゼンチン	イギリス
③	ブラジル	スペイン
④	ブラジル	イギリス

注）アルゼンチン（Argentine），スペイン（Spain），ブラジル（Brazil）

　総合科目の問題はこれで終わりです。回答欄の 39 〜 60 はマークしないでください。

この問題冊子を持ち帰ることはできません。

日本留学試験（EJU）

総合科目　予想問題

第 ⑥ 回

（制限時間：80分）

問1　次の文章を読み，下の問い（1）〜（4）のに答えなさい。

　　₁エジプト（Egypt）はアフリカ大陸の北東にある国家で，国土の一部はユーラシア大陸にも広がる。

　　アフリカの主要国であると同時に，アラブ世界・イスラーム世界の一員でもある。また₂首都カイロ（Cairo）が地中海に面するため古代から地中海世界の一員でもあった。

　　こうした多面性が，エジプトに国際社会での独特の地位を与えている。エジプトのスエズ運河はヨーロッパとアジア，ヨーロッパと東アフリカをつなぐ₃交通運輸の要衝であり，世界で最も重要な運河の一つである。ここをめぐってさまざまな紛争や戦争が起きたという意味では，₄歴史の転換点とも言えるだろう。

（1）下線部1に関して，現在のエジプト・アラブ共和国の憲法および政治体制に関する記述として最も適当なものを，次の①〜④の中から一つ選びなさい。　　　1

　①　成文憲法であり，国王が首相を任命する。
　②　成文憲法であり，大統領が政治的実権をもつ。
　③　不文憲法であり，国王が首相を任命する。
　④　不文憲法であり，大統領が政治的実権をもつ。

(2) 下線部 2 に関して，カイロの気候を示す雨温図として最も適当なものを，次の
①～④の中から一つ選びなさい。　　　　　　　　　　　　　　　 2

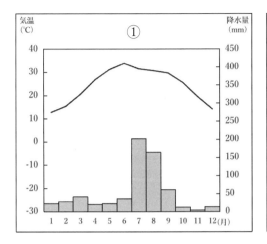

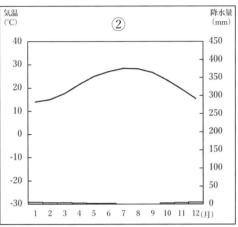

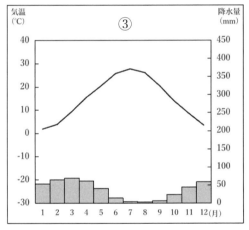

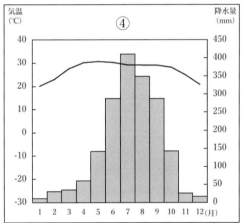

（3）下線部3に関して，交通運輸の要衝であるホルムズ海峡（Strait of Hormuz）の位置として正しいものを，次の地図中の①〜④の中から一つ選びなさい。　　3

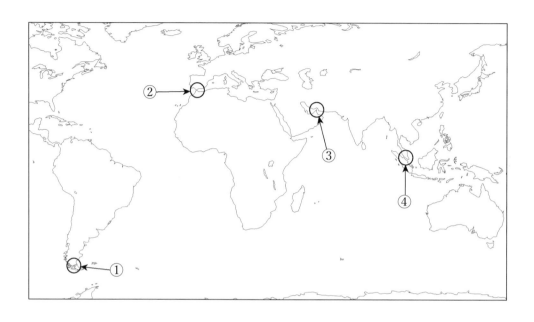

（4）下線部4に関して，時代を大きく動かす歴史の転換点が革命である。各国の革命に関する記述として最も適当なものを，次の①〜④の中から一つ選びなさい。

4

①　フランス（France）では二月革命によって第二共和政が崩壊し，新たにルイ・ナポレオン（Louis-Napoléon）が国王に即位した。

②　第一次世界大戦が終わった後，ロシア（Russia）ではロシア帝国が崩壊し世界最初の社会主義政権が樹立された。

③　シリア（Syria）で起きたジャスミン革命が発端となり，「アラブの春」と呼ばれるアラブ世界の民主化が進んだ。

④　キューバ（Cuba）ではカストロ（Castro）の指導による社会主義革命が起きたため，アメリカはキューバとの国交を断絶した。

問2　次の会話を読み，下の問い（1）〜（4）に答えなさい。

学生：近年「ふるさと納税」が盛んだと聞きました。これはどういう₁税制ですか。

先生：簡単に言うと，好きな地方公共団体へ寄付するとその分所得税・住民税が控除されるしくみです。

学生：なるほど。なぜこの制度を作ったのですか。

先生：地方の過疎化・高齢化は深刻です。若者が減ると税収が減り，地方はどんどん衰退していきます。それを改善するためこの制度を作ったのです。これを利用することで，₂地方で育ち都会へ移住した人が，税負担が増えることなしに「ふるさと」（出身地に限らず）を応援できるわけです。また，ふるさと納税をすると寄付した₃地方公共団体から返礼品をもらえます。たいていはその地方の特産品ですから，これも地方経済の振興につながります。

学生：税を納める側と受け取る側，双方が得する仕組みですね。

先生：₄日本で働いている人であれば，誰でもこの制度を利用することができます。もちろん外国籍の方も可能です。

（1）下線部1に関して，固定資産税に関する記述として最も適当なものを，次の①〜④の中から一つ選びなさい。　　　　　5

①　国税の直接税であり，累進課税制度が適用される。

②　国税の間接税であり，累進課税制度が適用されない。

③　地方税の直接税であり，累進課税制度が適用されない。

④　地方税の間接税であり，累進課税制度が適用される。

（2）下線部2に関して，次のグラフは，1980年から2020年にかけての日本，中国，タイ（Thailand），インド（India），クウェート（Kuwait），ブラジル（Brazil），スイス（Switzerland）の都市化率（総人口に占める都市人口の割合）を示したものである。A〜Dに当てはまる国の組み合わせとして最も適当なものを，下の①〜④の中から一つ選びなさい。 6

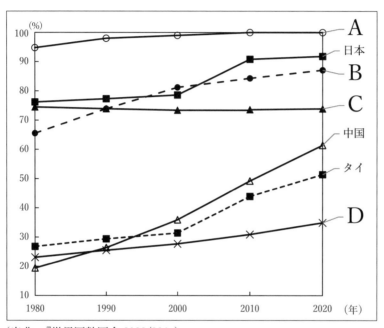

（出典：『世界国勢図会 2022/23』）

	A	B	C	D
①	インド	クウェート	ブラジル	スイス
②	クウェート	ブラジル	スイス	インド
③	ブラジル	スイス	インド	クウェート
④	スイス	インド	クウェート	ブラジル

(3) 下線部3に関して，地方公共団体の事務には法定受託事務と自治事務がある。
　自治事務にあたるものを次の①〜④の中から一つ選びなさい。　　　　　7

① 病院・薬局の開設許可
② 生活保護の給付
③ 旅券の交付
④ 戸籍・外国人登録の事務

(4) 下線部4に関して，労働基準法の規定として最も適当なものを，次の①〜④の
　中から一つ選びなさい。　　　　　8

① 国の定める基準に従い，使用者は一定数以上の障がい者を雇用しなければなら
　ない。
② 労働者を解雇する場合，使用者は最低30日前に予告しなければならない。
③ 労働者は出産前に6ヶ月，出産後に8ヶ月の休暇を取ることができる。
④ ストライキにより生じた損害について，使用者は労働組合に賠償請求できない。

問3　ある企業が外部不経済を内部化した場合の需要曲線と供給曲線の変化として最も適当なものを，次の①〜④の中から一つ選びなさい。　　9

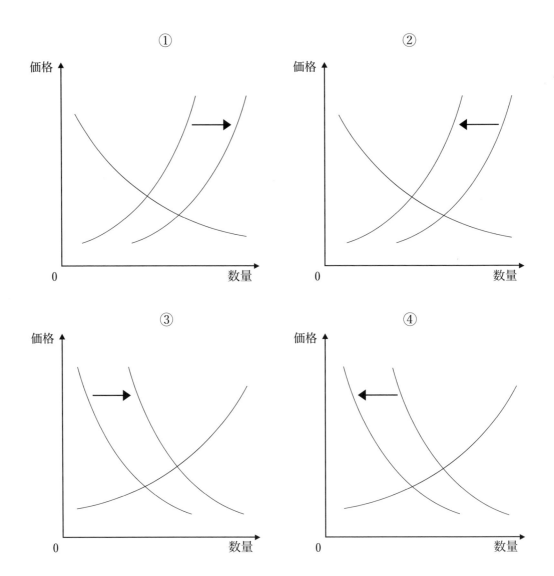

問4　富の生産と富の分配の区別を重視し，商品の価値を賃金・地代・利潤に求める生産費説を主張した功利主義の創始者は誰か。最も適当なものを，次の①〜④の中から一つ選びなさい。 10

① J.S. ミル（John Stuart Mill）

② アダム・スミス（Adam Smith）

③ リスト（Friedrich List）

④ リカード（David Ricardo）

問5　ある主体の経済状態は，フローとストックという二つの側面から把握される。フローとストックの組み合わせとして最も適当なものを，次の①〜④の中から一つ選びなさい。 11

	フロー	ストック
①	貿易収支	国民所得（NI）
②	政府の債務残高	国内総生産（GDP）
③	国内総生産（GDP）	外貨準備高
④	国民所得（NI）	政府の財政赤字

問6　多くの人が同時に消費でき，かつ代金を払わない人をその消費から排除することが難しい性質をもつ財・サービスを公共財という。公共財の性質をもつ財・サービス提供の例として最も適当なものを，次の①～④の中から一つ選びなさい。 12

① 病気の治療
② 住宅の提供
③ 農薬の散布
④ 堤防の補修

問7　次の表は，ある企業の貸借対照表（バランスシート）を示したものである。この企業が社債発行によって 3,000 万円を調達した場合の自己資本比率として正しいものを，下の①～④の中から一つ選びなさい。 13

（単位：万円）

（資産の部）		（負債の部）	
現預金	2,000	銀行借入金	3,000
在庫品	1,000	（純資産の部）	
工場	4,000	資本金	4,000
資産合計	7,000	負債・純資産合計	7,000

① 25%
② 30%
③ 35%
④ 40%

問8　次の図は，1975 年度から 2022 年度にかけての日本の一般会計における歳出額，税収額，国債（建設国債・赤字国債）発行額の推移を示したものである。この図に関する記述として正しいものを，次の①～④の中から一つ選びなさい。　14

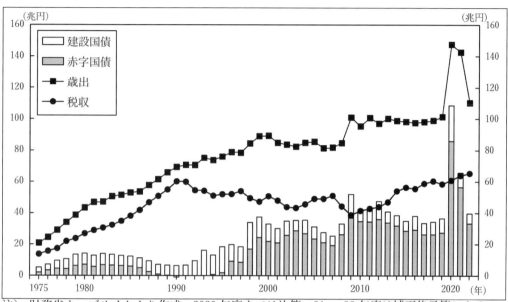

注）財務省ウェブサイトより作成。2020 年度までは決算，21 ～ 22 年度は補正後予算による。

①　国債発行額が歳出額を上回っている年度がある。

②　赤字国債発行額が前年度の税収額を上回っている年度がある。

③　東日本大震災以降，歳出額と税収額の差は拡大し続けている。

④　歳出額と税収額の差が最も小さい年度には国債が発行されていない。

問9　中央銀行の金融政策に関する記述として最も適当なものを，次の①～④の中から一つ選びなさい。　　　　　　　　　　　　　　　　　　　　　　15

① インフレーションのとき，売りオペレーションを行って通貨供給量を増やす。

② インフレーションのとき，預金準備率を引き下げて通貨供給量を減らす。

③ デフレーションのとき，買いオペレーションを行って景気を刺激する。

④ デフレーションのとき，政策金利を引き上げて景気を抑制する。

問10　日本の消費者問題に関する記述として最も適当なものを，次の①～④の中から一つ選びなさい。　　　　　　　　　　　　　　　　　　　　　　　　16

① 消費者基本法は，従来の消費者の「保護」から「自立」に主眼が置かれている。

② 製造物責任法では，製造者に過失がある場合のみ欠陥商品に対する賠償責任が生じると規定されている。

③ 消費生活に関する情報提供や苦情相談のために，公正取引委員会が設置されている。

④ 消費者問題の相談窓口として，都道府県や市区町村に消費者庁が設置されている。

問11　国際通貨制度に関する記述として最も適当なものを，次の①～④の中から一つ選びなさい。　　　　　　　　　　　　　　　　　　　　　　　　　17

① 金本位制では，中央銀行は金の保有量に関係なく兌換紙幣を発行できる。

② 金本位制では，物価の上昇（インフレーション）が起こりやすい。

③ 管理通貨制では，中央銀行は金の保有量に応じて兌換紙幣を発行できる。

④ 管理通貨制では，景気調整のための経済政策の自由度が確保しやすくなる。

問12　アメリカは世界有数の綿花生産国である。綿花の栽培が盛んな地域として最も適当なものを，次の地図中の①〜④の中から一つ選びなさい。　　18

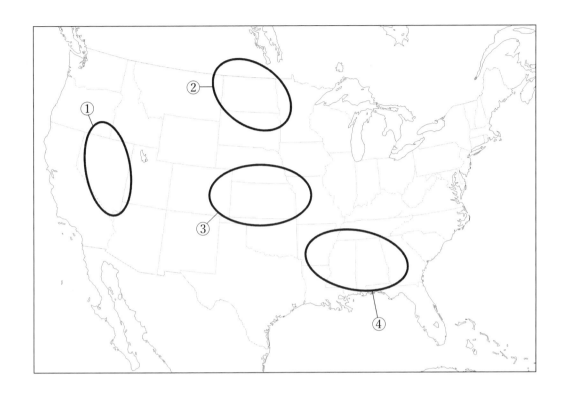

問13　日本国憲法第25条に基づいて社会保障制度が整備されている。日本の社会保障制度に関する記述として最も適当なものを，次の①〜④の中から一つ選びなさい。

19

①　生活環境の改善や感染症の予防など，国民の健康と安全を守ることを公衆衛生という。

②　税金と保険料を財源として，傷病・失業・老後などに備えて資金を積み立てる制度を社会福祉という。

③　社会的弱者に対して，現金以外に物品・施設・サービスなどを提供して援助することを社会保険という。

④　税金と保険料を財源として，生活困窮者に対して主に現金を給付して援助することを公的扶助という。

問14　植生は気候の影響を受ける。植生と気候の正しい組み合わせとして最も適当なものを，次の①〜④の中から一つ選びなさい。　20

	植生	気候
①	ステップ　（Steppe）	温暖湿潤気候（Cfa）
②	タイガ　（Taiga）	亜寒帯湿潤気候（Df）
③	パンパ　（Pampa）	地中海性気候（Cs）
④	プレーリー　（Prairie）	熱帯雨林気候（Af）

問15　発達した熱帯低気圧は，それが存在する海域によってさまざまな名称でよばれる。発達した熱帯低気圧に関する記述として最も適当なものを，次の①〜④の中から一つ選びなさい。　21

①　太平洋にあるものは台風（typhoon）とよばれる。

②　インド洋にあるものはモンスーン（monsoon）とよばれる。

③　北大西洋にあるものはハリケーン（hurricane）とよばれる。

④　南大西洋にあるものはサイクロン（cyclone）とよばれる。

問16　地図にはさまざまな図法がある。地球上の角度の関係が地図上で正確に表現され，任意の2点を結んだ直線が必ず等角航路となる図法として最も適当なものを，次の①〜④の中から一つ選びなさい。　22

①

②

③

④

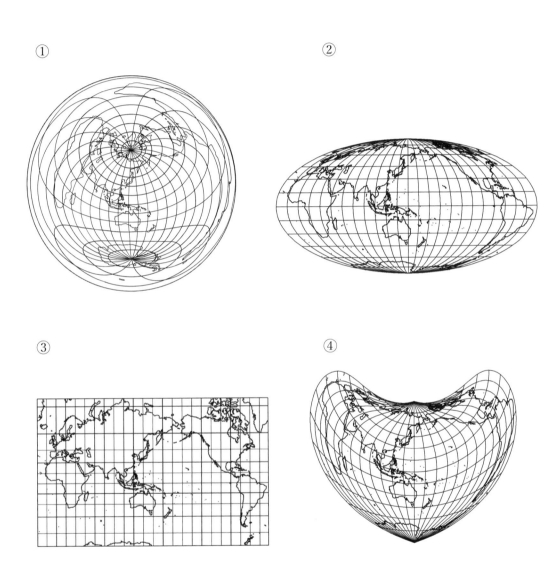

問17　日本の都道府県の名称と位置が正しく示されている地図を，①〜④の中から一つ選びなさい。　　23

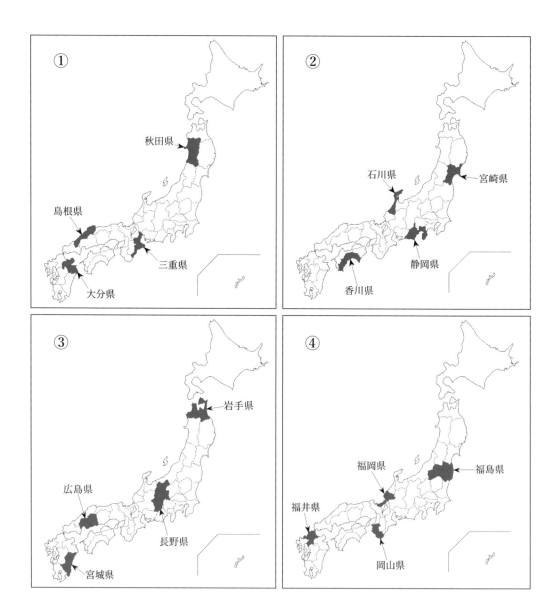

問18　次のグラフは，1980年から2019年までのアメリカ，韓国，ギリシャ（Greece），フランスの4ヵ国の合計特殊出生率の推移を示したものである。A～Dに当てはまる国名として正しい組み合わせを，下の①～④の中から一つ選びなさい。　24

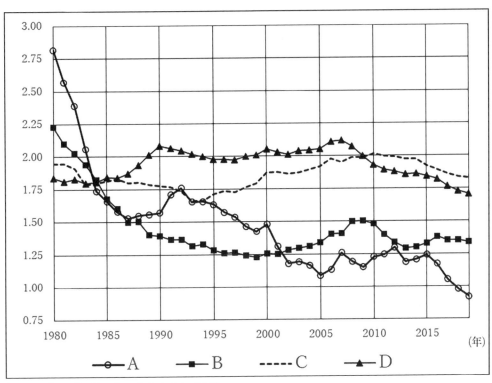

（OECD "Family Database" をもとに作成）

	A	B	C	D
①	アメリカ	韓国	ギリシャ	フランス
②	韓国	ギリシャ	フランス	アメリカ
③	ギリシャ	フランス	アメリカ	韓国
④	フランス	アメリカ	韓国	ギリシャ

問 19　日本に居住する外国人の権利保障に関する説明として最も適当なものを，次の①～④の中から一つ選びなさい。　　　　　　　　　　　　　　　25

①　外国人にも，刑事裁判の際に弁護人を依頼する権利が認められる。

②　外国人にも，国会議員を選挙する権利が認められる。

③　外国人でも，最高裁判所裁判官の国民審査に参加できる。

④　外国人でも，都道府県知事選挙で投票することができる。

問 20　ヨーロッパ連合（EU）について，「EU 大統領」とも呼ばれる欧州理事会議長を設置することを定めた条約として適当なものを，次の①～④の中から一つ選びなさい。　　　　　　　　　　　　　　　26

①　アムステルダム条約（Treaty of Amsterdam）

②　マーストリヒト条約（Maastricht Treaty）

③　リスボン条約（Treaty of Lisbon）

④　ローマ条約（Treaty of Rome）

問 21　日本の国会議員に関する記述として最も適当なものを，次の①～④の中から一つ選びなさい。　　　　　　　　　　　　　　　27

①　国会議員は，いかなる場合でも任期中には刑事事件の容疑者として逮捕されない。

②　国会議員は，議院で行った演説・討論・表決について，院外でその責任を問われない。

③　国会議員は，国務大臣を兼任することができない。

④　国会議員は，天皇の行う国事行為に助言と承認を与えることができる。

問 22　ある議会の議員が小選挙区制で選出され，議会の定数が 4 人であるとする。次の表は，この議会の選挙で 3 つの政党 A ～ C が四つの選挙区 I ～Ⅳでそれぞれ 1 人の候補者を立てたときの，各候補者の得票数を示したものである。この選挙結果についての記述として正しいものを，下の①～④の中から一つ選びなさい。　28

選挙区	得票数			計
	A 党	B 党	C 党	
I	40	25	35	100
II	10	50	40	100
III	40	25	35	100
IV	25	30	45	100
計	115	130	155	400

①　過半数の議席を獲得した政党がある。

②　一つの議席も獲得できなかった政党がある。

③　得票数の合計が最も多い政党は，獲得議席数も最も多い。

④　得票数の合計が最も少ない政党は，獲得議席数が最も多い。

問 23　日本国憲法に明記されていないが，第 13 条の幸福追求権などを根拠に新しい人権が広く認められつつある。新しい人権の例として最も適当なものを，次の①～④の中から一つ選びなさい。　29

①　ホームページを開設して世界に向けて意見を発信する権利。

②　インターネットを利用して内閣総理大臣に直接請願する権利。

③　ゲームソフトを開発するためにベンチャー企業を経営する権利。

④　データベース上の個人情報の保護を国に対し請求する権利。

問24　日本の裁判官に関する記述として最も適当なものを，次の①〜④の中から一つ選びなさい。　　　30

①　最高裁判所長官は，内閣の指名にもとづいて天皇が任命する。

②　下級裁判所の裁判官は，国民審査にもとづいて内閣が任命する。

③　裁判官が最高裁判所から下級裁判所に異動した場合，報酬は減額される。

④　裁判官が冤罪事件を起こした場合，法務大臣の行う弾劾裁判によって罷免される。

問25　先進国と開発途上国のあいだには大きな経済格差がある。国際的な経済格差および途上国支援に関する記述として最も適当なものを，次の①〜④の中から一つ選びなさい。　　　31

①　先進国と途上国の経済格差を南北問題といい，途上国同士の紛争や内戦を南南問題という。

②　途上国の資源を先進国が利用しやすくするため，1970年代に新国際経済秩序（NIEO）宣言が国連で採択された。

③　開発援助委員会（DAC）は，途上国支援の促進について先進国同士で協議を行っている。

④　途上国の環境保全と教育振興を重点的に支援するため，国連貿易開発会議（UNCTAD）が設置されている。

問26　国際連合の総会に関する記述として最も適当なものを，次の①～④の中から一
つ選びなさい。　　　　　　　　　　　　　　　　　　　　　　　　32

①　安全保障理事会の要請または加盟国の過半数の要請により特別総会が開かれる。

②　一般事項は過半数の賛成によって，重要事項は 2/3 以上の賛成かつ全常任理事
国の賛成によって決定される。

③　通常総会は毎年 1 回開催され，国連分担金の額に関係なく地球上のすべての国
家が参加する。

④　総会は非政治分野での国際協力を目的とし，社会・経済・文化に関する諸問題
を研究する。

問27　オゾン層破壊物質（フロン類）の使用を規制する国際的な取り決めとして最も
適当なものを，次の①～④の中から一つ選びなさい。　　　　　　　　33

①　パリ協定（Paris Agreement）

②　モントリオール議定書（Montreal Protocol）

③　ヘルシンキ宣言（Declaration of Helsinki）

④　ワシントン条約（Washington Convention）

問28　近代のオセアニア（Oceania）に関する記述として最も適当なものを，次の①
　　　〜④の中から一つ選びなさい。　　　　　　　　　　　　　　　　　　34

　　①　アメリカ・スペイン戦争に敗れたスペインは，ハワイをアメリカに割譲した。
　　②　ヴェルサイユ条約によって，パラオ（Palau）などの旧ドイツ植民地が独立国
　　　　家と認められた。
　　③　ニューギニア島（New Guinea）は西部がイギリス領，東部がポルトガル領と
　　　　して分割統治された。
　　④　ニュージーランド（New Zealand）には先住民のマオリ（Māori）が居住していた
　　　　が，19世紀にイギリスによって植民地化された。

問29　第一次世界大戦末期，アメリカ大統領のウィルソンは「十四ヶ条の平和原則」
　　　を提示し，のちのヴェルサイユ条約に多大な影響を与えた。「十四ヶ条の平和原則」
　　　の内容として最も適当なものを，次の①〜④の中から一つ選びなさい。　　35

　　①　オスマン帝国のバルカン半島への領土拡大
　　②　ポーランド（Poland）の独立とベルギー（Belgium）の主権回復
　　③　ドイツ（Germany）の賠償金支払い義務
　　④　保護貿易主義

問30　19世紀にヨーロッパ列強がアフリカ大陸に進出し，ファショダ事件（Fashoda Incident）がおきた。この事件に関する記述として最も適当なものを，次の①〜④の中から一つ選びなさい。　　　　　　　　　　　　36

①　フランスは，エジプトと南アフリカを結ぶアフリカ縦断政策を進めていた。

②　イギリスは，サハラ砂漠を西進しアフリカ横断政策を進めていた。

③　コンゴ（Congo）のファショダで英仏両軍が軍事衝突しかけたが，フランスが譲歩して戦争は回避された。

④　この事件の後，英仏両国はドイツへ対抗するため一定の協調路線を取るようになった。

問31　以下のA〜Dは第二次世界大戦の開戦前後の出来事である。これらを年代順に並べたものとして最も適当なものを，次の①〜④の中から一つ選びなさい。　　　　　　　　　　　　37

A　フランス南部にヴィシー政府が成立し，第三共和政は崩壊した。

B　ドイツとソビエト連邦が不可侵条約を結んだ。

C　ドイツ・日本・イタリア（Italy）が三国軍事同盟を結んだ。

D　国際連盟がフィンランド（Finland）の提訴を認めてソ連を除名した。

①　B　→　A　→　C　→　D

②　B　→　D　→　A　→　C

③　C　→　B　→　D　→　A

④　C　→　D　→　A　→　B

問32　1970年代の日本の外交について説明した文章として最も適当なものを，次の
①～④の中から一つ選びなさい。　　　　　　　　　　　　　　　　　38

①　サンフランシスコ平和条約によって国家主権を回復した。

②　日ソ共同宣言に調印してソビエト連邦との国交を正常化した。

③　日韓基本条約を締結して大韓民国との国交を正常化した。

④　アメリカの施政下に置かれていた沖縄が日本へ返還された。

総合科目の問題はこれで終わりです。回答欄の　39　～　60　はマークしないでください。

この問題冊子を持ち帰ることはできません。

日本留学試験（EJU）
総合科目　予想問題

第⑦回

（制限時間：80分）

問1　次の文章を読み，下の問い（1）〜（4）に答えなさい。

　デンマーク（Denmark）はユトランド半島（Jutland）と₁周辺の島々からなる，₂ヨーロッパ北部の国である。

　人口は約580万人とヨーロッパの中でも比較的小さいものの，歴史上多くの偉人を輩出してきた。

　例えば，『アンデルセン童話』で有名な₃文学者アンデルセン（Andersen），実存主義の哲学者キェルケゴール（Kierkegaard），望遠鏡なしで正確な観測をした天文学者ブラーエ（Brahe），₄電流が磁場を形成することを発見した物理学者エルステッド（Oersted）など，枚挙にいとまがない。

（1）下線部1に関して，デンマークの領土として正しいものを，次の①〜④の中から一つ選びなさい。　　　　　　　　　　　　　　　　　　　1

　　①　アイスランド（Iceland）

　　②　メリーランド（Maryland）

　　③　グリーンランド（Greenland）

　　④　ニューファンドランド（Newfoundland）

(2) 下線部 2 に関して，デンマーク，スウェーデン（Sweden），ノルウェー（Norway）
などの北欧諸国は社会民主主義的な福祉政策をとっている。北欧諸国の福祉政策に
関する記述として最も適当なものを，次の①〜④の中から一つ選びなさい。　　2

①　「小さな政府」を志向し，国家の役割より自助努力（任意保険など）が重視さ
れている。

②　社会保障が手厚いかわりに税負担も重く，現役世代向け・高齢者向けの給付が
ともに充実している。

③　雇用市場は流動的で，貧困層向けに必要最低限の社会保障が給付されている。

④　国家の役割と同等に，家族・職業団体・教会による社会福祉も重視されている。

(3) 下線部 3 に関して，数多くの詩や音楽にうたわれた河川にライン川（Rhine）が
ある。ライン川が流れる国として正しいものを，次の①〜④の中から一つ選びない。
　　3

①　ベルギー（Belgium）

②　ハンガリー（Hungary）

③　イタリア（Italy）

④　スイス（Switzerland）

（4）下線部4に関して，次のグラフは2019年におけるインド（India），フランス（France），ブラジル（Brazil），ドイツ（Germany）のエネルギー源別発電量の割合を示したものである。A～Dにあてはまる国名の組み合わせとして最も適当なものを，下の①～④の中から一つ選びなさい。　　　4

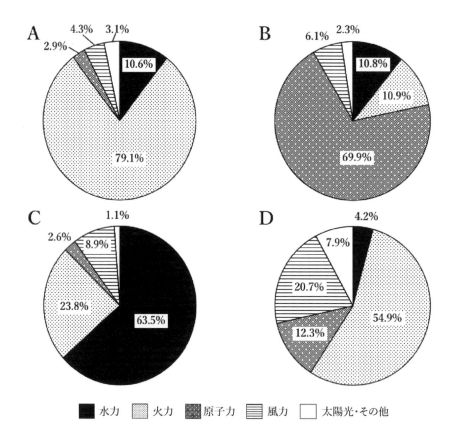

注）　火力発電には化石燃料だけでなく，バイオ燃料・廃棄物燃料によるものを含む。
（出典：『世界国勢図会 2022/23』）

	A	B	C	D
①	インド	フランス	ブラジル	ドイツ
②	ブラジル	インド	ドイツ	フランス
③	フランス	ドイツ	インド	ブラジル
④	ドイツ	ブラジル	フランス	インド

問2　次の会話を読み，下の問い（1）〜（4）に答えなさい。

学生：₁インドネシア（Indonesia）が2024年に首都を移転するとニュースで見ました。
　　　なぜ移転するのですか。

先生：現在の首都の過密と一極集中を解消するためです。ジャカルタ（Jakarta）首
　　　都圏は₂東南アジアのみならず世界でも最大級の都市圏で，しかもジャカル
　　　タのあるジャワ島（Java）には，なんと全国の人口の約半分が集中している
　　　のです。

学生：日本もよく「東京一極集中」が問題視されますが，インドネシアもそうなの
　　　ですね。

先生：ええ。ジャカルタでは，交通渋滞・大気汚染・地盤沈下などの深刻な都市公
　　　害が発生しています。また，ジャワ島とそれ以外の島のあいだの₃経済格差
　　　も拡大する一方です。そこで，首都を別の島へ移転することでジャカルタの
　　　負担を減らし，同時に群島間の経済格差を小さくしようと政府は考えている
　　　のです。移転には巨額の費用を必要としますが，これに成功すればインドネ
　　　シアがさらに飛躍することは間違いないでしょう。

学生：まさに国の未来をかけた，₄歴史に残る一大事業というわけですね。

（1）下線部 1 に関して，インドネシアの新しい首都ヌサンタラ（Nusantara）が置かれる島として正しいものを，次の地図中の①〜④の中から一つ選びなさい。　　5

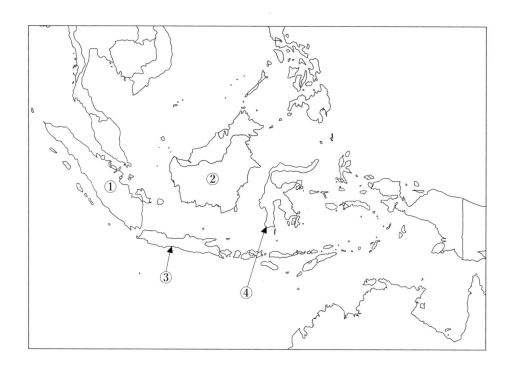

（2）下線部 2 に関して，東南アジア諸国連合（ASEAN）に関する記述として最も適当なものを，次の①〜④の中から一つ選びなさい。　　6

① ASEAN は 1997 年のアジア通貨危機をきっかけに，金融の安定化をめざして設立された。

② ASEAN 中央委員会という政務執行機関をもち，加盟国の立法行政の一部を担っている。

③ ASEAN 経済共同体を発足させ，域内のさらなる経済統合をめざしている。

④ ASEAN は加盟国の相互防衛義務を定め，集団安全保障体制をとっている。

(3) 下線部 3 に関して，次の表は 2018 年におけるある農産物・鉱産物・エネルギー資源の生産量の割合を示している。A〜D にあてはまる品目名として最も適当なものを，下の①〜④の中から一つ選びなさい。　　　7

（単位:%）

A		B		C		D	
中国	54.8	インドネシア	57.5	フィリピン	9.7	中国	28.5
インド	10.4	マレーシア	26.6	コスタリカ	9.4	インドネシア	26.2
インドネシア	8.8	タイ	4.1	ブラジル	8.8	ミャンマー	14.2
オーストラリア	6.2	コロンビア	2.0	インドネシア	8.8	ペルー	6.7
ロシア	5.1	ナイジェリア	1.6	中国	8.0	ブラジル	5.7

注 1）　A, B, D は 2019 年，C は 2020 年のデータ。
注 2）　オーストラリア（Australia），ロシア（Russia），マレーシア（Malaysia），タイ（Thailand），コロンビア（Colombia），ナイジェリア（Nigeria），フィリピン（Philippines），コスタリカ（Costa Rica），ブラジル（Brazil），ミャンマー（Myanmar），ペルー（Peru）
（出典：『世界国勢図会 2022/23』）

	A	B	C	D
①	天然ガス	ヤシ油	パイナップル	亜鉛鉱
②	石炭	なたね油	バナナ	鉄鉱石
③	天然ガス	大豆油	バナナ	銅鉱
④	石炭	パーム油	パイナップル	スズ鉱

注 3）　ヤシ油（coconut oil），なたね油（rapeseed oil），パーム油（palm oil），亜鉛鉱（zinc ore，スズ鉱（tin ore）

（4）下線部4に関して，東南アジアの歴史に関する記述として最も適当なものを，次の①〜④の中から一つ選びなさい。　　　　　8

①　19世紀，イギリスはマラッカ海峡（Strait of Malacca）の両岸を領有し，マレー連合州（British Malaya）として保護国化した。

②　フィリピンは1899年にスペイン（Spain）から独立したが，直後にアメリカに支配された。

③　スカルノ（Sukarno）はインドシナ共産党を率い，ベトナム民主共和国（Democratic Republic of Vietnam，北ベトナム）の建国を宣言した。

④　インドネシアは1945年に独立を宣言し，1950年に正式にフランスから独立した。

問3　次の図は，ある商品の需要曲線と供給曲線を表したもので，均衡点がAであることを示している。消費税を増税した場合，消費者の事情に変化がないという条件の下で，課税後の均衡点として正しいものを図中の①～④の中から一つ選びなさい。

9

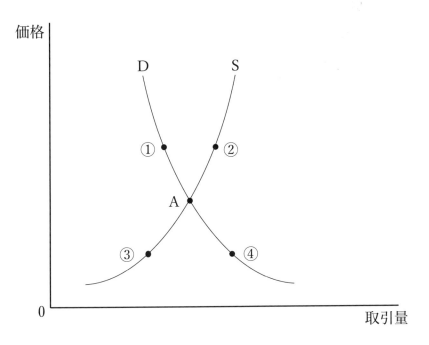

問4　経済学者とその著書の組み合わせとして正しいものを，次の①～④の中から一つ選びなさい。

10

	著者	著書
①	ケネー	『国富論（諸国民の富）』
②	マルサス	『資本論』
③	シュンペーター	『資本主義と自由』
④	ワルラス	『純粋経済学要論』

注）ケネー（Quesnay），マルサス（Malthus），シュンペーター（Schumpeter），ワルラス（Walras）

問5　国際通貨制度に関する記述として最も適当なものを，次の①〜④の中から一つ
選びなさい。　　11

① 金本位制では，景気調整のための経済政策の自由度が確保しやすくなる。

② 金本位制では，中央銀行は金の保有量に関係なく不換紙幣を発行できる。

③ 管理通貨制では，通貨の発行量が増えるとインフレーションが発生しやすい。

④ 管理通貨制では，外国為替取引における為替レートはほとんど変動しない。

問6　国民経済を測るためにさまざまな経済指標がある。次の表の数値をもとに算出
された経済指標として正しいものを，下の①〜④の中から一つ選びなさい。　　12

項目	金額
国内総生産（GDP）	600
海外からの純所得	30
間接税	90
補助金	40
固定資本減耗	120

① 国民総生産（GNP）は，570 である。

② 国民純生産（NNP）は，480 である。

③ 国内純生産（NDP）は，510 である。

④ 国民所得（NI）は，460 である。

問7　スタグフレーション（stagflation）に関する記述として最も適当なものを，次の①〜④の中から一つ選びなさい。　　　　　　　　　　　　　　　　13

① スタグフレーションとは，景気の後退と物価の下落が同時に進行する状況である。

② スタグフレーションでは，賃金は低下するものの通貨や預貯金の実質的価値は上昇する。

③ スタグフレーションのときに金利の引き下げを行うと，インフレがさらに進行するリスクがある。

④ スタグフレーションのときに増税などによって需要を増大させると，景気がさらに過熱するリスクがある。

問8　日本銀行の機能に関する説明として最も適当なものを，次の①〜④の中から一つ選びなさい。　　　　　　　　　　　　　　　　14

① 日本銀行は日本国唯一の発券銀行として，紙幣と硬貨を発行している。

② 日本銀行は経営危機に陥った銀行に代わって，一般企業に緊急融資を行うことがある。

③ 日本銀行は政府からの独立性を維持するため，国庫金の管理は行わない。

④ 日本銀行は円相場の安定をはかるため，外国為替市場への介入を行うことがある。

問9　次の図は，1980年から2020年にかけてのシリア（Syria），アフガニスタン（Afghanistan），ソマリア（Somalia），イラク（Iraq）の4ヶ国の難民人口の推移を示したものである。グラフの説明として最も適当なものを，下の①～④の中から一つ選びなさい。

15

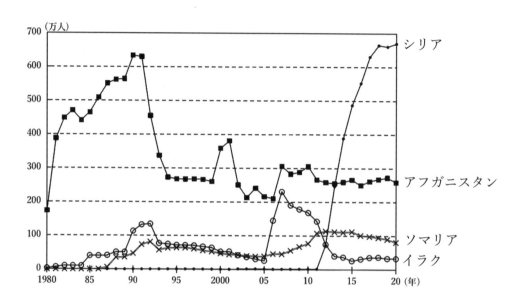

("UNHCR - Refugee Statics" をもとに作成)

注1）　UNHCR（国連難民高等弁務官事務所）の支援対象者のみ。UNRWA（国連パレスチナ難民救済事業機関）の援助下にあるパレスチナ難民（2020年時点で約570万人）は含まれない。

注2）　庇護申請者や国内避難民は含まれない。

①　シリアでは，2015年から難民が急激に増加し，現在の難民人口は600万人以上である。

②　アフガニスタンでは，冷戦終結後に難民人口が急激に減少し，2010年以降はおおむね同じ水準で推移している。

③　ソマリアでは，80年代後半から難民が増加し，その後の難民人口は100万人から200万人の間で推移している。

④　イラクでは，イラク戦争後と湾岸戦争後に難民が増加したが，湾岸戦争後の方が難民人口は多い。

問 10　家計の消費支出がもつ傾向に関する記述として最も適当なものを，次の①〜④
　　　の中から一つ選びなさい。　　　　　　　　　　　　　　　　　　　 16

① 景気の良いときは貯蓄が増えるため，国全体の消費支出は減る傾向がある。

② 所得が多いほど，消費支出に占める食料費の割合は減少する傾向がある。

③ 保有している株式の価格が上がると，資産効果が働いて，消費支出は減少する
　　傾向がある。

④ レジャーや教育への支出の割合が多いほど，家計全体の消費支出は少ない傾向
　　がある。

問 11　ヨーロッパ連合（EU）の経済政策に関する記述として最も適当なものを，次
　　　の①〜④の中から一つ選びなさい。　　　　　　　　　　　　　　　 17

① 域内は無関税であり，域外貿易には全ての加盟国が関税率を等しく設定している。

② 全ての加盟国でユーロという共通の通貨が導入されている。

③ 域内では，資本・モノ・サービス・軍隊の国境を越えた移動が自由化されている。

④ EU 加盟国の財政政策は，欧州中央銀行（ECB）が一元的に管理している。

問 12　ワシントン条約に関する説明として最も適当なものを，次の①〜④の中から一
　　　つ選びなさい。　　　　　　　　　　　　　　　　　　　　　　　　 18

① 水鳥の生息地として国際的に重要な湿地を保全することを定めた。

② 生物多様性を保全し，生物資源を持続可能的に利用し，遺伝資源による利益を
　　適正に配分することを定めた。

③ 絶滅のおそれがある野生動植物を保護するため，その国際取引を規制した。

④ 発展途上国も含め，すべての締結国に「温室効果ガス排出量の削減目標の策定」
　　を義務づけた。

問13　戦後日本の経済安定化政策に関する記述として最も適当なものを，次の①～④の中から一つ選びなさい。　　　　　　　　　　　　　　　　　19

① ドッジ・ライン（Dodge Line）によって，直接税を中心とするよう税制が改革された。

② 傾斜生産方式を採用し，石炭や鉄鋼などの重要産業に多く予算を投入した。

③ シャウプ勧告を受けて，財政の安定をめざす超均衡予算が実施された。

④ 朝鮮戦争の特需景気によって多くの企業が成長したため，財閥が解体された。

問14　イエメン共和国（Republic of Yemen）の位置として正しいものを，次の地図中の①～④の中から一つ選びなさい。　　　　　　　　　　　　　　20

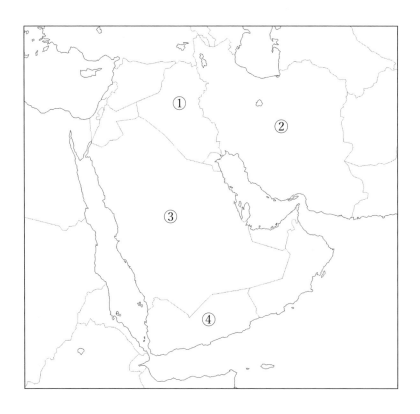

問 15　次の地図はメルカトル図法で描かれている。東京とロンドン（London）を結ぶ最短距離を示す線として正しいものを，下の①〜④の中から一つ選びなさい。

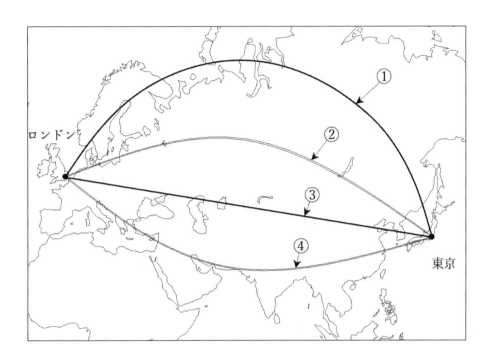

問 16　河川や海の周辺では堆積作用によってさまざまな地形が形成される。堆積作用によって形成された地形として正しいものを，次の①〜④の中から一つ選びなさい。

① 扇状地

② リアス海岸

③ 塩湖

④ フィヨルド

問 17　日本の気候区分のうち，瀬戸内の気候に関する説明として最も適当なものを，次の①〜④の中から一つ選びなさい。　 23

①　年間を通して気温が高く降水量も多い。

②　夏の降水量が多く，冬の降水量が少ない。

③　日照時間が長く，温暖で降水量が少ない。

④　年間を通して降水量が多く，特に冬の積雪量が多い。

問 18　次の図はケニア（Kenya），マレーシア，パキスタン（Pakistan），ペルーの産業別就業者数の割合を示している。マレーシアを表す点として最も適当なものを，下の①〜④の中から一つ選びなさい。　 24

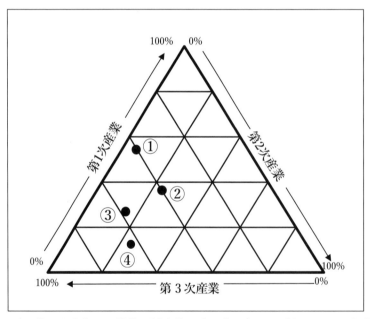

注）　第 2 次産業には鉱業，製造業，建設業を含み，電気・ガス・水道事業を含まない。

（出典：『世界国勢図会 2022/23』）

問19　5月1日午前9時に東京を出発した飛行機が，6時間後にホノルル（Honolulu）に到着した。この飛行機が到着した時のホノルルの時刻として正しいものを，次の①～④の中から一つ選びなさい。ただし東京は東経135°，ホノルルは西経150°とし，サマータイムは考慮しないものとする。　　　　　　　　　25

① 4月30日午後2時
② 4月30日午後8時
③ 5月1日午前9時
④ 5月1日午後3時

問20　現代の国家は，国民の最低限度の生活を保障する役割を担っている。しかし，それ以前の国家は治安や国防など最小限の役割だけを担い，国民生活に干渉すべきでないと考えられていた。このような国家像を表す言葉として最も適当なものを，次の①～④の中から一つ選びなさい。　　　　　　　　　26

① 警察国家
② 国民国家
③ 福祉国家
④ 夜警国家

問21　議会における多数派政党を与党，少数派政党を野党という。各国の野党に関する記述として最も適当なものを，次の①〜④の中から一つ選びなさい。　27

① イギリスでは，慣習的に二大政党制であり，野党は常に政権交代を視野に入れて「影の内閣」を組織している。

② アメリカでは，大統領と異なる党派が議会の多数派を占めた場合，大統領による議会の解散によって対立が回避される。

③ 日本では，野党議員が提出した法案の数は，内閣あるいは与党議員が提出した法案の数を上回っている。

④ 日本では，1955年以降自由民主党が一貫して衆議院の過半数を占めてきたため，野党の提出した内閣不信任案が可決された例はない。

問22　人権の発展の歴史における重要な文書としてバージニア権利章典（Virginia Bill of Rights）がある。バージニア権利章典に関する記述として最も適当なものを，次の①〜④の中から一つ選びなさい。　28

① 国王の専制に対して貴族の伝統的な自由を擁護する宣言であり，法に基づかない逮捕・監禁の禁止を要求した。

② 政府に対する請願権や議会による議決権を明記し，立憲君主制が確立するきっかけとなった。

③ 特権階級だけでなくすべての人々に自由・平等・幸福追求の権利があることを認め，そこには革命権・抵抗権も含まれていた。

④ アメリカの大規模農場主による奴隷の虐待を非難し，奴隷解放宣言のきっかけとなった。

問 23　日本の国会の役割に関する記述として最も適当なものを，次の①〜④の中から一つ選びなさい。　29

① 国会は憲法上「唯一の立法機関」であり，両院の総議員の3分の2以上の賛成があれば国会は憲法を改正することができる。

② 国会は憲法上「唯一の立法機関」であり，国会に提出された法律案は，原則として各院の委員会での審議を経た後に本会議で議決が行われる。

③ 憲法上「衆議院の優越」が認められているものの，予算案は法案ではないので参議院が先に審議することができる。

④ 憲法上「衆議院の優越」が認められているので，参議院には内閣の締結する条約を承認する権限がない。

問 24　日本の刑事訴訟の手続きに関する記述として最も適当なものを，次の①〜④の中から一つ選びなさい。　30

① 捜査機関が現行犯逮捕をした場合，すみやかに裁判所に対して逮捕令状を申請しなければならない。

② 裁判所は，被告人のプライバシー権を守るため，判決は必ず非公開法廷で言い渡さなければならない。

③ 被告人は，同一犯罪でかさねて刑事責任を問われることはなく，また事後に制定された法律で処罰されない。

④ 逮捕された後に無罪の判決を受けた人は，逮捕した警察官に対して損害賠償を請求することができる。

問25　日本における住民投票に関する記述として最も適当なものを，次の①〜④の中から一つ選びなさい。　　　　　　　　　　　　31

①　地方自治体が住民投票を行って条例を制定・改廃を請求することを「レファレンダム」という。

②　地方自治体が公共事業の是非について住民投票を実施することは，法律で禁止されている。

③　地方議会の議員に対して解職請求がなされ，住民投票で三分の一以上の同意があった場合，その議員は失職する。

④　国会が一つの地方自治体にのみ適用される法律を制定する場合，その地方自治体の住民投票で過半数の同意を得なければならない。

問26　国際連合と連携する専門機関に関する記述として最も適当なものを，次の①〜④の中から一つ選びなさい。　　　　　　　　　　　　32

①　国際金融公社（IFC）は，為替相場の安定，国際貿易の拡大などによって国際経済を安定させている。

②　国連教育科学文化機関（UNESCO）は，教育・科学・文化の国際交流によって平和に寄与する。

③　国際食糧農業機関（FAO）は，開発途上国の農業振興のための低金利融資を中心に行っている。

④　赤十字国際委員会は，戦時における犠牲者の保護・救援および中立的人道的な医療活動を行っている。

問 27　世界各地の地域紛争に関する記述として最も適当なものを，次の①〜④の中から一つ選びなさい。　　　　　　　　　　　　　　　　　　　　　33

① フランスとドイツの国境にまたがるバスク地方では独立運動が起こり，1970 年代以降テロ事件が相次いだ。

② ルワンダ（Rwanda）では，1990 年代に多数派（フツ）と少数派（ツチ）のあいだに内戦が発生し，多くの人々が難民になった。

③ 東ティモール（East Timor）では，フィリピンからの独立をめぐって紛争が発生したが，国連の暫定統治を経て 2002 年に独立を達成した。

④ カシミール地方の帰属をめぐって，インドとスリランカ（Sri Lanka）のあいだに紛争が起きた。

問 28　アメリカ独立革命に関する記述として最も適当なものを，次の①〜④の中から一つ選びなさい。　　　　　　　　　　　　　　　　　　　　　34

① イギリスの大陸封鎖令に反発する市民が，ボストン茶会事件（Boston Tea Party）を起こした。

② ジェファソン（Jefferson）らが起草した独立宣言は，ロック（John Locke）の唱えた抵抗権を主張している。

③ 独立軍の総司令官ワシントン（Washington）は，イギリス・フランス連合軍に勝利して初代大統領に就任した。

④ アメリカ独立革命によって，「国王は君臨すれども統治せず」という立憲君主制の原則が確立した。

問29　第一次世界大戦と第二次世界大戦の間にロシア（Russia）で行われた経済政策として最も適当なものを，次の①〜④の中から一つ選びなさい。　　　35

①　ペレストロイカ（Perestroika）
②　戦時共産主義
③　新経済政策
④　ニューディール政策（New Deal）

問30　第一次世界大戦後の国際秩序であるヴェルサイユ・ワシントン体制に関する記述として最も適当なものを，次の①〜④の中から一つ選びなさい。　　　36

①　民族自決の原則に基づき，ハンガリー，フィンランド（Finland），スウェーデンなどの独立が認められた。
②　国際平和機関として国際連盟が設立されたが，ソビエト連邦（USSR）は最後まで加盟しなかった。
③　アメリカ・イギリス・ドイツなどの5ヶ国によって，海軍の主力艦を制限する条約が結ばれた。
④　九ヶ国条約によって，諸外国が中国の主権を尊重し領土を保全することが約束された。

問31　第二次世界大戦後のドイツに関する記述として最も適当なものはどれか，次の
　　　①～④の中から一つ選びなさい。　　　　　　　　　　　　　　　　37

① ドイツ民主共和国（東ドイツ）は，マーシャル・プランによる援助を受けて経
　　済復興を遂げた。

② アメリカなどの西側諸国は占領地域で新通貨を導入し，これに反発したソ連が
　　西ベルリンを封鎖した。

③ ドイツ連邦共和国（西ドイツ）は，ソ連を中心とするワルシャワ条約機構に加
　　盟した。

④ 冷戦末期のドイツでは，ペレストロイカなどの政治改革が進められ，ベルリン
　　の壁が解放された。

問32　1979年のイラン革命は中東の国際情勢に大きな影響を及ぼした。この時期の出来事を述べた文章として最も適当なものを，次の①～④の中から一つ選びなさい。

38

① イラン革命によって王政が打倒され，新たにイラン・イスラーム共和国が建国された。

② イスラーム教スンニ派が主体のイランに対して，シーア派が主体のイラクが反発し，イラン・イラク戦争につながった。

③ この革命を機に中東の産油諸国が原油価格を引き上げたため，第一次石油危機が起こった。

④ ソビエト連邦は，親ソ政権の崩壊を防ぐために1980年にイランへ侵攻した。

総合科目の問題はこれで終わりです。回答欄の　39　～　60　はマークしないでください。

この問題冊子を持ち帰ることはできません。

第⑧回

（制限時間：80分）

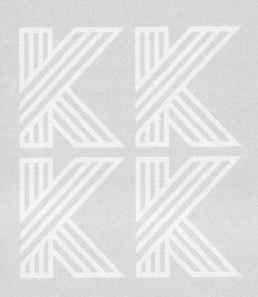

問1　次の文章を読み，下の問い（1）〜（4）のに答えなさい。

　近年，日本では里山の大切さが意識されている。

　里山とは集落に隣接する₁山であり，かつて人々はそこから日常的に₂食料や資源を調達した。山でありながら生活圏の一部でもあるため，人間の手で生態系が維持管理されてきた。₃長い歴史を経て形成された「ふるさとの山々」の風景は自然と人工の中間であり，自然と人間の共生のあらわれといえる。

　こうした里山のあり方が，今日では₄持続可能な開発という観点から改めて評価されている。

（1）下線部1に関して，日本本州のおもな山脈・山地の位置を示した地図として最も適当なものを，次の①～④の中から一つ選びなさい。　　　1

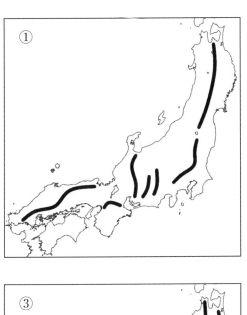

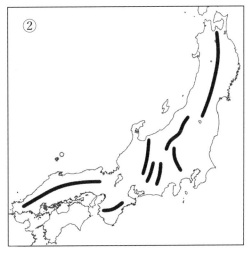

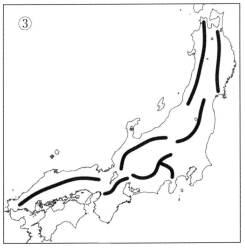

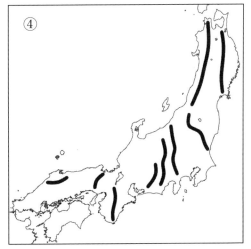

(2) 下線部2に関して，次のグラフは1960年～2020年における日本の食料自給率を示したものである。このグラフの説明として最も適当なものを，下の①～④の中から一つ選びなさい。　　2

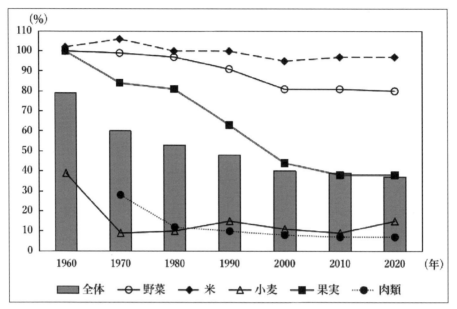

注）肉類には鯨肉を含む。また飼料自給率を考慮して算出した。
（農林水産省『食糧需給表』をもとに作成）

① 高度経済成長期に若者が都市に移住して農村の高齢化が進んだため，食料生産量が減った。

② 1970年代に小麦の自給率が大きく低下したのは，ウルグアイ・ラウンドで小麦の輸入が自由化されたためである。

③ 外国産農産物の輸入規制が緩和されたため，1990年代以降果実の自給率が大きく低下した。

④ 2000年代以降に米の自給率がほぼ一定に保たれたのは，この頃から減反政策が実施されたためである。

(3) 立憲主義と議会制度は長い歴史を経て確立してきた。1689 年に成立した権利章典の内容として最も適当なものを，次の①〜④の中から一つ選びなさい。　　3

① 貴族院に対して庶民院が優越する。

② 議会は首相を指名する権利をもつ。

③ 国王は議会の同意なしで課税できない。

④ 裁判所は違憲立法審査権をもつ。

(4) 下線部 4 に関して，持続可能な社会に関する記述として最も適当なものを，次の①〜④の中から一つ選びなさい。　　4

① 1962 年にレイチェル・カーソン（Rachel Carson）が『沈黙の春』を出版し，農薬などの化学物質の危険性を訴えた。

② 1990 年代の石油危機をきっかけに，風力・地熱・太陽光などの再生可能エネルギーが注目された。

③ 2011 年の東日本大震災の原発事故をきっかけに，ヨーロッパ連合（EU）では原発が厳しく規制された。

④ 2015 年に締結されたパリ協定では，持続可能な開発目標として 17 の目標が設定された。

問2　次の文章を読み，下の（1）〜（4）の問いに答えなさい。

　ラテンアメリカ（Latin America）は個性豊かな地域として知られている。生物多様性にあふれる₁美しい自然と，さまざまな₂歴史的背景をもつ多民族からなる社会をもつ。

　ラテンアメリカ諸国の多くは経済成長の最中であり，₃周辺国との協力関係を深めている。さらに，懸案事項だった₄治安問題も徐々にだが改善されつつある。

　21世紀において最も飛躍が期待される地域の一つと言えるだろう。

（1）　下線部1に関して，ラテンアメリカの自然地理に関する記述として最も適当なものを，次の①〜④の中から一つ選びなさい。　　　　　　　5

① 　アマゾン川の北に，ブラジル高原が広がっている。

② 　南アメリカ大陸の西部に，アンデス山脈が連なっている。

③ 　南アメリカ大陸と西インド諸島のあいだに，メキシコ湾がある。

④ 　赤道付近には，タイガと呼ばれる熱帯雨林が広がっている。

(2) 下線部 2 に関して，パナマ運河（Panama Canal）の歴史に関する記述として最も適当なものを，次の①〜④の中から一つ選びなさい。　　6

① シモン・ボリバル（Simón Bolívar）はコロンビア（Colombia）・ベネズエラ（Venezuela）などの独立運動を指導し，パナマ運河の建設に着手した。

② パナマ運河の建設権をめぐってアメリカ・スペイン戦争がおこり，アメリカが勝利した。

③ アメリカのセオドア・ローズヴェルト（Theodore Roosevelt）はカリブ海に積極的に進出し，パナマ運河の永久租借権を得た。

④ パナマ運河の開通によってアメリカ西部の開拓が進み，大陸横断鉄道が完成した。

(3) 下線部 3 に関して，南米南部共同市場（MERCOSUR）の正加盟国として正しいものを，次の①〜④の中から一つ選びなさい。　　7

① チリ（Chile）

② コロンビア

③ パラグアイ（Paraguay）

④ ペルー（Peru）

(4) 下線部 4 に関して，軍隊をもたない国として最も適当なものを，次の①〜④の中から一つ選びなさい。　　8

① ドミニカ共和国（Dominican Republic）

② ジャマイカ（Jamaica）

③ ウルグアイ（Uruguay）

④ コスタリカ（Costa　Rica）

問3　次の図は，ある商品の供給曲線を表している。この商品に新たに課税し，供給曲線が S_1 から S_2 へシフトしたとする。この場合の課税の予想される効果として最も適当なものを，次の①〜④の中から一つ選びなさい。なお，需要曲線の形状は右下がりのものとする。

9

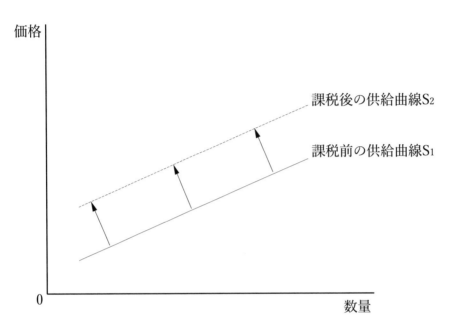

① 商品の価格は上昇し，販売量は増加する。

② 商品の価格は上昇し，販売量は減少する。

③ 商品の価格は下落し，販売量は増加する。

④ 商品の価格は下落し，販売量は減少する。

問4　1980年代，アメリカのレーガン(Reagan)大統領は「レーガノミクス(Reaganomics)」と呼ばれる独自の経済政策を行った。「レーガノミクス」に関する記述として最も適当なものを，次の①〜④の中から一つ選びなさい。　　10

①　所得税などの大幅減税によって，労働意欲の向上と景気の拡大をめざした。

②　「強いアメリカ」を掲げて社会保障を拡充し，失業率を低下させた。

③　「小さな政府」を掲げて軍事費を削減し，政府支出を抑制した。

④　貿易赤字を解消し，さらにプラザ合意によってドル安に誘導した。

問5　日本銀行の業務に関する記述として最も適当なものを，次の①〜④の中から一つ選びなさい。　　11

①　日本銀行は，民間企業の振り出した手形を売買することが禁止されている。

②　日本銀行は，国債の引き受けができる唯一の銀行である。

③　日本銀行は，「銀行の銀行」として国庫金の保管・出納を行っている。

④　日本銀行は，市中銀行との間で資金の貸出や預金，有価証券の売買を行う。

問6　寡占や寡占市場に関する記述として最も適当なものを，次の①～④の中から一つ選びなさい。　　12

① 同じ業種の複数企業が価格や生産量などについて協定を結ぶ寡占を，トラストという。

② プライス・リーダー（価格先導者）に他の企業が追従することで結果的に決定される価格を，協定価格という。

③ 寡占市場では，広告，デザイン，アフターサービスなどの非価格競争が激しくなりやすい。

④ 寡占市場では，資源が効率的に配分されるため，価格が下がりにくくなる。

問7　一国の経済状態を測る指標に GDP がある。GDP に関する記述として最も適当なものを，次の①～④の中から一つ選びなさい。　　13

① GDP とは，ある国の国民が一定期間に生み出した総生産額を合計したものである。

② GDP とは，国内で活動する経済主体が供給した財やサービスの総額から，中間生産物の価額を差し引いたものである。

③ GDP とは，国民純生産（NNP）に，機械設備や建物など固定資本の減価償却分を加えたものである。

④ GDP とは，ある国の一定期間における GNP に，同じ期間における海外からの純所得を加えたものである。

問8　株式会社に関する記述として最も適当なものを，次の①〜④の中から一つ選び
　　なさい。　　　　　　　　　　　　　　　　　　　　　　　　　　　　　14

①　株式会社の最高議決機関は，取締役会である。

②　株主総会では，1株につき1票の投票権が認められている。

③　株式会社では，監査役が日常の経営の主な決定を行う。

④　株式会社は，経営に参加する無限責任社員で構成される。

問9　日本の労働環境を改善するため，男女雇用機会均等法や育児・介護休業法が制
　　定されている。これらの法律に関する記述として最も適当なものを，次の①〜④の
　　中から一つ選びなさい。　　　　　　　　　　　　　　　　　　　　　15

①　男女雇用機会均等法では，妊娠中の従業員を解雇することは無効と定められて
　　いる。

②　男女雇用機会均等法は，同一労働に対する男女同一賃金を初めて定めた。

③　育児・介護休業法は，職種や事業所の規模を問わずすべての労働者に適用される。

④　育児・介護休業法によれば，従業員は事業者の許可を受ければ育児休業・介護
　　休業を取得できる。

問10　戦後の日本経済を考えるうえで重要な要素として，ドッジ・ライン（Dodge Line）とニクソン・ショックがある。これらに関する記述として最も適当なものを，次の①～④の中から一つ選びなさい。　　　　　　　　　　　　　16

①　ドッジ・ラインの実施からニクソン・ショックまでの期間，日本国債が発行されることはなかった。

②　ドッジ・ラインの実施からニクソン・ショックまでの期間，外国為替レートは一定に維持されていた。

③　ニクソン・ショック後，戦後の国際経済秩序が大きく変化したことを，『経済白書』は「もはや戦後ではない」と表現した。

④　ニクソン・ショック後，金保有量にかかわらず通貨を発行できる管理通貨制度へ移行した。

問11　1997年，気候変動に対処するため二酸化炭素の排出量を削減する京都議定書が締結された。京都議定書に関する説明として最も適切な文章を次の①～④の中から一つ選びなさい。　　　　　　　　　　　　　17

①　21世紀中に二酸化炭素の排出量を実質ゼロにするという目標が設定された。

②　開発途上国に対しては，二酸化炭素の排出量の削減目標が義務づけられなかった。

③　2012年までに全加盟国が目標を達成したため，2020年を期限とする新たな目標が設定された。

④　最大の二酸化炭素排出国であるロシア（Russia）が離脱したことで，目標達成が困難になった。

問12　次の図は，2000 年から 2020 年にかけてのタイ（Thailand），日本，オランダ
（Netherlands），カナダ（Canada）の固定電話および携帯電話の 100 人あたり契
約件数を示したものである。A〜D に当てはまる国名の組み合わせとして最も適当
なものを，下の①〜④の中から一つ選びなさい。　　　　　　　　　　18

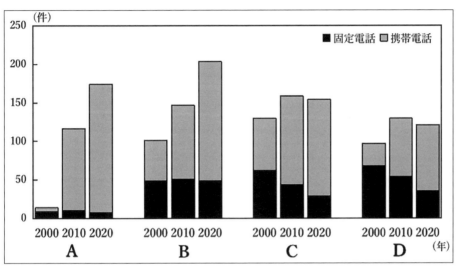

（出典：『世界国勢図会 2022/23』）

	A	B	C	D
①	タイ	日本	オランダ	カナダ
②	オランダ	カナダ	日本	タイ
③	日本	タイ	カナダ	オランダ
④	カナダ	オランダ	タイ	日本

問13　アメリカのワシントン州の位置として正しいものを，次の地図中の①〜④の中から一つ選びなさい。　19

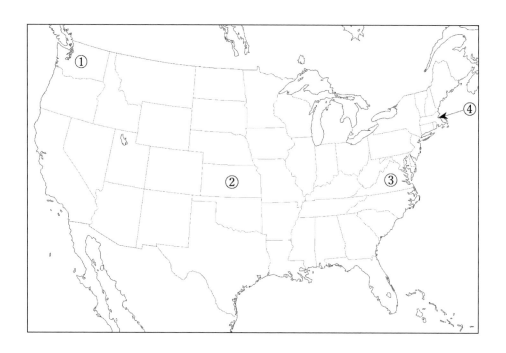

問 14　次の地図中の X は緯線を示している。X の緯度として正しいものを，下の①〜
④の中から一つ選びなさい。　　　　　　　　　　　　　　　　　　　20

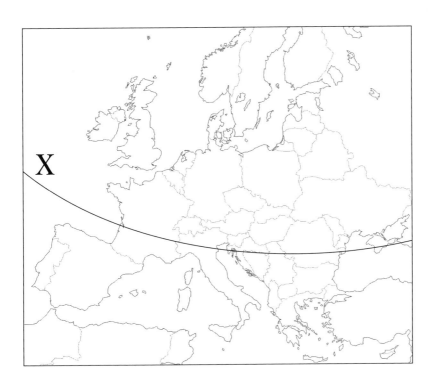

①　北緯 35 度

②　北緯 45 度

③　北緯 55 度

④　北緯 65 度

問15　次の表は近年のガーナ(Ghana)，エチオピア(Ethiopia)，アルジェリア(Algeria)，ボツワナ（Botswana）の商品別輸出額の割合を示したものである。A〜Dにあてはまる国名の組み合わせとして最も適当なものを，下の①〜④の中から一つ選びなさい。 21

（単位：%）

A		B		C		D	
ダイヤモンド	88.1	金（非貨幣用）	37.0	コーヒー豆	31.5	原油	36.1
機械類	3.4	原油	31.3	野菜・果実	22.8	天然ガス	20.3
金（非貨幣用）	1.1	カカオ豆	11.0	ごま	14.3	石油製品	19.9
ソーダ灰	0.9	カカオ豆加工品	4.4	装飾用切花	7.5	液化天然ガス	10.4
銅鉱	0.6	野菜・果実	2.4	衣類	5.5	液化石油ガス	9.0

注）A，Cは2020年，Bは2019年，Dは2017年のデータ
（出典：『世界国勢図会 2022/23』）

	A	B	C	D
①	ガーナ	エチオピア	アルジェリア	ボツワナ
②	ボツワナ	ガーナ	エチオピア	アルジェリア
③	アルジェリア	ボツワナ	ガーナ	エチオピア
④	エチオピア	アルジェリア	ボツワナ	ガーナ

問16　陸地の沈降または海面の上昇によって沈水海岸が形成される。沈水海岸の地形
　　として最も適当なものを，次の①〜④の中から一つ選びなさい。　　22

　　①　エスチュアリ（三角江）
　　②　海岸段丘
　　③　ラグーン（潟湖）
　　④　海岸平野

問17　次の図は，2020 年におけるパキスタン（Pakistan），ブラジル（Brazil），イタリア（Italy），インドネシア（Indonesia）の人口ピラミッドを示している。A ～ D に当てはまる国名の組み合わせとして最も適当なものを，次の①～④の中から一つ選びなさい。　23

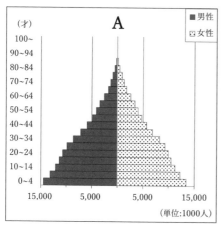
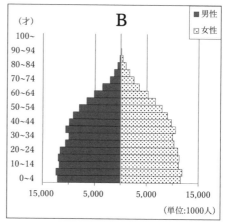
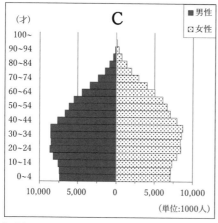
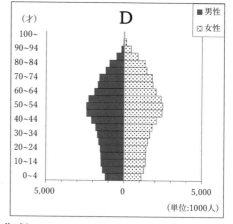

（国連 "World Population Prospects" により作成）

	A	B	C	D
①	パキスタン	ブラジル	イタリア	インドネシア
②	ブラジル	パキスタン	インドネシア	イタリア
③	インドネシア	パキスタン	イタリア	ブラジル
④	パキスタン	インドネシア	ブラジル	イタリア

問18　ケッペンの気候区分（Köppen climate classification）におけるステップ気候（BS）を示すハイサーグラフとして最も適当なものを，次の①〜④の中から一つ選びなさい。

24

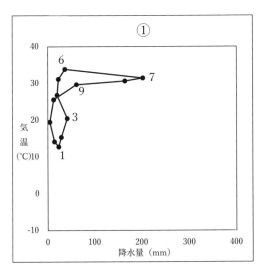

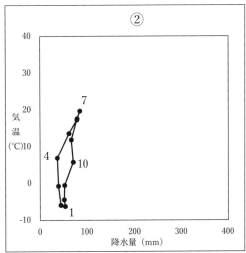

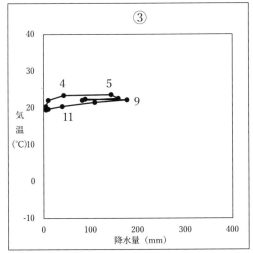

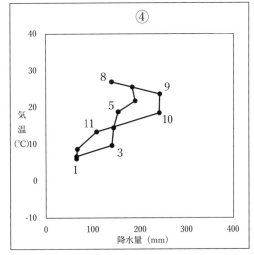

問 19　法の支配に関する記述として最も適当なものを，次の①〜④の中から一つ選び
なさい。　　　　　　　　　　　　　　　　　　　　　　　　　　　　　　　25

① コモンローに基づいて，イギリスで発達した。

② フランス革命をきっかけに，フランス (France) で発達した。

③ 司法と立法の融合を中心に，アメリカで発達した。

④ 集団国家の成立とともに，プロイセン (Prussia) で発達した。

問 20　国際連合の抱える問題点に関する記述として最も適当なものを，次の①〜④の
中から一つ選びなさい。　　　　　　　　　　　　　　　　　　　　　　　26

① 経済制裁のみで軍事的制裁を行えないため，国際紛争を解決する能力を持たない。

② アメリカ，日本，ドイツ (Germany) など国連分担金を滞納する国が多く，財
政難に陥っている。

③ 第二次世界大戦の敗戦国が未だに「敵国」に指定され，国連総会の重要な議決
から排除されている。

④ 安保理常任理事国が拒否権を持つことについて，主権平等の原則に反するとい
う批判がある。

問21　一部の国では，国政選挙の有権者に投票を義務づけている。投票を義務化している国として正しいものを，次の①〜④の中から一つ選びなさい。　　　27

①　ベルギー（Belgium）

②　アイルランド（Ireland）

③　南アフリカ共和国（Republic of South Africa）

④　カナダ

問22　民主政治を論じた政治思想家とその思想に関する記述として最も適当なものを，次の①〜④の中から一つ選びなさい。　　　28

①　ロック（Locke）は，公共の利益を志向する一般意思に基づいて社会契約がなされるべきだと主張した。

②　ルソー（Rousseau）は，自然状態では「万人の万人に対する闘争」であり，ゆえに個人の権利を国家に譲渡したと主張した。

③　モンテスキュー（Montesquieu）は，権力の集中と濫用を防ぐために，立法，行政，司法の三権を分立するべきだと主張した。

④　ホッブズ（Hobbes）は，政府が社会契約に違反したら国民はそれを廃止することができるという抵抗権（革命権）を主張した。

問23　次の文章を読み，空欄　A　, 　B　に当てはまる言葉の組み合わせとして正しいものを，下の①～④の中から一つ選びなさい。　　　　　　　　29

日本国憲法改正の手続きは第96条に定められている。それによれば，各議院の総議員の　A　の賛成を得た場合，国会が憲法改正を発議する。改正案が国民投票で　B　の賛成を得た場合，憲法改正が成立する。

	A	B
①	三分の二以上	過半数
②	三分の二以上	三分の二以上
③	過半数	三分の二以上
④	過半数	過半数

問24　イギリス・アメリカの政治制度に関する記述として最も適当なものを，次の①～④の中から一つ選びなさい。　　　　　　　　30

① イギリスでは，国会議員は直接選挙で選ばれ，首相は議会によって選ばれる。

② イギリスでは，裁判所は内閣および議会に対して違憲審査を行うことができない。

③ アメリカでは，大統領は直接選挙によって選ばれ，各省長官は大統領によって任命される。

④ アメリカでは，大統領は議会を解散することができ，議会は大統領の弾劾裁判を行うことができる。

問 25　プライバシー保護の観点から，個人情報はみだりに公開されてはならない。しかし，公共の利益のために公開が認められる場合もある。このような観点から公開されている個人情報の例として最も適当なものを，次の①〜④の中から一つ選びなさい。　　　31

①　公立図書館における個人の図書貸出記録
②　企業経営者の所得税の納税額
③　国会議員の資産
④　元都道府県知事の公的年金受給額

問 26　国家主権と国際法に関する記述として最も適当なものを，次の①〜④の中から一つ選びなさい。　　　32

①　領域や人口の規模に関わりなく，全ての主権国家は独立かつ平等に国際連合に加盟している。
②　国際法とは国家間の関係を規定する条約であり，国家と個人との関係を規定する条約は存在しない。
③　沿岸国に天然資源の独占権が認められる排他的経済水域は，国際法上，国家の領域の一部である。
④　主権とは，国政における最高意思決定権，国内における統治権，外国の支配を受けない独立性をさす。

問 27　スイス (Switerland) は永世中立国として知られている。スイスが永世中立国と認められた出来事として正しいものを，次の①〜④の中から一つ選びなさい。

33

① ウェストファリア条約（Peace of Westphalia）

② ジュネーヴ協定（Geneva Accords）

③ ウィーン会議（Congress of Vienna）

④ マーストリヒト条約（Maastricht Treaty）

問 28　次の表は，江戸時代末期の 1860 年における横浜港からの輸出額・輸入額のそれぞれ上位 5 品目とその割合を示したものである。表中の A，B に当てはまる品目の組み合わせとして正しいものを，下の①〜④の中から一つ選びなさい。　34

輸出		輸入	
品名	割合 (%)	品名	割合 (%)
A	65.6	B	52.8
茶	7.8	毛織物	39.5
油	5.5	薬品	1.9
銅類	5.3	亜鉛	1.2
種子	3.0	蘇木	1.2

（横浜税関ウェブサイトより作成）

	A	B
①	綿糸	綿織物
②	綿糸	機械類
③	生糸	綿織物
④	生糸	機械類

問29　次のA～Dは1910年代から20年代にかけての歴史的な事件である。これらを起きた順に並べたものとして最も適当なものを，①～④の中から一つ選びなさい。

35

　　A　：　ヴェルサイユ条約（Treaty of Versailles）の成立

　　B　：　ワシントン会議（Washington Naval Conference）

　　C　：　ロシア十月革命（Russian October Revolution）

　　D　：　ロカルノ条約（Locarno Treaties）の成立

　①　A　→　B　→　C　→　D

　②　B　→　C　→　D　→　A

　③　C　→　A　→　B　→　D

　④　B　→　D　→　A　→　C

問30　第二次世界大戦後半の出来事に関する記述として最も適当なものを，次の①～④の中から一つ選びなさい。

36

①　1943年にムッソリーニ（Mussolini）が戦死したため，イタリアは無条件降伏し，ポーランド（Poland）から撤退した。

②　1944年のノルマンディー上陸作戦で連合軍が勝利すると，ド・ゴール（Charles de Gaulle）率いる自由フランス政府がパリを解放した。

③　1945年にアメリカなどの連合国軍が東京を占領したため，日本は無条件降伏した。

④　1945年に連合国首脳によるポツダム会談が行われ，ドイツへの無条件降伏勧告が合意された。

問31　1973 年に第一次石油危機，1979 〜 80 年にかけて第二次石油危機が起こった。
以下のうち，第二次石油危機に関する説明として最も適当なものを，次の①〜④の
中から一つ選びなさい。　　　　　　　　　　　　　　　　　　　　　　　　　37

①　イラン革命によってイラン (Iran) での石油生産が激減した。

②　第四次中東戦争の影響で石油輸出国機構（OPEC）が石油価格を引き上げた。

③　アラブ石油輸出国機構がイスラエル（Israel）を支持する国への禁輸措置を宣
言した。

④　イラン・イラク戦争 (Iran-Iraq war) の影響でシリア (Syria) が石油パイプライ
ンを閉鎖した。

問32　2001 年から 2006 年までの間，日本では小泉純一郎内閣によってさまざまな改
革が行われた。小泉内閣が行った政策に関する記述として最も適当なものを，次の
①〜④の中から一つ選びなさい。　　　　　　　　　　　　　　　　　　　　38

①　社会保障費の財源として消費税を導入した。

②　「小さな政府」をめざして郵政民営化や道路公団民営化を行った。

③　国際貢献を果たすため，自衛隊を創設以降初めて海外へ派遣した。

④　東日本大震災からの復興をめざして大幅な財政出動を行った。

総合科目の問題はこれで終わりです。回答欄の　39　〜　60　はマークしないで
ください。

この問題冊子を持ち帰ることはできません。

日本留学試験（EJU）
総合科目　予想問題

第⑨回

（制限時間：80分）

問1　次の会話を読み，下の問い（1）〜（4）のに答えなさい。

　　学生：地図を眺めていたら，黄金海岸という変わった地名が目につきました。

　　先生：アフリカ（Africa）の ₁ギニア湾（Gulf of Guinea）ですね。ここには 17 〜
　　　　　18 世紀の ₂大西洋三角貿易に由来する地名がありました。黄金海岸，奴隷海
　　　　　岸，象牙海岸，胡椒海岸…，それぞれの品物がここからさかんに輸出された
　　　　　のです。

　　学生：貴金属や ₃農産物だけでなく，昔は人間も商品として取引されたのですか。

　　先生：はい。三角貿易の時代，そして 19 世紀の帝国主義時代を経て，アフリカの
　　　　　伝統社会は徹底的に破壊されました。₄今も内戦や紛争がたびたび起きてし
　　　　　まうのは，そのような過去を背負っているからです。

　　学生：地名一つとっても，そこから歴史を垣間見ることができますね。

（1）下線部 1 に関して，ギニア湾に面するリベリア（Liberia）の位置として正しい
　　ものを，次の地図中の①〜④の中から一つ選びなさい。　　　　　　　　　　1

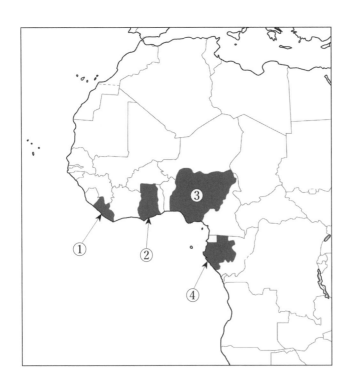

(2) 下線部2に関して，大西洋三角貿易とは，下図のような三者のあいだで行われ
た貿易である。この三角貿易に関する記述として最も適当なものを，次の①～④の
中から一つ選びなさい。　　　　　　　　　　　　　　　　　　　　　　 2

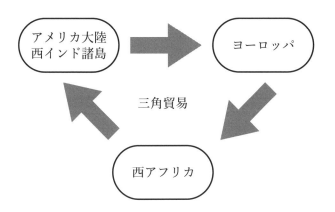

① アメリカ大陸からイギリスへ，石炭・鉄鉱石が輸出された。

② 西アフリカから輸出された奴隷は，おもに紡績工場で使役された。

③ ヨーロッパから西アフリカへ，武器・雑貨・織物などが輸出された。

④ リンカーン（Lincoln）の奴隷解放宣言をきっかけに，ヨーロッパ諸国でも奴
隷制が廃止された。

(3) 下線部3に関して，次の表は，2019年における中国，南アフリカ共和国（Republic of South Africa），スペイン（Spain），イギリスの農産物自給率を示したものである。イギリスを示すグラフとして最も適当なものを，下の①～④の中から一つ選びなさい。　　3

（単位：％）

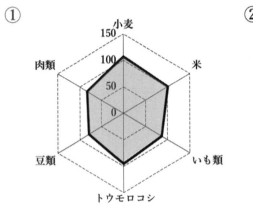

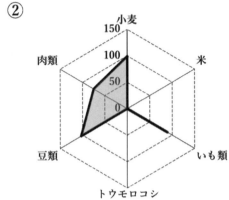

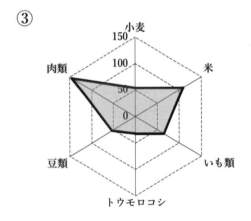

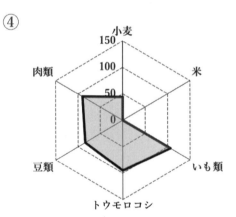

（出典：『世界国勢図会 2022/23』）

(4) 下線部に関して，内戦や紛争を平和的に解決するための国際的な取り組みとして，国連平和維持活動（PKO）が行われてきた。PKO に関する記述として最も適当なものを，次の①〜④の中から一つ選びなさい。 　4

① カシミール地方（Kashmir）をめぐるインド（India）とパキスタン（Pakistan）の紛争は，現在国連が停戦の監視にあたっている。

② アメリカを中心とする多国籍軍が東アフリカのソマリア（Somalia）へ派遣され，1995 年に内戦を終結させた。

③ 20 年にわたる東ティモール（East Timor）内戦は 1991 年に和平協定が成立し，翌年から民主化支援のための PKO が展開した。

④ 内戦状態のハイチ（Haiti）では 2004 年から国連による暫定統治が行われ，自衛隊が初めて PKO に参加した。

問2　次の文章を読み，下の問い（1）〜（4）のに答えなさい。

　20世紀ロシア（Russia）の特異な革命家ボリス・サヴィンコフ（Boris Savinkov）は，同時にすぐれた作家でもあった。

　彼は若くして革命闘争に身を投じ，ロシア帝国の₁モスクワ総督を暗殺した。さらに皇帝の暗殺も計画したが未遂に終わった。また，この時の経験をもとに₂武器をペンに持ちかえて小説を執筆した。特にテロリストの空虚な心理を描いた『蒼ざめた馬』は，日本でも高く評価されている。その後，₃第一次世界大戦末期のロシア革命ではレーニン（Vladimir Lenin）と対立し，46歳で無念の最期を遂げた。

　彼は苦境にあってむしろ₄水を得た魚のように活躍し，激流の時代に独特の輝きを放ったのである。

（1）下線部1に関して，モスクワ（Moscow）の位置として正しいものを，次の地図中の①〜④の中から一つ選びなさい。　　　　　　　　　　　　　　　　5

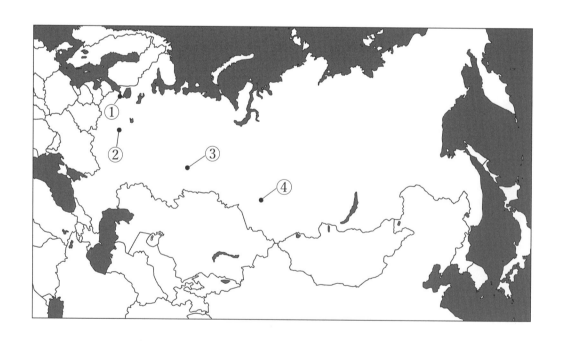

(2) 下線部 2 に関して，20 世紀は人類が核兵器を手にした世紀であり，またそれを手放そうと努力した世紀でもあった。核廃絶・核軍縮をめざす国際的な取り組みに関する記述として最も適当なものを，次の①〜④の中から一つ選びなさい。　　6

① 1957 年，核廃絶をめざす科学者の会合であるストックホルム・アピール（Stockholm Appeal）が始まった。

② 1963 年，アメリカ・イギリス・フランス（France）の呼びかけにより部分的核実験禁止条約（PTBT）が成立した。

③ 1996 年，国連安保理常任理事国 5 ヶ国が包括的核実験禁止条約（CTBT）に批准した。

④ 2010 年，アメリカとロシアが新 START 条約を結び，両国の核兵器削減を約束した。

(3) 下線部 3 に関して，第一次世界大戦に関する記述として最も適当なものを，次の①〜④の中から一つ選びなさい。　　7

① イギリス・ロシア・フランスなどの連合国が勝利し，ドイツ（Germany）・オーストリア（Austria）・イタリア（Italy）などの同盟国が敗北した。

② 戦車・毒ガス・飛行機・潜水艦などの新兵器が登場し，各国が国力をすべて戦争に投入する総力戦になった。

③ ドイツ革命によってロマノフ王朝（Romanov dynasty）は倒れ，皇帝ニコライ 2 世（Nicholas II）は亡命した。

④ 講和会議で，セオドア・ローズヴェルト（Theodore Roosevelt）が国際連盟の創設を提唱した。

(4) 下線部4に関して，次の表は，水産物生産量と輸出額の世界全体に占める割合の上位3ヶ国を示している。A，B に当てはまる国名として最も適当なものを，下の①〜④の中から一つ選びなさい。　8

	生産国	(%)	輸出国	(%)
1位	中国	39.2	中国	12.4
2位	A	10.2	B	7.4
3位	インド	6.6	ベトナム	5.3

注1)　生産量には養殖業によるものを含む。貝類・海藻類を含み，水生哺乳類（クジラ等）・ワニ類を含まない。

注2)　生産量は2020年，輸出額は2019年のデータ。輸出額には再輸出を含まない。

（出典：『世界国勢図会 2022/23』）

	A	B
①	インドネシア	ノルウェー
②	日本	ペルー
③	ノルウェー	インドネシア
④	ペルー	日本

注) ベトナム（Vietnam），インドネシア（Indonesia），ノルウェー（Norway），ペルー（Peru）

問3　次の図は，ある財の需要曲線と供給曲線の変化を示している。需要曲線・供給
　　曲線の変化とその要因に関する記述として最も適当なものを，下の①〜④の中から
　　一つ選びなさい。　　　　　　　　　　　　　　　　　　　　　　　　9

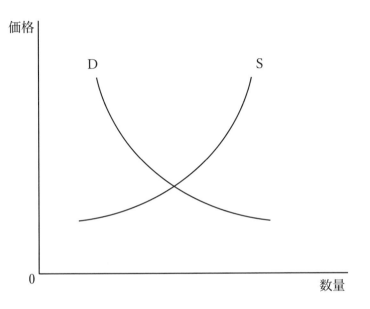

①　消費者の所得が増加すると，需要曲線は左へシフトする。

②　原材料費が上昇すると，供給曲線は右へシフトする。

③　代替財の価格が上昇すると，需要曲線は右へシフトする。

④　技術革新により生産性が向上すると，供給曲線は左へシフトする。

問4　次の文章は，アダム・スミス（Adam Smith）の『国富論（諸国民の富）』，リスト（Friedrich List）の『政治経済学の国民的体系』，ケインズ（Keynes）の『雇用・利子および貨幣の一般理論』，マルクス（Karl Marx）の『資本論』から一部抜粋したものである。『国富論』に該当するものを次の①～④の中から一つ選びなさい。　　　　　　　　　10

①　文化の点で大いに進んだ二国間の間では，両者にとって自由競争は，この両者がほぼ同じ工業的発達の状態にあるときにしか有益に作用しない。

②　われわれの生活している社会経済の顕著な欠陥は，完全雇用を提供することができないことと，富および所得の恣意にして不公平な分配である。

③　主権者が注意を払うべき義務は三つしかない。防衛の義務，司法制度を確立する義務，公共事業を行い公共機関を設立し維持する義務である。

④　剰余価値率は，資本による労働力の，あるいは，資本家による労働者の，搾取度の正確な表現である。

問5　完全競争市場の特徴を表す記述として最も適当なものを，次の①～④の中から一つ選びなさい。　　　　　　　　　11

①　市場への自由な参入と退出が難しい。

②　生産調整と価格協定が行われている。

③　消費者の特定のブランドを好む傾向が強い。

④　売り手と買い手が多数存在する。

問6　株式会社の仕組みに関する記述として最も適当なものを，次の①～④の中から一つ選びなさい。　12

　① 株式会社は，株式を所有する無限責任社員によって構成される。

　② 株主は，株主総会に参加する義務を負う。

　③ 経営の健全性を確保するため，社外取締役を置くことがある。

　④ 株式の売買は，事前に監査役の審査を受けて行われる。

問7　次のグラフは，日本の実質 GDP 成長率を時系列で示したものである。グラフ
　　中の A ～ C は成長率が大きく下落した時期である。その要因の組み合わせとして
　　最も適当なものを，下の①～④の中から一つ選びなさい。　13

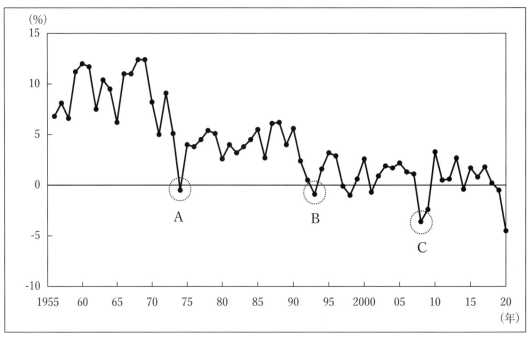

（出典：内閣府「長期経済統計」）

	A	B	C
①	第一次石油危機	第二次石油危機	バブル経済の崩壊
②	第一次石油危機	バブル経済の崩壊	リーマン・ショック
③	第二次石油危機	バブル経済の崩壊	リーマン・ショック
④	第二次石油危機	リーマン・ショック	バブル経済の崩壊

問8　日本銀行が 2016 年に導入したマイナス金利政策に関する記述として最も適当な
　　ものを，次の①〜④の中から一つ選びなさい。　　　　　　　　　　　　　14

① マイナス金利政策は，市中銀行が抱えている不良債権問題を解決する目的で導
　入された。

② マイナス金利政策により，市中銀行から企業や個人への資金の貸し出しが増え
　ると期待できる。

③ マイナス金利政策では，企業や個人が市中銀行に預けている預金の金利もマイ
　ナスとなるため，貯蓄より消費が増える。

④ マイナス金利政策には，過度な物価上昇を抑え，所得格差の解消につながると
　いうメリットがある。

問9　景気循環とその局面を模式的に示す図として最も適当なものを，次の①～④の中から一つ選びなさい。　15

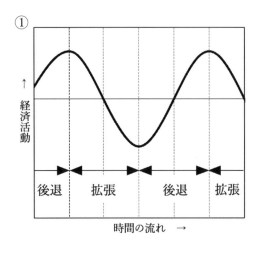

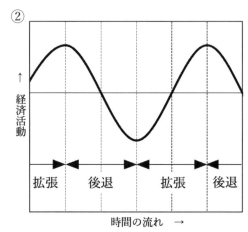

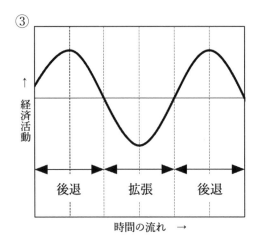

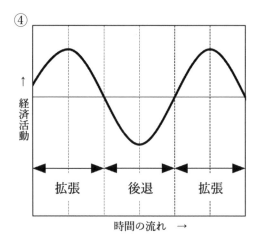

問10　国民所得のうち租税の占める割合を租税負担率といい，社会保険料などの占める割合を社会保障負担率といい，租税負担率と社会保障負担率を合わせたものを国民負担率という。次のグラフは，2019年におけるドイツ（Germany），スウェーデン（Sweden），イギリス，アメリカの国民負担率を示している。アメリカを示す指標として最も適当なものを，次の①〜④の中から一つ選びなさい。　16

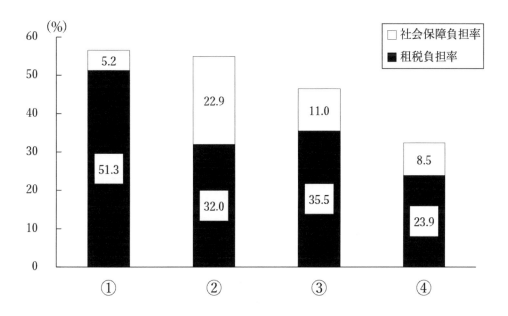

（出典：財務省ウェブサイト）

問11　ある国の国際収支が次のような場合，資本移転等収支はいくらになるか。正しいものを，下の①～④の中から一つ選びなさい。　17

経常収支	貿易・サービス収支	貿易収支	－ 100
		サービス収支	－ 50
	第一次所得収支		＋ 200
	第二次所得収支		－ 50
金融収支	直接投資		＋ 150
	証券投資		－ 50
誤差脱漏			－ 50

①　－ 150

②　－ 100

③　＋ 100

④　＋ 150

問12　次のグラフは，2019 年における各国の一次エネルギーの純輸出入を示したも
のである。A，B に当てはまる国名として最も適当なものを，下の①〜④の中から
一つ選びなさい。　18

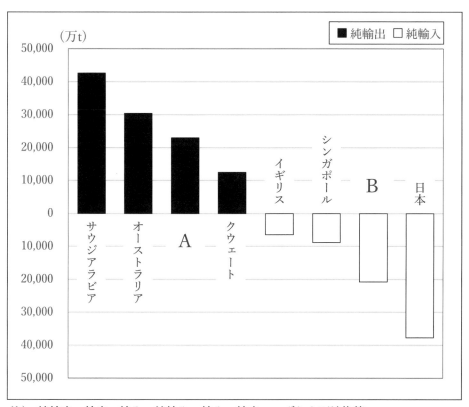

注）　純輸出＝輸出−輸入。純輸入＝輸入−輸出。いずれも石油換算。
（出典：『世界国勢図会 2022/23』）

	A	B
①	カナダ	オランダ
②	ロシア	オランダ
③	カナダ	ドイツ
④	ロシア	ドイツ

注）カナダ（Canada），オランダ（Netherlands）

問 13　次の表は，世界各地の証券取引所の営業時間を現地時間で表したものである。東京が 14:00 のとき，3 つの証券取引所のうちどれが営業しているか。正しいものを下の①〜④の中から一つ選びなさい。ただし，東京は東経 135°，ニューヨークは西経 75°，ロンドンは経度 0° とする。また，サマータイムは考慮しないものとする。　　　　　　　　　　　　　　　　　　　　　　　　　　　　　　　19

証券取引所	営業時間 （現地時間）
東京	9:00 〜 15:00（ただし 11:30 〜 12:30 は休業）
ニューヨーク	9:30 〜 16:00
ロンドン	8:00 〜 16:30

①　東京のみが営業している。

②　東京とニューヨークが営業している。

③　東京とロンドンが営業している。

④　東京，ニューヨーク，ロンドンが営業している。

問 14　東南アジアのタイ (Thailand) は豊富な天然資源に恵まれた国である。タイで盛んに産出する資源として最も適当なものを，次の①〜④の中から一つ選びなさい。　　　　　　　　　　　　　　　　　　　　　　　　　　　　　　　20

①　鉛

②　天然ゴム

③　ボーキサイト

④　天然ガス

問 15　石灰岩が弱酸性の水（二酸化炭素を含んだ雨水など）で溶解・侵食されること
　　　によって形成された地形として最も適当なものを，次の①～④の中から一つ選びな
　　　さい。　　　　　　　　　　　　　　　　　　　　　　　　　　　　　　　21

①　フィヨルド

②　カルデラ

③　デルタ

④　カルスト

問16　次の地図はアイスランド（Iceland）を示している。緯線 X，経線 Y に当てはまる組み合わせとして最も適当なものを，下の表①～④の中から一つ選びなさい。

22

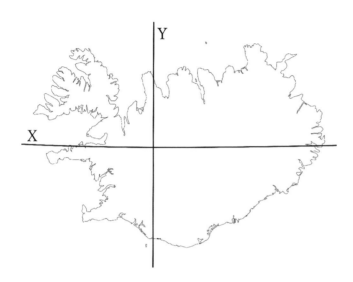

	X	Y
①	北緯 55°	東経 10°
②	南緯 55°	西経 10°
③	北緯 65°	西経 20°
④	南緯 65°	東経 20°

問 17　次の図は，2019 年における日本，バングラディシュ（Bangladesh），メキシコ（Mexico），アメリカの農林水産業就業者割合と農林水産業就業者 1 人あたりの付加価値額を示している。日本に当てはまるものを，図中の①〜④の中から一つ選びなさい。　　23

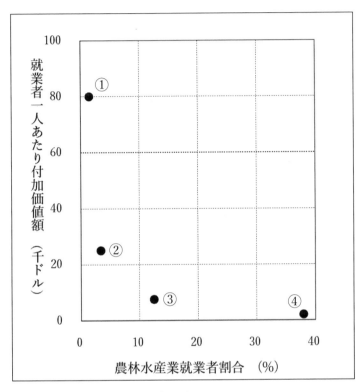

（出典：『世界国勢図会 2021/22』）

問18　次の表は，ある品目について，2020年の生産量・輸出量の上位5ヶ国を示している。この品目の名称として最も適当なものを，下の①〜④の中から一つ選びなさい。　　24

	生産量 （千t）	（%）
中国	200.2	18.7
オーストラリア	170.3	15.9
ニュージーランド	90.7	8.5
トルコ	47.9	4.5
イギリス	42.6	4.0

	輸出量 （千t）	（%）
オーストラリア	155.2	38.5
ニュージーランド	77.4	19.2
南アフリカ共和国	30.2	7.5
イギリス	18.3	4.5
シリア	14.4	3.6

注）オーストラリア（Australia），ニュージーランド（New Zealand），トルコ（Turkey），南アフリカ共和国（Republic of South Africa），シリア（Syria）

（出典：『世界国勢図会 2022/23』）

①　羊毛

②　牛肉

③　豚肉

④　鶏卵

問19　1992年，ブラジル（Brazil）のリオデジャネイロ（Rio de Janeiro）で国連環境開発会議（地球サミット）が開催された。この会議に関する記述として最も適当なものを，次の①〜④の中から一つ選びなさい。　25

①　地球環境の保全が全人類にとって重要であることを示す「かけがえのない地球」のスローガンは，この会議で打ち出されたものである。
②　この会議で採択された「生物多様性条約」は，絶滅の恐れのある動植物の国際取引を規制している。
③　この会議で採択された「アジェンダ21」は，環境保護についての行動計画であり，現在でも環境保護活動の指針となっている。
④　この会議によって設立された国連環境計画（UNEP）は，国連の専門機関として環境保護活動の総合調整を行っている。

問20　著書『永遠平和のために』において自由な諸国家間の連合による平和という構想を提示し，のちの国際連盟の創設に大きな影響を与えた思想家として正しいものを，次の①〜④の中から一つ選びなさい。　26

①　カント（Immanuel Kant）
②　グロティウス（Hugo Grotius）
③　ガンディー（Mahatma Gandhi）
④　ウィルソン（Woodrow Wilson）

問21　日本の内閣と国会に関する記述として最も適当なものを，次の①〜④の中から一つ選びなさい。　　　　　　　　　　　　　　　　　　　　　　　　27

① 　内閣は，衆議院の承認の下に最高裁判所長官を任命できる。

② 　内閣は，参議院を解散することができ，参議院は内閣へ問責決議を行うことができる。

③ 　衆議院の解散総選挙後，一定期間内に特別国会が召集されなければならない。

④ 　衆議院の解散後，国会の議決が必要となった場合，新しい衆議院議員が選挙されるのを待たなければならない。

問22　1789年のフランス人権宣言で自然権と位置付けられた権利として最も適当なものを，次の①〜④の中から一つ選びなさい。　　　　　　　　　　　　　28

① 　選挙権
② 　団体交渉権
③ 　請願権
④ 　所有権

問 23　近代選挙の原則に関する記述として<u>適当でないもの</u>を，次の①〜④の中から一つ選びなさい。　　　29

①　投票内容を他人に知られないことを保障する選挙を，秘密選挙という。

②　納税額・人種・性別など，参政権に資格が設けられている選挙を，制限選挙という。

③　一定の年齢に達した国民に等しく選挙権を与える選挙を，普通選挙という。

④　有権者が立候補者に直接に投票する選挙を，自由選挙という。

問 24　日本国憲法における国民主権の原理を示す内容として<u>適当でないもの</u>を，次の①〜④の中から一つ選びなさい。　　　30

①　国会は，国権の最高機関，国の唯一の立法機関である。

②　国民は，法律の定める範囲内で言論の自由を保障される。

③　内閣総理大臣は，国民の選挙によって選ばれた文民でなければならない。

④　公務員を選定することは，国民固有の権利である。

問 25　二つの主要な政党がともに大きな議席をもち，両党の間で政権交代が繰り返される状態を二大政党制という。二大政党制になりやすい選挙制度として最も適当なものを，次の①〜④の中から一つ選びなさい。　　　31

①　小選挙区制

②　中選挙区制

③　大選挙区制

④　比例代表制

問26　難民を保護するための国際的な取り決めとして「難民の地位に関する条約」と「難民の地位に関する議定書」が存在し，これらを合わせて難民条約と呼んでいる。難民条約に関する記述として最も適当なものを，次の①〜④の中から一つ選びなさい。

32

① 冷戦終結後に民族紛争が多発したため，国連で難民条約が採択された。

② 帰国すると政府などから迫害されるおそれのある人々は，難民条約の対象となる。

③ 経済的理由で国外へ移住した人々や国内避難民も，難民条約の対象となる。

④ 日本は難民条約に批准していないため，難民の受け入れには消極的である。

問27　1869 年に完成したアメリカの大陸横断鉄道に関する記述として最も適当なものを，次の①〜④の中から一つ選びなさい。

33

① この鉄道の利権をめぐってアメリカ・メキシコ戦争が起こった。

② この鉄道を利用して多くの黒人奴隷が南部へ輸送された。

③ 景気回復をめざすニューディール政策の一環として建設された。

④ 中国系やアイルランド系の移民労働者が鉄道建設に貢献した。

問28　1968 年にチェコスロヴァキア（Czechoslovakia）で起きた社会主義体制の改革運動として正しいものを，次の①〜④の中から一つ選びなさい。

34

① プラハの春（Prague Spring）

② アラブの春（Arab Spring）

③ 沈黙の春（Silent Spring）

④ 諸国民の春（Spring of Nations）

問29　近代のイギリスの外交政策に関する記述として最も適当なものを，次の①〜④の中から一つ選びなさい。　　 35

①　フランスの勢力拡大を警戒して大陸封鎖令を出し，ヨーロッパ諸国に対仏大同盟の結成を呼びかけた。

②　日露戦争に勝利した日本と日英同盟を締結し，ロシアの中国進出を抑えようとした。

③　ドイツ・オーストリア・イタリアによる三国同盟に対抗するため，フランス・ロシアに接近して三国協商を成立させた。

④　フランス・西ドイツ・イタリアなどとヨーロッパ石炭鉄鋼共同体（ESCS）を結成し，のちのヨーロッパ連合（EU）の原型を築いた。

問30　明治政府の行った殖産興業政策に関する記述として最も適当なものを，次の①〜④の中から一つ選びなさい。　　 36

①　首都を移転するため，東京－京都間に日本最初の鉄道を建設した。

②　鉄鋼を増産するため，北九州に官営八幡製鉄所が設立された。

③　綿織物の輸出を増やすため，蒸気機関を用いた富岡製糸場が設立された。

④　ロシアの南下に対抗するため，樺太島（Sakhalin）を領有して開発した。

問31　1960 年のいわゆる「アフリカの年」に独立した国として正しいものを，次の
①～④の中から一つ選びなさい。　　　　　　　　　　　　　　　　37

①　リベリア
②　エチオピア（Ethiopia）
③　南アフリカ共和国
④　コンゴ民主共和国（DRC）

問32　ノーベル平和賞の受賞者に関する文章として最も適当なものを，次の①～④の
中から一つ選びなさい。　　　　　　　　　　　　　　　　　　　38

①　ラテンアメリカでの人道的医療活動の功績により，オーストリアのシュヴァイ
ツァー（Schweitzer）が受賞した。
②　アパルトヘイト（apartheid）政策に反対し人種差別と闘った功績により，アメ
リカのネルソン・マンデラ（Nelson Mandela）が受賞した。
③　冷戦の終結とペレストロイカ（Perestroika）による民主化の功績により，ソビ
エト連邦のゴルバチョフ（Gorbachev）が受賞した。
④　温室効果ガスによる気候変動に警鐘を鳴らした功績により，アメリカのオバマ
大統領が受賞した。

総合科目の問題はこれで終わりです。回答欄の　39　～　60　はマークしないで
ください。

この問題冊子を持ち帰ることはできません。

日本留学試験（EJU）
総合科目　予想問題

第⑩回

（制限時間：80分）

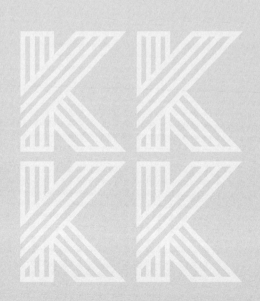

問1　次の文章を読み，下の問い（1）〜（4）に答えなさい。

　　オーストラリア（Australia）の首都は，人口46万人のキャンベラ（Canberra）である。その10倍以上の人口をもつ最大の都市₁シドニー（Sydney）でも，最大の₂貿易港メルボルン（Melbourne）でもない。

　　これには少々₃複雑な歴史がからんでいる。実はオーストラリアがイギリスから独立する際，シドニーとメルボルンのどちらを首都にするかで激しい論争が起こった。その結果，両者の中間地点に新しく首都が建設された。

　　オーストラリアが事実上の独立を果たしたのは1901年だが，キャンベラに₄連邦議会・首相官邸などが置かれて首都機能が備わったのは，ようやく1927年のことだった。

（1）下線部1に関して，シドニーの気候を示す雨温図として最も適当なものを，次の①～④の中から一つ選びなさい。　1

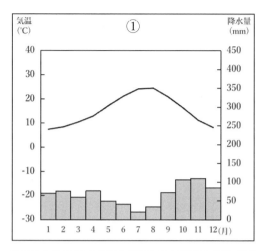

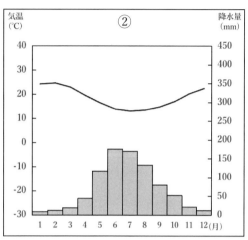

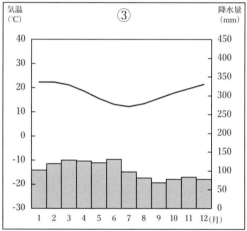

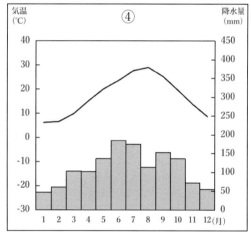

(2) 下線部 2 に関して，次のグラフは 2020 年における日本の対オーストラリア貿易
の品目と割合を示したものである。A ～ D に当てはまる品目名の組み合わせとして
最も適当なものを，下の①～④の中から一つ選びなさい。　2

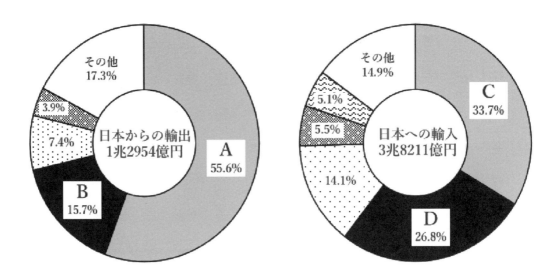

（出典：『日本国勢図会 2022/23』）

	A	B	C	D
①	自動車	石油製品	鉄鉱石	肉類
②	自動車	機械類	液化天然ガス	石炭
③	機械類	自動車	銅鉱	液化天然ガス
④	機械類	石油製品	石炭	肉類

(3) 下線部3に関して，19世紀前半のウィーン体制（Vienna system）に関する記述として最も適当なものを，次の①〜④の中から一つ選びなさい。 3

① オーストリア（Austria）の宰相・メッテルニヒ（Metternich）がウィーン会議を主導した。

② ウィーン議定書にもとづき，ベルギー（Belgium）がオランダ（Netherlands）から独立した。

③ フランス（France）では第二共和政が成立し，ルイ・ナポレオン（Louis Napoléon）が大統領になった。

④ およそ30年間続いたウィーン体制の下，ヨーロッパ各国の民主化と国民国家化が進んだ。

(4) 下線部4に関して，政府や議会に市民の声を届けるためのしくみとして，オンブズマン（Ombudsman）制度がある。オンブズマン制度に関する記述として最も適当なものを，次の①〜④の中から一つ選びなさい。 4

① オンブズマン制度はポーランド（Poland）で創始され，のちに各国へ普及した。

② 日本では，1970年に東京都が初めてオンブズマン制度を導入した。

③ オンブズマンは，各種職業団体の利益を代表して議会に働きかける。

④ オンブズマンは，市民の苦情を受けて政府や議会の行動を監視・検証する。

問2　次の文章を読み，下の問い（1）〜（4）に答えなさい。

　モルディブ（Maldives）といえば，美しい珊瑚礁で有名な₁インド洋に浮かぶ島国である。26の環礁と大小合わせて1200もの島々が国土を構成している。基幹産業は観光業であり，特に中国やインドの富裕層がおもな₂顧客となっている。

　₃海はこの国に大きな恵みを与えるが，ときに大きな災いももたらす。地震による津波被害や地球温暖化による海面上昇が，人々の生活を脅かしているのだ。気候変動の影響を強く受ける国だけに，モルディブの₄学校では環境意識の教育や環境保護活動に特に力を入れている。

（1）下線部1に関して，インド（India）の都市デリー（Delhi）の位置として正しいものを，次の地図中の①〜④の中から一つ選びなさい。　　　5

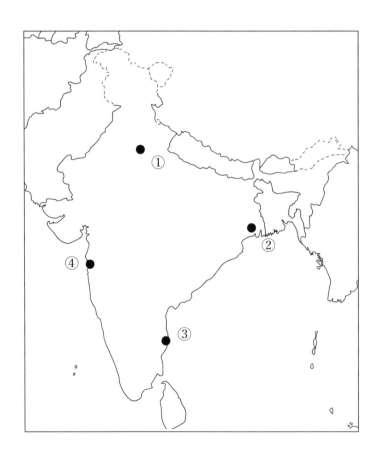

(2) 下線部2に関して，商取引に関する次の文章の空欄　a　・　b　に当てはまる
語の組み合わせとして正しいものを，下の①～④の中から一つ選びなさい。　6

　　消費者の利益や安全を守るために，さまざまな仕組みが設けられている。例え
ば，欠陥商品による被害を受けた場合，消費者はメーカーに損害賠償を請求できると
　a　で定められている。また訪問販売などの取引について，一定期間内であれば消
費者が購入契約を取消できる　b　制度も設けられている。

	a	b
①	製造物責任法	トレードオフ
②	製造物責任法	クーリングオフ
③	消費者契約法	トレードオフ
④	消費者契約法	クーリングオフ

(3) 下線部3に関して，大航海時代の出来事に関する記述としてとして最も適当な
ものを，次の①～④の中から一つ選びなさい。　7

①　ポルトガル（Portugal）の援助を受けたヴァスコ・ダ・ガマ（Vasco da Gama）は，
　　太平洋への航路を開拓した。

②　スペイン（Spain）の援助を受けたマゼラン（Magellan）の一行が，現在の西
　　インド諸島（West Indies）に到達した。

③　スペインの援助を受けたコロンブス（Columbus）は大西洋を横断し，世界で
　　初めて世界周航を達成した。

④　ポルトガルの援助を受けたバルトロメウ・ディアス（Bartolomeu Dias）は，
　　アフリカ（Africa）最南端の喜望峰に到達した。

(4) 下線部 4 に関して，次の表は，各国の初等教育・中等教育・高等教育の就学率を示している。この表から読み取れる情報として正しい記述を，下の①～④の中から一つ選びなさい。　　　　　　　　　　　　　　　　　　　　　　　　　8

（単位：％）

	初等教育				中等教育	高等教育
	1980 年	2019 年			2019 年	2019 年
	男女平均	男女平均	男子	女子	男女平均	男女平均
インド	82.4	96.8	95.9	97.8	73.8	28.6
オマーン	48.7	102.9	98.6	107.7	107.1	40.4
ヨルダン	103.6	81.8	82.5	81.1	65.2	33.1
セネガル	43.2	82.1	76.7	87.6	46.2	13.1
ガーナ	70.8	104.8	104.1	105.6	74.7	17.2
コートジボワール	77.3	100.3	103.4	97.2	54.6	10.0
ルワンダ	69.2	131.3	132.7	130.0	44.3	6.2

（出典：『世界国勢図会 2021/22』）

注 1）　就学率は，就学者人口÷就学年齢人口× 100。ただし就学年齢は国によって異なる。

注 2）　オマーン（Oman），ヨルダン（Jordan），セネガル（Senegal），ガーナ（Ghana），コートジボワール（Côte d'Ivoire），ルワンダ（Rwanda）

① 初等教育の男女平均の就学率は，すべての国で 1980 年より 2019 年の方が高くなっている。

② 2019 年の初等教育の男女平均の就学率が 100% 未満の国では，男子の就学率よりより女子の就学率の方が低い。

③ 2019 年の初等教育の男女平均の就学率が 100% 以上の国は，中等教育の就学率が 60% 以上である。

④ 2019 年の初等教育の男女平均の就学率が最も高い国は，高等教育の就学率が最も低い。

問3　戦後の日本の農業政策に関する記述として最も適当なものを，次の①〜④の中から一つ選びなさい。　　　　　　　　　　　　　9

① 1961 年に制定された農業基本法によって多くの自作農が生まれ，寄生地主制は解体された。

② 農業基本法は，小規模農家の経営を安定させるため，主食である米を重点的に生産するよう奨励していた。

③ 米の生産量が過剰になったため，1970 年から農家に米の作付面積を削減させる減反政策を行った。

④ 食料安全保障の観点から，減反政策によって食料自給率を向上させることをめざした。

問4　次の図は，労働移動を相互に制限している X 国と Y 国の労働市場を表している。Dx,Dy と Sx,Sy は両国の需要曲線と供給曲線，X と Y は労働市場の均衡点である。この産業の生産物は貿易できず，両国の通貨価値は等しいとする。他の条件を一定として，この産業だけで両国間の労働移動が自由化された場合の新しい均衡点はどれか。最も適当な組み合わせを下の①～④の中から一つ選びなさい。　10

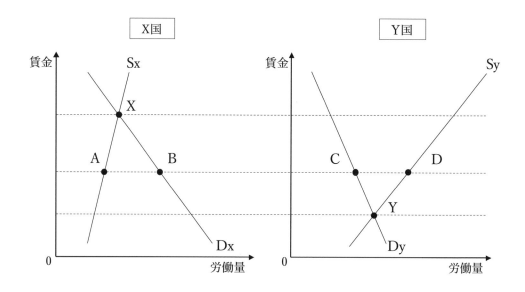

	X 国	Y 国
①	A	C
②	A	D
③	B	C
④	B	D

問5　経済学には一国の経済状況を測るためのさまざまな指標がある。経済指標に関する記述として最も適当なものを，次の①〜④の中から一つ選びなさい。　　**11**

①　国内総生産（GDP）とは，国内で生産した付加価値の総額から固定資本減耗を引いたものである。

②　国民総生産（GNP）とは，国内で国民が生産した付加価値の総額である。

③　国民純生産（NNP）とは，GNP から固定資本減耗を引いたものである。

④　国民所得（NI）とは，NNP から直接税と間接税を引いたものである。

問6　物価の上昇や下落に関する記述として最も適当なものを，次の①〜④の中から一つ選びなさい。　　**12**

①　スタグフレーション（stagflation）とは，極めて短期間に物価が数十倍にも高騰するような激しいインフレのことである。

②　デフレスパイラル（deflationary spiral）とは，物価下落による不況と，不況による物価下落とが繰り返される悪循環の状況をさす。

③　ディマンド・プル・インフレーション（demand-pull inflation）とは，賃金や原材料費などの増大によって発生するインフレのことである。

④　ギャロッピング・インフレーション（galloping inflation）とは，年率 10% 未満のゆるやかな物価上昇が持続することである。

問7　日本の中小企業に関する記述として最も適当なものを，次の①〜④の中から一つ選びなさい。　　　　　　　　　　　　　　　　　　　　　　　　　13

① 中小企業は，企業数では全体の約半数，従業員数では全体の約4割を占める。

② 大企業との間に，二重構造と呼ばれる賃金・労働環境・生産性などの格差が存在する。

③ 中小企業は，好況期には大企業からの発注量を減らされ，不況期には発注量を増やされるなど，「景気の調整弁」の役割を果たしている。

④ 中小企業の振興をはかるために，公正取引委員会や日本政策金融公庫が設置されている。

問8　次のグラフは2020年におけるフランス，リトアニア（Lithuania），オランダ，スペインの国民総所得（GNI）と国民1人あたりGNIを示したものである。A〜Dに当てはまる国の組み合わせとして最も適当なものを，下の①〜④の中から一つ選びなさい。 14

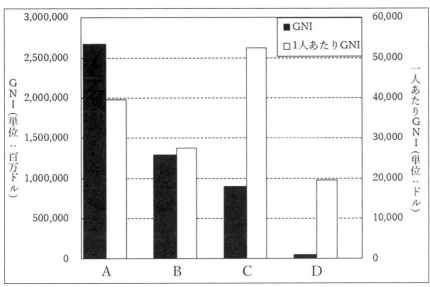

（国連 "National Accounts - Analysis of Main Aggregates" をもとに作成）

	A	B	C	D
①	リトアニア	オランダ	スペイン	フランス
②	スペイン	リトアニア	フランス	オランダ
③	オランダ	フランス	リトアニア	スペイン
④	フランス	スペイン	オランダ	リトアニア

問9　次のグラフは，1980年から2020年にかけての日本，中国，ドイツ (Germany)，アメリカの4ヶ国の貿易収支の推移を示したものである。ドイツを示すグラフとして正しいものを，下の①～④の中から一つ選びなさい。　　15

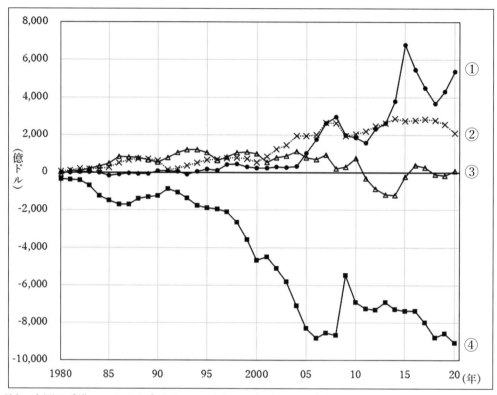

注）中国は香港・マカオを含まない。ドイツは東ドイツを含まない。

(IMF Data - "Direction of Trade Statistics" により作成)

問10　為替レートが 1 ポンド＝ 110 円のとき，ある日本企業がイギリスで商品を販売したところ，4 億ポンドの売上があった。1 年後，為替レートが 1 ポンド＝ 150 円のとき，前年と同じ企業がイギリスで同じ数量の同じ商品を販売したところ，3 億ポンドの売上があった。この場合，円に換算した売上はどのくらい増加または減少したか。次の①〜④の中から一つ選びなさい。　　16

①　10 億円増加した。

②　30 億円増加した。

③　10 億円減少した。

④　30 億円減少した。

問11　ある国で製造業などの産業の空洞化が起きる要因，または産業の空洞化を促進する要因として最も適当なものを，次の①〜④の中から一つ選びなさい。　　17

①　近隣諸国と比べて人件費が低下する。

②　自国通貨が主要国通貨より高くなる。

③　国内の失業者が増加する。

④　原材料費と輸送費が高騰する。

問12　公共財とは，多くの人が同時に消費でき，かつ代金を払わない人をその消費から排除することが難しい性質をもつ財・サービスである。公共財の性質をもつ財・サービス提供の例として最も適当なものを，次の①〜④の中から一つ選びなさい。

18

①　消防の消火活動

②　水道の供給事業

③　病院の医療活動

④　商店の時短営業

問13　次のグラフは，2020年におけるエチオピア（Ethiopia），シンガポール（Singapore），モンゴル（Mongolia），スイス（Switzerland）の宗教別人口割合を示したものである。A〜Dに当てはまる国名の組み合わせとして最も適当なものを，下の①〜④の中から一つ選びなさい。　19

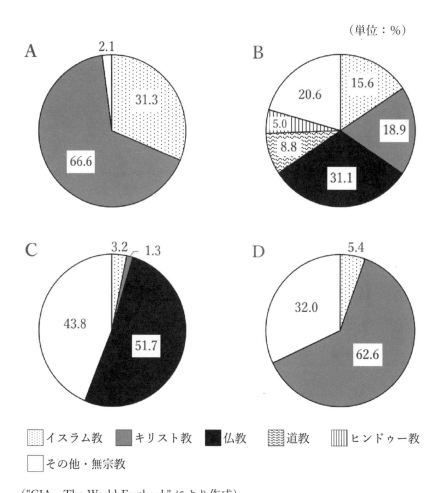

（単位：％）

（"CIA - The World Factbook" により作成）

注）　Aは2016年，それ以外は2020年の推計値。

	A	B	C	D
①	エチオピア	シンガポール	モンゴル	スイス
②	シンガポール	エチオピア	スイス	モンゴル
③	モンゴル	スイス	エチオピア	シンガポール
④	スイス	モンゴル	シンガポール	エチオピア

問14　次の地図を読み，A ～ D 地点の標高に関する記述として最も適当なものを，下の①～④の中から一つ選びなさい。　20

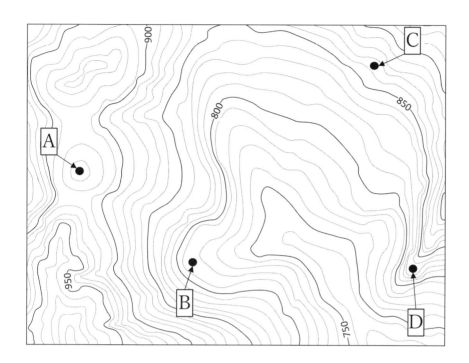

① A 地点の標高は 950m 以上である。

② B 地点は C 地点より標高が高い。

③ C 地点の標高は約 860m である。

④ D 地点は B 地点より標高が低い。

問15　太平洋の海流を示した図として最も適当なものを，次の①～④の中から一つ選

びなさい。　　　　　　　　　　　　　　　　　　　　　　　　　　　　　21

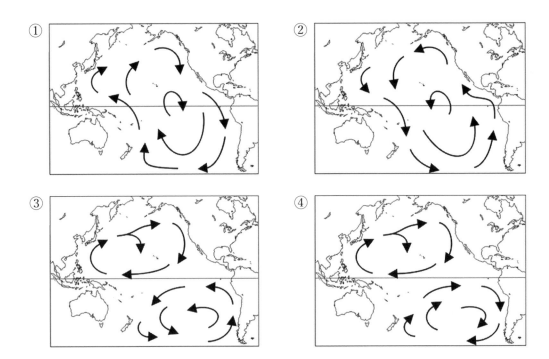

問16　次のグラフは，日本，南北アメリカ，ヨーロッパ，アジア・太平洋地域（日本を除く）の半導体出荷額の推移を示したものである。南北アメリカを示すグラフとして最も適当なものを，次の①〜④の中から一つ選びなさい。　　22

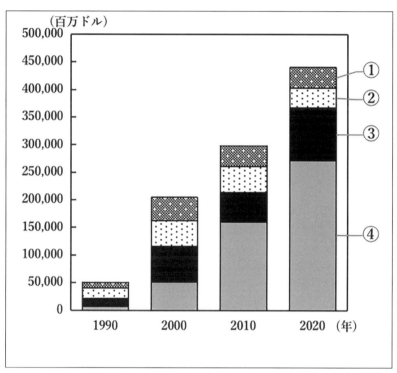

（出典：『世界国勢図会 2022/23』）

問 17　アメリカ合衆国の州とそれに属する都市の組み合わせとして**誤っているもの**を，次の①〜④の中から一つ選びなさい。　23

	州名	都市名
①	フロリダ（Florida）	マイアミ（Miami）
②	ミシガン（Michigan）	デトロイト（Detroit）
③	テキサス（Texas）	ダラス（Dallas）
④	ヴァージニア（Virginia）	ボストン（Boston）

問 18　次の表は，2020 年における小麦と大麦の輸出上位 5 ヶ国の，輸出量と世界全体に占める割合を示したものである。表中の X に当てはまる国名として正しいものを，下の①〜④の中から一つ選びなさい。　24

小麦	（千トン）	%
ロシア	37,267	18.8
アメリカ	26,132	13.2
カナダ	26,111	13.2
フランス	19,793	10.0
X	18,056	9.1

大麦	（千トン）	%
フランス	6,778	17.8
X	5,046	13.3
ロシア	4,963	13.1
オーストラリア	4,258	11.2
カナダ	2,807	7.4

注）ロシア（Russia），カナダ（Canada）
（出典：『世界国勢図会 2022/23』）

① ルーマニア（Rumania）

② トルコ（Turkey）

③ カザフスタン（Kazakhstan）

④ ウクライナ（Ukraine）

問19　『近代民主政治』を著したイギリスの政治思想家ブライス（Bryce）の主張として最も適当なものを，次の①〜④の中から一つ選びなさい。　　25

①　権利の保障が確保されず，権力の分立が規定されないすべての社会は，憲法をもつものではない。

②　地方自治は民主主義の最良の学校であり，その成功の最良の保証人である。

③　政府が本来の目的を破棄した場合，人々はそうした政府を改変あるいは廃止する権利を有している。

④　自分たちすべてを畏怖させるような共通の権力がないあいだは，人間は戦争と呼ばれる状態，各人の各人にたいする戦争状態にある。

問20　日本の裁判員制度における裁判員の役割として最も適当なものを，次の①〜④の中から一つ選びなさい。　　26

①　裁判員は，一定の民事事件について裁判官から独立して事実を認定する。

②　裁判員は，一定の民事事件について裁判官と合議で事実を認定する。

③　裁判員は，一定の刑事事件について裁判官から独立して有罪・無罪を判決し，有罪の場合裁判官が量刑を決定する。

④　裁判員は，一定の刑事事件について裁判官と合議で有罪・無罪を判断し，量刑を決定する。

問21　議院内閣制の国で議会選挙が行われ，各政党が次の表の通りの議席を獲得したとする。単独で過半数の議席を獲得した政党がないため，複数の政党が連立して内閣を構成することになる。連立与党は，それぞれ獲得した議席数に応じて国務大臣の役職を獲得すると仮定する。このとき，Ｃ党が自党議員の大臣数を最大にするためにはどの政党と連立すればよいか。最も適当なものを，下の①〜④の中から一つ選びなさい。ただし，無所属の議員は存在しないものとする。　　27

政党	議席数
Ａ党	220
Ｂ党	160
Ｃ党	130
Ｄ党	110
Ｅ党	65
Ｆ党	15

①　Ａ党と連立する。

②　Ａ党，Ｄ党と連立する。

③　Ｂ党，Ｅ党と連立する。

④　Ｄ党，Ｅ党，Ｆ党と連立する。

問22　20世紀の政治家に関する記述として最も適当なものを，次の①～④の中から
一つ選びなさい。　　28

①　インドのガンディー（Gandhi）は非暴力・不服従の独立運動を指導した。
②　アメリカのトルーマン（Truman）は「鉄のカーテン」演説を行った。
③　ソヴィエト連邦（USSR）のスターリン（Stalin）は農業の集団化を批判した。
④　フランスのド・ゴール（Charles de Gaulle）はヨーロッパ連合（EU）を創設した。

問23　各国の政治制度に関する説明として最も適当なものを，次の①～④の中から一
つ選びなさい。　　29

①　フランスでは，大統領は議会の解散権および首相と閣僚の任命権を持つ。
②　ドイツでは，大統領が軍の統帥権や外交権を持ち，首相が内政に関する権限を
持つ。
③　イギリスでは，首相は議会（上下両院）の信任の下で国王によって任命される。
④　アメリカでは，大統領が副大統領，各省長官，大使を任命することができる。

問24　大日本帝国憲法（明治憲法）と日本国憲法に関する説明として最も適当なものを，次の①～④の中から一つ選びなさい。　　　30

① 明治憲法では，天皇は陸海軍の統帥権を有していたが，その行使には議会の承認が必要とされた。

② 明治憲法では，国民は法律の範囲内において言論・出版・結社・信教の自由を認められた。

③ 日本国憲法は，国会の指名に基づいて天皇が行う首相の任命について，不適格な人物の任命を天皇が拒否できると定めている。

④ 日本国憲法は，何人も法務大臣の発行する逮捕令状なしには逮捕されないと定めている。

問25　社会政策を重視し，国民の人間らしい生活を営む権利を保障する国家像として最も適当なものを，次の①～④の中から一つ選びなさい。　　　31

① 夜警国家

② 福祉国家

③ 国民国家

④ 消極国家

問26　国連での討議を経て採択・署名された軍縮条約として正しいものを，次の①～④の中から一つ選びなさい。　　　32

① 中距離核戦力全廃条約（INF 全廃条約）

② 第一次戦略兵器削減条約（START Ⅰ）

③ 戦略攻撃兵器削減条約（SORT）

④ 核兵器禁止条約（TPNW）

問27　高度経済成長期の日本では，公害が深刻な社会問題となっていた。当時の公害問題に関する記述として最も適当なものを，次の①〜④の中から一つ選びなさい。

33

① 熊本県水俣市周辺では，化学工場の排水が原因で「イタイイタイ病」が起きた。

② 富山県周辺では，足尾銅山の排煙が原因で「四日市ぜんそく」が起きた。

③ 1967年に環境基本法が制定され，開発前に環境への影響を調査することが義務づけられた。

④ 1971年に環境庁が設置され，のちに環境省へ改組された。

問28　18〜19世紀における技術革新に関する記述として最も適当なものを，次の①〜④の中から一つ選びなさい。

34

① カートライト（Cartwright）は，ジェニー紡績機を発明した。

② アークライト（Arkwright）は，水力紡績機を発明した。

③ ワット（Watt）は，蒸気機関車を発明した。

④ スティーヴンソン（Stephenson）は，蒸気船を発明した。

問29　フランスのナポレオン三世（Napoleon Ⅲ）がおこなったこととして最も適当なものを，次の①〜④の中から一つ選びなさい。　　　　　　　35

① 積極的なアジア進出を行ってマレー半島（Malay Peninsula）を領有した。
② 大陸封鎖令を出して大陸諸国にイギリスとの通商を禁止した。
③ 市民や労働者をひきいてパリ・コミューン（Paris Commune）を組織した。
④ クリミア戦争（Crimean War）ではイギリスとともに戦いロシアに勝利した。

問30　次のA〜Dは20世紀に起きた歴史的事件である。これらを起きた順に並べたものとして最も適当なものを，①〜④の中から一つ選びなさい。　　　　36

A　：　国際連合の発足
B　：　ソビエト連邦の成立
C　：　第一次バルカン戦争
D　：　ベトナム戦争

① B → A → D → C
② B → C → D → A
③ C → B → A → D
④ C → A → B → D

問31　ユーゴスラヴィア連邦（Federation of Yugoslavia）に関する記述として最も適当なものを，次の①～④の中から一つ選びなさい。　　　　　　　　37

① 第一次世界大戦後の 1918 年，オーストリア・ハンガリー帝国（Austria-Hungary）領の一部が分離独立して成立した。

② 社会主義政権が成立し，ワルシャワ条約機構（WPO）に加盟してソ連の衛星国となった。

③ 多民族国家だったが，チトー（Tito）大統領の優れた指導力により，諸民族が融和しつつ経済成長を遂げた。

④ 1990 年代の激しい内戦を経て連邦は解体され，セルビア（Serbia），スロバキア（Slovakia）などが独立した。

問32　近代の国際貿易に関する次の文章を読み，空欄 A ～ C にあてはまる語の組み合わせとして最も適当なものを，下の①～④の中から一つ選びなさい。

38

イギリスは中国から A を輸入し，その対価として銀を支払った。一方，中国はイギリス産の B を輸入しなかったため，イギリスの貿易赤字は膨張していった。これを解消するため，18世紀後半からイギリスは植民地インドで生産した C を中国へ輸出した。中国がインド産 C を輸入し，インドがイギリス産 B を輸入すれば，結局のところイギリスは中国に支払った銀を回収することができる。この三角貿易によって中国から銀が流出して経済が悪化したため，中国とイギリスの対立は深まった。

	A	B	C
①	茶	綿布	アヘン
②	アヘン	絹	茶
③	絹	アヘン	綿布
④	綿布	茶	絹

総合科目の問題はこれで終わりです。回答欄の 39 ～ 60 はマークしないでください。

この問題冊子を持ち帰ることはできません。

解答・解説

第1回 解答解説

解答

問	解答番号	正解
問1	1	①
	2	③
	3	③
	4	④
問2	5	②
	6	②
	7	④
	8	①
問3	9	①
問4	10	③
問5	11	④
問6	12	③
問7	13	④
問8	14	③
問9	15	③
問10	16	②
問11	17	④
問12	18	②
問13	19	②
問14	20	④
問15	21	①
問16	22	④
問17	23	③
問18	24	③
問19	25	②
問20	26	①
問21	27	③
問22	28	①
問23	29	①
問24	30	④
問25	31	④
問26	32	②
問27	33	③
問28	34	①

問	解答番号	正解
問29	35	②
問30	36	①
問31	37	③
問32	38	④

解説

解答番号 1
②はバーゼル，③は首都のベルン，④は最大の都市チューリッヒ。

解答番号 2
ハイチはフランスから，ペルーとアルゼンチンはスペインから独立した。

解答番号 3
スイスの政治体制は議会統治制と呼ばれ，連邦議会が立法府と行政府を兼ねる。連邦参事会（Federal Council，連邦評議会とも訳される）が他国でいう内閣にあたり行政権をもつが，首相は存在しない。連邦参事のうち1名が連邦大統領に就任するが，これは儀礼的な存在（おもに外交上の必要から）であり政治的権限をもたない。なお，連邦議会は二院制である。

解答番号 4
スイスの主な輸出品は，医薬品・金・精密機械（とくに時計）である。Cは金以外に農産物の輸出も盛んなことから，スイスでないことが分かる。AはDと似ているが，自動車が上位に挙がることからスイスでないことが分かる。

解答番号 5
アドリア海・地中海・黒海に囲まれた陸地を一般に「バルカン半島」と呼ぶ。ただし，これは地政学上の概念であり地理学上の半島の定義と

は必ずしも一致しない。現在では「バルカン半島」にかわり「東南ヨーロッパ（Southeast Europe）」という用語が浸透しつつあることに注意したい。

解答番号 6
①トルコ北西部地震は1999年。③2004年のアテネオリンピックはギリシャの財政を悪化させた要因の一つであるが、オリンピック後ただちに財政危機が起きたわけではない。④ギリシャの財政破綻状態が発覚した後、解決策の一つとしてギリシャのユーロ圏離脱（EU離脱ではない）が検討された。

解答番号 7
ギリシャは共和制・大統領制。大統領は名誉職的であり政治的権限が小さい。この点はドイツと類似している。ノルウェー・イギリス・スペインは立憲君主制・議院内閣制である。

解答番号 8
イギリスは1600年にイギリス東インド会社を設立し、インド貿易に力を入れた。東インド会社はムガル帝国の権力を段階的に奪って、19世紀前期には貿易会社からインド支配を代行する統治機関へと転換した。この長年のイギリス支配に反発した最初の民族運動が、インド大反乱である。これを鎮圧したイギリスは、東インド会社を廃止してインドを直接統治する方針に切り替え、インド帝国を成立させた（この過程でムガル帝国は正式に滅亡した）。
③ヴィクトリア女王。19世紀の大英帝国の繁栄を象徴する君主。イギリスの歴史でエリザベス女王といえば、16世紀のエリザベス1世（アルマダ海戦でスペインを破った）か、先代のエリザベス2世をさす。
④イギリスは現在のアフガニスタン・ミャンマー・マレーシア・シンガポールも植民地化した。

解答番号 9
ケネーは18世紀フランスの経済学者。彼の自由放任主義はのちのアダム・スミスに大きな影響を与えた。②マルサスは『人口論』の著者。③ミルは、商品の価値を賃金・地代・利潤に求める生産費説を唱えた。④シュンペーターは、イノベーションの重要性を説いた20世紀の経済学者。

解答番号 10
①キチンの波、②ジュグラーの波、④コンドラチェフの波。なお、④が提唱されたのは1925年であり、その後の20世紀後半を第5期、21世紀初頭を第6期と考える経済学者もいる。

解答番号 11
賃金が増加すると、働きたい人の数（＝求職数）は増加し、企業が雇いたい人の数（＝求人数）は減少する。賃金がW_1のとき、求人数（Q_2）＞求職数（Q_1）なので人手不足。不足数は（$Q_2 - Q_1$）。賃金がW_2のとき、求職数（Q_2）＞求人数（Q_1）なので失業が存在する。失業数は（$Q_2 - Q_1$）。賃金がW_1からW_2へ上昇すると、失業者は増加する。賃金がW_2からW_1へ低下すると、失業者は減少する。

解答番号 12
国債には市中消化の原則があり、国債を日銀が直接引き受ける（直接買う）ことは禁止されている。ただし、市中銀行が買った国債を、市中銀行から日銀が買うことは禁止されていない。日銀が保有する国債を売買すること（売りオペ・買いオペ）は、通貨量を調整する手段としてよく用いられる。

解答番号 13
同じ1ドルと交換するために、以前は110円が必要だったが今は100円が必要。つまり以前より少ない円で交換できるのだから、円の価値が上がりドルの価値が下がったことになる。さらに、日本からアメリカへの輸出とは、商品の代金をドルで受け取り円に換算すること。価値の低い通貨から価値の高い通貨へ換算するのだから、そのぶん利益が減ってしまう。輸出はこれと逆になる。以上のことから、自国通貨高は輸出に不利で輸入に有利、自国通貨安は輸出に有

利で輸入に不利といえる。

解答番号 14
①第一次世界大戦中に各国で金輸出禁止の措置がとられ，金本位制が停止された。②ブレトン・ウッズ協定で固定相場制が採られた。④プラザ合意でドル高が是正された。

解答番号 15
実質経済成長率とは，実質 GDP の伸び率である。実質 GDP は，名目 GDP と GDP デフレーター（物価水準の指標）から求められる。具体的には次の式である。
実質 GDP ＝名目 GDP ÷ GDP デフレーター× 100。
実質経済成長率（％）＝（今年の実質 GDP －前年の実質 GDP）÷前年の実質 GDP × 100。
これをもとに計算すると，前年の実質 GDP は100 兆円，今年の実質 GDP は 125 兆円であり，実質 GDP の伸び率は＋ 25％となる。

解答番号 16
マネタリーベースとは，日銀が供給する資金量。具体的には，現金（紙幣・硬貨）と日銀当座預金残高の合計である。マネーストックとは，政府と金融機関を除く経済全体が保有する通貨量。かつてはマネーサプライ（通貨供給量）とも呼ばれていた。日銀の金融政策は，マネタリーベース（資金供給量）を増加させることでマネーストック（通貨残高）を増加させることを目指していた。
②日銀の買いオペ・売りオペによって確実に増減するのは，市中銀行が保有する日銀当座預金の残高である。マネーストック（通貨残高）が増減するかどうかは，個人や一般企業の資金需要と，市中銀行の貸出が増減するかどうかによる。ゆえに，日銀がマネーストックを直接的に増減させるわけではない。

解答番号 17
① 1 株につき 1 票。②混合経済ではなく二重構造。混合経済とは，市場経済と計画経済を合わせた状態。③取締役がその会社の株主である必

要はない。

解答番号 18
日本の木材の輸入相手は時代とともに変化してきた。20 世紀はおもに南洋材と米材を輸入していたが，現在では南洋材の割合は激減し，ほとんどが米材である。これは，東南アジア諸国が森林保護と国内産業育成のため原木の輸出を規制したためである。これにより，日本はこれらの国々から木材を丸太のまま輸入することができなくなった（合板，家具，チップなどの加工品の輸入は可能）。

解答番号 19
①日本，②スウェーデン，③アメリカ，④ブラジル。
④一般に，経済成長の進んだ国ほど高齢化率も高くなる傾向がある。ブラジルは 2000 年代に「BRICs」と呼ばれる新興国の一角として台頭してきた。この 4 ヶ国中では経済成長が最も遅かったので，高齢化率も最も低い。
①日本は世界で最も高齢化が進行している国の一つである。
③アメリカは常に多くの移民を受け入れてきたため，先進国の中では相対的に「若い」国だった。しかし，第二次世界大戦後に生まれた「ベビーブーマー世代」（40 年代後半〜 60 年代前半生まれ）が老年に達したため，今後は高齢化が大きく進行すると予測されている。
以上より，推移の最も緩やかな②がスウェーデンである。

解答番号 20
①沖積平野は，河川の堆積作用によって形成される。②海岸平野は，遠浅の海底面が隆起して形成される。③河岸段丘は，流域の土地が隆起することで川底が掘り下げられて形成される。堆積によって隆起するわけではない。④構造平野は，古生代から中生代に堆積した地層が緩やかな侵食を受けて形成された。

解答番号 21
②温暖冬季少雨気候，③西岸海洋性気候，④地

中海性気候。南アメリカ大陸の南部は西岸海洋性気候であり，緯度が高いわりに温かく過ごしやすい気候である。

解答番号 22

オランダでは酪農や都市近郊で行われる園芸農業が盛んである。①は地中海性気候のスペイン。②はアメリカ合衆国，③は熱帯・亜熱帯地域でみられるプランテーション農業に関する記述である。

解答番号 23

ドナウ川はドイツを源流とし東に向かって流れる。オーストリア，ハンガリーなどを経てルーマニアとブルガリアの国境を流れ黒海に注いでいる。

解答番号 24

リアス海岸は，鋸（のこぎり）の歯のようにギザギザで入り組んだ海岸線。日本では東北地方の三陸海岸（岩手県・宮城県）が代表的なリアス海岸である。

解答番号 25

ヴェーバーは支配の正統性の原理を3つに分類し，それぞれをさらに細かく分類した。

解答番号 26

上院の正式名称は Senate，下院は House of Representatives である。これを原義に忠実に元老院，代議院と訳す場合もある。ここから分かるように，上院議員は州の代表，下院議員は選挙区民の代表という性格をもつ。したがって上院議員は各州2名で固定，下院議員は人口比に応じて選出される。さらに上院は州の代表として，（州の連合である）合衆国が締結する条約を承認する権利を持つ。大統領は，上院議員の2/3以上の同意を得なければ条約を締結することができない。

解答番号 27

「〜の議席の割合を高める」とはつまり，その選挙制度の長所と短所が強く表れるということ

である。小選挙区制の長所は大政党ができやすく政局が安定しやすいこと，短所は死票が多く小政党に不利なこと（＝少数意見が議席に反映されにくい）。比例代表制の長所は死票が少なく小政党に有利なこと（＝少数意見が議席に反映されやすい），短所は小政党が分立して政局が安定しにくいこと。

解答番号 28

①1961年に国民年金が導入され，「国民皆年金」が実現した。

解答番号 29

これは21条2項の規定。同条1項では，「集会，結社及び言論，出版その他一切の表現の自由は，これを保障する。」と規定されている。

解答番号 30

国連憲章によれば，紛争解決のために武力行使する際は国連加盟国が国連安保理と協定を結んで各国の軍隊を派遣することになっている。しかしこの協定が結ばれたことはなく，正規の手続きによる正式な国連軍が結成されたことはない。
①国連安保理は多数決であって全会一致ではない。②国連分担金は各国の経済規模に応じて割り当てられている。

解答番号 31

①ケベック州はカナダの東部に位置する。州都ケベック・シティーの経度はアメリカ合衆国のボストンとほぼ同じである。②ケベック州ではフランス語系住民が大半を占める。③1960〜70年代には分離独立派による爆弾テロ事件などがあったものの，クーデターや外国軍の介入という事態には至っていない。④独立賛成が49.6%，独立反対が50.6%という僅差であった。

解答番号 32

①最初に炭素税を導入したのは1990年のスウェーデン。地球サミットで気候変動枠組条約が採択されたのが92年だから，当時としてはきわめて先進的な試みだった。オランダが炭素

税を導入したのは 2021 年で，欧州諸国の中では遅い。

③「緑の革命」とは，40 年代から 60 年代にかけての開発途上国での農業革命のこと。食料不足・飢餓問題を解決したという肯定的な評価と，農薬の大量使用により深刻な環境破壊を引き起こしたという否定的な評価がある。

④これはバーゼル条約の説明。ラムサール条約は水鳥の生息地となる湿地を保護する条約。

解答番号 33

テルミドール 9 日クーデタは，フランス革命の国民公会期においてロベスピエール率いるジャコバン派独裁政権が打倒された事件である。ダントンは当初ロベスピエールと協力し，のち彼によって粛清された革命家。

解答番号 34

ソビエト連邦の成立は 1922 年，男子普通選挙の実施は 1925 年，世界恐慌のはじまりは 1929 年，オタワ連邦会議は 1932 年。世界恐慌の対策として，イギリスは連邦諸国でのブロック経済体制を構築した。それを決定した会議がオタワ連邦会議である。したがって C の直後が D でなければならない。

解答番号 35

① 1889 年憲法制定，1890 年議会開始。その後の日清戦争（1894 〜 95 年）以降は，「戦争に必要な予算が議会で承認されるか」が常に重要な焦点だった。

② 1910 年。1919 年のヴェルサイユ条約と民族自決主義の影響を受け，朝鮮でも三・一独立運動が起こった。

③ 1956 年。第二次世界大戦で日本とソ連は交戦し（1945 年），56 年の日ソ共同宣言で国交が回復した。

④ 1972 年。1951 年に日本が独立し主権を回復した際も，沖縄および南西諸島はアメリカの信託統治が継続された。

解答番号 36

独ソ不可侵条約は 1939 年 8 月。これにはポーランドを東西に分割するという密約が付されていた。この条約によってドイツは東西両面作戦を回避できるようになり，結果的に開戦が早まったと考えられている。よって D が最後でなければならない。

解答番号 37

①これはマーシャル・プランの説明。トルーマン・ドクトリンは共産主義封じ込め政策。②ワルシャワ条約機構はソ連を中心とする東側諸国の軍事同盟。④これは冷戦終期の出来事。「連帯」は 1989 年に東欧初の自由選挙によって政権を獲得し，民主化改革を進めた。

解答番号 38

通称「バンドン会議」。バンドンはインドネシアの都市。インド・インドネシア・中国・エジプトが中心となって開催され「平和 10 原則」が発表されたが，第二回以降は開催されなかった。

第2回 解答解説

解答

問	解答番号	正解
問1	1	②
	2	④
	3	③
	4	④
問2	5	③
	6	③
	7	①
	8	③
問3	9	②
問4	10	③
問5	11	②
問6	12	③
問7	13	①
問8	14	④
問9	15	③
問10	16	①
問11	17	②
問12	18	④
問13	19	②
問14	20	①
問15	21	①
問16	22	④
問17	23	①
問18	24	④
問19	25	④
問20	26	②
問21	27	③
問22	28	③
問23	29	④
問24	30	①
問25	31	④
問26	32	①
問27	33	③
問28	34	②

問	解答番号	正解
問29	35	③
問30	36	③
問31	37	①
問32	38	①

解説

解答番号 1

①トルコ，③イラク，④ヨルダン。現在のシリア（正確にはシリア・アラブ共和国）は植民地時代に引かれた国境線にもとづくものであり，歴史上シリアと呼ばれた地域はさらに広い。

解答番号 2

①湾岸戦争ではイラクがクウェートを侵攻した。②アメリカはアフガニスタンを「同時多発テロ事件の実行犯をかくまうテロ支援国家」とみなして侵攻し，タリバン政権を打倒した。③アメリカは「イラクが大量破壊兵器を隠している」と主張してこれに侵攻し，フセイン政権を打倒した。

解答番号 3

①スーダンから南スーダン共和国が分離独立した。②チェチェン紛争はロシア連邦内の独立紛争である。③アルバニア系住民が「コソボ共和国」の独立を宣言した。ただし，同国を正式な国家として承認していない国もある。④和平が成立したのは1998年。

解答番号 4

①エジプトと戦ったのはイギリス・フランス・イスラエル。スエズ運河とイギリスの関係を想起せよ。②1963年にアフリカ統一機構（OAU）が発足し，2002年にアフリカ連合へ発展した。③第4次中東戦争はエジプト・シリアがイスラ

エルを攻撃してはじまった。④これが原因で第
2次石油危機が起きた。

解答番号 5
①広島県，②石川県，③静岡県，④宮城県。茶
の生産量が多い地域は，静岡県・鹿児島県・三
重県など。関東地方より南の太平洋側が中心で
ある。

解答番号 6
①大日本帝国憲法には首相についての規定がな
く，したがって大臣の任免権もない。②参議院
→貴族院。また皇族・華族以外にも，政府から
任命された者が貴族院議員になる。④枢密院は
裁判所ではなく，天皇の諮問にこたえて政務全
般について助言する機関である。

解答番号 7
経済協力開発機構（OECD）は，加盟国の経済
成長や貿易促進を図っている。国際農業開発基
金（IFAD）は，発展途上国の農業支援のため
の融資を行う。

解答番号 8
① 1973 年のワシントン条約，④ 1987 年のモン
トリオール議定書。不十分な成果に終わった京
都議定書の枠組みを，より効果的に発展させた
ものがパリ協定の枠組みである。これは，中国・
インドなどの CO_2 排出大国にも削減を義務づ
けた点に特徴がある。

解答番号 9
古典派経済学はセイの法則（「供給はみずから
需要を作り出す」）を基本としており，市場メ
カニズムによって自動的に失業問題は解決され
ると考えられていた。ケインズはこれを批判し，
政府の積極的な財政出動によって有効需要を創
出しなければならないと主張した。世界恐慌に
おけるアメリカのニューディール政策がこれに
あたる。

解答番号 10
輸入国の国民の所得が上昇すると，需要曲線は

上へ，Q_2 は右へ移動する。したがって輸入量
は増加する。①②はいずれも価格の上昇なので
輸入量は減少する。④輸出国の失業者数と輸入
国の輸入量とは相関関係にない。

解答番号 11
1 年目の為替レートが 1 ドル＝ 120 円のとき，
2 × 120 ＝ 240 だから，予想の売上 2 億ドルは
240 億円である。2 年目の為替レートが 1 ドル
＝ 105 円のとき，2 × 105 ＝ 210 だから，実際
の売上 2 億ドルは 210 億円である。したがって，
実際の売上は予想より 30 億円減少したことに
なる。

解答番号 12
預金総額＝本源的預金÷支払準備率より，3,000
÷ 0.2 ＝ 15,000。信用創造額＝預金総額－本源
的預金より，15,000 － 3,000 ＝ 12,000。よって，
信用創造額は 1 億 2,000 万円である。

解答番号 13
②政府支出に占める国債の返済の割合が増える
ため，社会保障費などに充てる予算が減る。簡
単にいえば，国民から集めた税金の多くが，国
民のためではなく借金の返済に使われるという
こと。これを財政の硬直化という。③金利が上
昇するため，民間企業が資金を借りにくくなる。
これをクラウンディング・アウト（押しのけ効
果）という。④国債とは，現在の国民が借りて
将来の国民が返すものである。したがって若い
世代ほど返済の負担が大きくなる。

解答番号 14
①合名会社は 1 人以上の無限責任社員から構成
される。「名前」の信用で出資金を集めるので，
倒産した場合はその社員が無限責任を負う。
②合資会社は，各 1 人以上の無限責任社員と有
限責任社員から構成される。「資金」の信用で
さらなる出資金を集めるので，倒産した場合は
1 人の無限責任社員以外は出資金の範囲でのみ
責任を負う。
③ 2005 年に会社法が改正され，現在は有限会
社を新規設立することができない。

④合同会社は有限責任社員のみで構成されるので，大きな資金や社会的信用をもたない者でも会社を新規設立しやすい。

解答番号 15

比較生産費説を考えるときは，1単位生産するのに必要な労働者数の少なさに注目しよう。必要な労働者数が少ないということは労働者一人当たりの生産量が高いということだから，その財の生産に特化した方が有利となる。

①②労働者一人当たりの生産量は，A国の自動車が $1/30 = 0.033$，A国の衣服が $1/20 = 0.050$，B国の自動車が $1/40 = 0.025$，B国の衣服が $1/60 = 0.017$。よって誤りである。

③A国が衣服の生産に特化すると，生産量は $1/20 \times 50 = 2.5$ 単位。B国が自動車の生産に特化すると，生産量は $1/40 \times 100 = 2.5$ 単位。特化しない場合は両財とも $1 + 1 = 2$ 単位なのだから，生産量は増えている。

解答番号 16

名目GDPの最も高い③が，アメリカを含むUSMCA。次いで高い②が，多くの先進国を含むEU。①と④の名目GDPの差は小さいが，面積や人口の違いから①がASEANだと判断できる。

解答番号 17

①初めて関税の一括引き下げが合意されたのは，1964～67年のケネディ・ラウンド。③これはウルグアイ・ラウンドの説明。④GATTの基本三原則は自由貿易・無差別主義・多角交渉主義で，これはWTOにも引き継がれている。

解答番号 18

1972年の国連人間環境会議（ストックホルム会議）は地球環境問題をテーマにした初の国際会議であり，1992年の国連環境開発会議（地球サミット）ではいくつかの重要な国際条約が採択された。

①92年の地球サミットで気候変動枠組み条約が採択され，それを受けて97年の京都議定書で温室効果ガスの削減目標が設定された。②「持

続可能な開発」は92年地球サミットのスローガン。72年ストックホルム会議のスローガンは「かけがえのない地球」。③モントリオール議定書は1987年に採択された。

解答番号 19

一般的に，発展途上国では多産多死，先進国では少産少死という傾向がある。特に，子どもの死亡率は「文明国としての成熟度」を測る指標の一つともいえるだろう。

Aは，合計特殊出生率と5歳未満児死亡率が最も高い。これが南アフリカ。Bは，「出生率1.8」と「死亡率4.4%」の特異な組み合わせに注目しなければならない。もしBがブラジルやインドだとしたら，出生率は不自然ではないが，死亡率はもっと高くなければならない（インド32.6%，ブラジル14.7%）。したがってBは，先進国のわりに出生率の高いフランスである。出生率が高い理由は，子育て支援が充実している，移民を多く受け入れている等が考えられる。

解答番号 20

プノンペンの経度が東経105°だとすると，対蹠点の経度は $180 - 105 = 75$ で，ボゴタの経度は西経75°である。東京の標準時子午線は東経135°だから，$135 + 75 = 210$ で，東京とボゴタは経度にして210度離れている。経度15°につき1時間の時差が生じるので，$210 \div 15 = 14$ で，ボゴタは東京より時刻が14時間遅れている。

解答番号 21

エルニーニョ現象は近年のさまざまな異常気象の原因と考えられている。例えば，ペルーやチリ沿岸部の集中豪雨，インドネシアの旱魃，日本の暖冬など。②フェーン現象，③モンスーン，④ラニーニャ現象（エルニーニョの逆の状態）。

解答番号 22

新期造山帯では今でも造山運動が生じており，けわしい山脈が多い。新期造山帯に分類されるのは，ヨーロッパからアジアにかけて広がるアルプス・ヒマラヤ造山帯と，太平洋を囲むよう

に広がる環太平洋造山帯である。④は環太平洋造山帯に属するアンデス山脈。

解答番号 23

五大湖周辺は冷涼な気候で土壌が痩せているため酪農に適している。②南東部では綿花の栽培が盛ん。③プレーリーでは小麦などが盛ん。園芸農業が盛んなのはフロリダ半島。④太平洋沿岸のカリフォルニア州では地中海式農業が行われている。

解答番号 24

ウェリントンは西岸海洋性気候（Cfb）。南半球なので6～8月が冬で、年間を通じて気温と降水量の変化が小さい。①サバナ気候（Aw）のカラカス。②地中海性気候（Csa）のイズミル。③亜寒帯湿潤気候（Dfb）のモントリオール。

解答番号 25

権力者の言葉や行為がそのまま法として執行される状態を「人の支配」という。それに対し、権力者よりも法（成文法であれ慣習法であれ）が優越する状態を「法の支配」という。④これは生存権を法に明記したことであり、権力者と法の関係の変化ではない。

解答番号 26

国際刑事裁判所は2003年にオランダのハーグに設立された。個人のジェノサイド、人道に対する犯罪、戦争犯罪、侵略の罪を裁く。日本は2007年に加盟したが、アメリカや中国など一部の国は未加盟である。
①・③は国際司法裁判所（ICJ）の説明。国際刑事裁判所は国連の機関ではない。④貿易や知的財産権に関する紛争は世界貿易機関（WTO）で扱われる。

解答番号 27

内閣は、国会の承認の下に条約を締結することができる。外国大使の接受は天皇が行う国事行為の一つである（信任状捧呈式の挙行が典型例）。

解答番号 28

A～E党の議席数を合計した総議席数は465。その1/2は232.5。つまり、合計が233以上となる組み合わせが連立与党となる。A+C=260、A+D+E=260、B+C+D=270、C+D+E=190。よって③が最大となる。なお、④は過半数に達していないので連立与党ではない。

解答番号 29

「新しい人権」とは、憲法や法律に明記されていないものの新たに主張されている権利の総称である。憲法13条に規定された幸福追求権などを根拠としている。
①これは労働三権（団結権・団体交渉権・団体行動権）として憲法に明記されている。環境権（景観権、日照権とも）は良好な住環境を享受する権利であり、職場の労働環境を対象とするものではない。
②生活保護制度は、憲法25条に規定された生存権を根拠に持つ。プライバシー権は、自己に関する一切の情報を管理する権利である。これを考慮して個人情報保護法が制定された。
③知る権利は、国民が主権を行使する（＝政治について判断する）ために必要な情報を政府から入手できる権利である。この権利は、幸福追求権のほか、国民主権、表現の自由（報道の自由）などを根拠に持つ。情報公開法はこれを考慮して制定された法律だが、「知る権利」の文言は明記されていない。

解答番号 30

①ただし、議会に差し戻された法案が両院ともに2/3以上の賛成を得た場合、大統領の同意なしで成立する。
②大統領は非常時に限り臨時議会を召集する権利をもつが、連邦議会に解散はない。なお大統領による臨時議会召集は1948年を最後に行われていない。
③教書送付は法律の制定を勧告するもの、いわば「お願い」であって法案提出ではない。
④副大統領は名誉職的な上院議長を兼任するものの、下院議長の選出に大統領が関与することはない。

解答番号 31

2009 年に臓器移植法が改正され，（a）法的な死の定義，（b）臓器提供の基準が変更された。この改正によって臓器移植が行われやすくなった。

（a）旧法では，心臓が動いている限りその患者は生きているとみなされた。この場合，例えば脳死状態で自発呼吸がなく人工呼吸器によって心臓を動かしているような患者は，法的には死者でない。したがって，この患者から心臓を摘出して他の患者へ提供することは禁じられていた。それに対し新法では，脳死状態の患者を（臓器提供する前提の上で）死者とみなし，心臓を含むすべての臓器提供を可能にした。

（b）旧法では，臓器を提供するためには「書面による本人の同意」が必須だった。また，15 歳未満の臓器提供は禁止されていた（本人の意思決定が困難だから）。それに対し新法では，本人の同意は必須でなくなり，家族の同意のみで臓器提供が可能になった（ただし，本人が生前に意思表示していた場合はそれが優先される）。また 15 歳未満の臓器提供も可能になった。②臓器提供をすることで対価を受け取ること，また臓器提供を受けることで対価を支払うことは，旧法でも新法でも固く禁じられている。もしこれを認めれば，人身売買に悪用されることが明白だからである。④ドナーカードは，正式には「臓器提供意思表示カード」という。これ以外にも，健康保険証，自動車運転免許証，マイナンバーカード等に臓器提供の意思表示欄がある。

解答番号 32

②国連総会は全会一致制を採用していない。③これは国際司法裁判所（ICJ）の担当。④これは国連事務局の担当。

解答番号 33

①内閣は衆議院によって選ばれるので，不信任を議決できるのも衆議院のみである。不信任決議案が可決された場合，10 日以内に衆議院を解散するか内閣総辞職しなければならない。参議院も内閣に対して問責決議をすることができる

が，こちらは法的拘束力をもたない。②国政調査権は全ての国会議員が持つ権利であり，誰の承認も受ける必要なく行使できる。③これを「衆議院の優越」という。衆議院の任期は 4 年，解散あり。参議院の任期は 6 年，解散なし。したがって衆議院の方がより「直近の民意」を反映していると見なされる。④衆議院には予算の先議権がある。これも「衆議院の優越」の一つ。

解答番号 34

①スウェーデンは厳格に中立政策を維持した。③ノルウェーはドイツの侵入によって，占領された。④フィンランドは独ソ戦の開始後ドイツに協力したため，枢軸国側とみなされ敗戦国になった。

解答番号 35

浦賀はペリーが黒船を率いて来航したが開港はしていない。横浜と神戸は 1858 年の日米修好通商条約で開かれた港である。

解答番号 36

1688 年名誉革命，1789 年フランス革命の開始，1814 年ウィーン会議，1840 年アヘン戦争。フランス革命で頭角を現したのがナポレオン，ナポレオン戦争後の戦後処理がウィーン会議なのだから，C より A が先にくる選択肢は明らかな誤り。

解答番号 37

②オスマン帝国は同盟国。③フランスは連合国。④ギリシャは連合国側で参戦した。

解答番号 38

マンデラはアパルトヘイト政策と闘いのちに南アフリカ共和国の大統領になった。キング牧師はアメリカの黒人解放運動家。ガンディーはノーベル平和賞の候補に挙がったが受賞していない。ワンガリ・マータイは「持続可能な開発への貢献」により 2004 年に同賞を受賞した。

第3回 解答解説

問	解答番号	正解
問1	1	④
	2	③
	3	②
	4	①
問2	5	②
	6	④
	7	①
	8	③
問3	9	④
問4	10	②
問5	11	④
問6	12	③
問7	13	①
問8	14	③
問9	15	①
問10	16	②
問11	17	①
問12	18	②
問13	19	③
問14	20	②
問15	21	②
問16	22	②
問17	23	④
問18	24	②
問19	25	①
問20	26	②
問21	27	③
問22	28	①
問23	29	③
問24	30	④
問25	31	④
問26	32	②
問27	33	①
問28	34	①

問	解答番号	正解
問29	35	④
問30	36	④
問31	37	②
問32	38	②

解説

解答番号 1

オーストリアがアフリカに植民地をもたなかった理由は，次のように考えられている。第一に，国内の民族問題が忙しかった。第二に，内陸国なので海軍力が弱かった。第三に，国内に植民地のような地域（ex. ボスニア）を抱えていた。

解答番号 2

①マリ，②チャド，④アンゴラ。エチオピアは19世紀末から近代化政策を進め，（第二次大戦中の一時期を除いて）独立を保つことに成功した。

解答番号 3

フランスは大統領制と議院内閣制を折衷した政治体制を採っており，これを半大統領制という。大統領はドイツのような名誉職的大統領とは異なり，政治的実権をもつ。しかしアメリカのような強い大統領とは異なり，首相と内閣を置いて間接的に国政に関与する。例えば，フランス大統領は議会（下院）の解散権を持つが，議会が成立させた法案の拒否権までは持たない。
①任期は5年，3選禁止（2期10年まで）と憲法で定められている。

解答番号 4

カカオ豆はギニア湾沿岸諸国で盛んに生産されている。オリーブは地中海性気候の地域で生産され，北アフリカのチュニジアがこれに該当す

る。また，アフリカ諸国ではキャッサバの生産が盛んなため，いも類の合計ではナイジェリアが上位に入る。

解答番号 5

①ブロック経済は保護貿易政策。NIRA はアメリカのニューディール政策の一環。③ドイツはポーランドを保護国化せず侵攻した。④ナチ党→ファシスタ党。

解答番号 6

①国際刑事裁判所（ICC）。②国連安全保障理事会決議による経済制裁。③国連難民高等弁務官事務所（UNHCR）。

解答番号 7

①住宅ローンは「サブプライム・ローン」，証券会社は「リーマン・ブラザーズ」。②チェコは EU 加盟国だがユーロを導入していない。③「多くの産油国が財政難に陥った」とは言えず，2008 年世界金融危機の要因でもない。④国民投票により EU 離脱が決定したのが 2016 年，実際に離脱したのが 2020 年。

解答番号 8

フィヨルドは，氷河に侵食されてできた細長く入り組んだ入り江。峡湾ともいう。ノルウェーを始めとする北欧諸国が有名だが，ニュージーランド・チリなど南極圏に近い地域にもフィヨルドはみられる。①は内陸国。②・④は温暖で氷河とは無縁。

解答番号 9

価格が 500 円のとき，商品 A の需要量は 1.6，商品 B の需要量は 2。価格が 300 円のとき，商品 A の需要量は 3.3，商品 B の需要量は 5。需要量の増加幅は，商品 A が $3.3 - 1.6 = 1.7$。商品 B が $5 - 2 = 3$。よって商品 A より商品 B の方が需要量の増加幅が大きい。

解答番号 10

株主総会では株主が取締役と監査役を選出する。もし取締役が監査役を任命するのなら，そ

れが監査役として機能しないことは明白である。

解答番号 11

市場メカニズムが機能せず資源が最適に配分されない状態を「市場の失敗」という。市場の失敗の一つに「外部性」（市場を介さないもの）の存在がある。外部不経済とは，ある経済主体の行為が市場を介さずに別の経済主体に不利益を与えること（負の外部性ともいう）。逆に，市場を介さずに利益を与えることを外部経済または正の外部性という。
①これは市場原理に従った価格変動なので市場の失敗ではない。②市場の失敗の一つだが，外部不経済ではない。道路・港湾・警察・消防などの公共財は市場原理の外にあるので，需要が高まった（人口の増加）としても供給が増える（道路の拡張）とは限らない。③ホテルの営業活動とは無関係の原因から利益が生じているので，外部経済の例。④公害は外部不経済の典型例。

解答番号 12

次の三つの条件を満たすものは GDP に計上される。(1)国内の儲け，(2)市場で取引される，(3)新たな付加価値の生産である。①公務員であれ民間であれ，労働とは付加価値の生産なのだから，労働の対価として支払われる賃金は GDP に計上される。②輸入によって儲かるのは外国企業なのだから GDP には計上されない。輸出は GDP に計上される。③④中古品や株式の取引は新たな付加価値の生産に該当しない。

解答番号 13

政策金利を引き下げると，個人や企業が市中銀行からお金を借りやすくなる。買いオペを行う，あるいは預金準備率を下げると，市中銀行のお金が増えて貸しやすくなる。いずれも市場に供給される資金の量が増えることにつながる。

解答番号 14

韓国では女性が結婚・出産を機に離職する（育児を終えたら再就職する）傾向が強いので，グ

ラフはM字型に推移する。一方，スウェーデンでは男女が育児を均等に分担するので，結婚・出産を機に離職する女性は非常に少ない。また，オランダは10代の労働力率が非常に高い。その理由は，（1）若者への職業教育や就労支援が充実している，（2）パートタイム労働者の地位が正規労働者と同等に安定している，などが考えられる。

解答番号 15

シュンペーターは20世紀前期のオーストリアの経済学者。著書『経済発展の理論』において，経済発展は外部要因によって起こるという考えを否定し，企業家によるイノベーション（技術革新）および創造的破壊が経済発展を生み，経済発展が資本主義経済に活力を与えると唱えた。

解答番号 16

国際収支統計は，「経常収支＋資本移転等収支－金融収支＋誤差脱漏＝0」という式で計算される。この式を変換すると「資本移転等収支＝金融収支－経常収支－誤差脱漏」となる。あとは各項目に代入すればよい。

解答番号 17

ASEANは東南アジア諸国の連帯を強める目的で設立され，現在では，多岐にわたる分野で協力関係を築いている。特に経済面では新たにAFTA（ASEAN自由貿易）を発足させ，東南アジア経済圏のさらなる発展をめざしている。②1960年代以降に台頭した新興国・地域をさす（例：香港，韓国，シンガポール，台湾）。③石油輸出国どうしの連携であって域内貿易の拡大が目的ではない。④国際経済全般にわたって協議・協力するものであり，地域経済圏の確立をめざすものではない。

解答番号 18

三角州とは，河口付近で川が枝分かれした地形である。デルタ地帯とも呼ばれる。②はナイル川の河口。小麦の栽培に適した穀倉地帯であり，古代からエジプト文明が栄えた。

解答番号 19

A＝香川県高松市，B＝新潟県上越市，C＝長野県松本市，D＝神奈川県横浜市。太平洋側は夏の降水量が多く，冬は比較的乾燥する。日本海側は夏の降水量が少なく，冬の降水量（積雪量）が多い。険しい山に囲まれた内陸では，一年中降水量が少ない。Aの香川県高松市は瀬戸内海に面しているものの，北の中国山地と南の四国山地に挟まれているため，年間を通して降水量が少ない。

解答番号 20

小麦はヨーロッパ大陸北部～中部，グレートブリテン島などの広範な地域で栽培されている。柑橘類は地中海沿岸などの温暖な地域で栽培されている。

解答番号 21

回帰線とは，夏至の正午に太陽が真上に見える地点である。
地表から見た太陽の角度は，時刻・季節・緯度によって異なる。一日の中で，最も太陽の高く上る時刻が正午（このときの太陽の角度を南中高度という）。一年の中で，最も昼の時間が長い日が夏至。そして，夏至の正午に最も太陽が高く見える地点が回帰線上である。このときの南中高度は90度，つまり太陽は真上に上っている。北半球の回帰線は北回帰線，北緯23度である。南半球の回帰線は南回帰線，南緯23度である。
インドネシア，スリランカは赤道直下または赤道付近の国であり，回帰線は通過していない。

解答番号 22

①アルタイ語族はモンゴルから中央アジアにかけて分布している。モンゴル語，トルコ語など。②アフリカ・アジア語族はアラビア半島から北アフリカにかけて分布している。アラビア語，ヘブライ語（イスラエル）など。③ウラル語は北欧やロシアの一部に分布している。フィンランド語など。④インド・ヨーロッパ語族は，ヨーロッパからロシア，およびイランからインドにかけて広く分布している。英語，フランス語，

スペイン語，ヒンディー語（インド）など。

解答番号 23

環境意識の高い北欧諸国のあいだでも，原子力発電に対する姿勢は分かれている。ノルウェーとデンマークは脱原発，スウェーデンとフィンランドは原発容認。また，地震の多いイタリアは G7 の中で唯一完全な脱原発に成功している。

解答番号 24

経度が 15° ずれるごとに 1 時間の時差が生じる。また，（日付変更線をまたぐ場合をのぞき）より西の地点ほど時刻は遅くなる。ニューヨークは西経 75°，サンフランシスコは西経 120° なので，75 − 120 = − 45，− 45 ÷ 15 = − 3。したがって，サンフランシスコの時刻はニューヨークより 3 時間遅れる。

解答番号 25

ロックは抵抗権・革命権を主張し，これがアメリカ独立革命やフランス革命の理論的根拠となった。②三権分立を主張したのはモンテスキュー。③これはブライスの主張。④これはルソーの主張。

解答番号 26

イギリスの上院は貴族院，下院は庶民院とも呼ばれる。上院は貴族によって構成され，（一部を除いて）任期はない。両院の関係では，（国民の代表である）下院を優越する原則がある。下院で 2 期連続で可決された法案は，上院の可否にかかわらず下院案のまま成立する。また，大臣の過半数ではなく全員が国会議員でなければならない。両院の配分に決まりはないが，慣例的にほとんどが下院議員である。

解答番号 27

国連海洋法条約では，領海を基線から 12 海里，接続水域を基線から 24 海里，排他的経済水域を基線から 200 海里と定めている。
①アメリカ合衆国，トルコ，ペルーなど一部の国は批准していない。ただし，この条約の内容のほとんどが慣習法に依拠しているため，未批

准の国も事実上この条約に則っているといえる。
②国境線（＝領海の端）からではなく，基線（干潮時の海岸線を基準とした線）から 200 海里である。
④海洋に関する紛争を解決するために国際海洋法裁判所（ITLOS）が設置されている。国際刑事裁判所は，個人の戦争犯罪や人道に対する罪を裁く機関であり，国家同士の紛争は扱わない。

解答番号 28

日本の社会保険は，医療保険・年金保険・雇用保険・労働者災害補償保険・介護保険の五本柱で構成されている。②これは公衆衛生。③これは社会福祉。④これは公的扶助。

解答番号 29

1970 ～ 80 年代の長沼ナイキ基地訴訟では，自衛隊基地の設置をめぐって，自衛隊が合憲か違憲かが争われた。一審判決では「自衛隊は違憲状態」とされたが，最高裁は「高度に政治的な問題は司法判断の対象外」とした。この考えを統治行為論という。
④国連憲章では，個別的自衛権（自国のみ守る）と集団的自衛権（同盟国も守る）の両方が認められている。従来の日本政府は，専守防衛の観点から個別的自衛権のみを認め，集団的自衛権は行使できないという解釈を採ってきた。しかし，2014 年に安倍晋三内閣はこの解釈を変更し，積極的平和主義の観点から限定的な集団的自衛権の行使を容認すると閣議決定した。

解答番号 30

①両院ともに委員会（常設委員会と臨時に置かれる特別委員会がある）で審議された後，本会議で審議される。公聴会とは委員会の中で開かれるもので，議員以外の有識者などを招いて意見を聴く場である。
②参議院が 60 日以内に議決しない場合，法案は衆議院に差し戻され，衆議院の 2/3 以上の賛成があれば法律として成立する。2/3 以上の賛成に達しない場合，廃案になるか継続審議されるかは憲法に規定されていないため，その時の

283

政局による。

③議院としての意思は議決をもって示される。議長は議事進行が任務であって，立法府を代表して署名する立場にない。

解答番号 31

この場合の選挙運動とは「公示日から投票日前日までの選挙期間中の活動」である。選挙期間以外に政治家がネットで政治活動することは，言論の自由の範囲内であるからそもそも禁止されていない。

①期日前投票はどこに居住する人でも可能。またレジャーや観光などの理由でも認められる。②被選挙権年齢は変更されていない。③電子投票は条例を制定した地方公共団体でのみ実施されており，国会ではいまだ認められていない。

解答番号 32

①は環境保護・平和運動の活動を行っている。③は核兵器廃絶を目指す科学者の団体。④は国連の主要機関であり国際NGOではない。

解答番号 33

②ワシントン条約は絶滅危惧種の国際取引を規制している。③これはラムサール条約の説明。④これはバーゼル条約の説明。

解答番号 34

①石炭は蒸気機関を動かす燃料，鉄鉱石は鉄鋼の原料。蒸気機関や鉄製機械の普及が産業革命を可能にした。

②フランス革命の始まりは1789年，ナポレオンが皇帝に即位したのは1804年。一方で，ワットが蒸気機関を改良・実用化したのが1769年。つまりナポレオンの台頭よりもイギリス産業革命の勃興の方が早い。イギリスが広大な海外市場を獲得できたのはナポレオン戦争に勝利したからではなく，それ以前のアフリカ進出や七年戦争の勝利によってである。

③イギリス・インド・中国の三角貿易ではなく，イギリス・アフリカ・アメリカ大陸の大西洋三角貿易。これにより，新しい産業に投資されるべき資本が蓄積されていた。

④産業革命を支えた労働力は，国外ではなく国内から調達された。人口増加，および農村から都市への人口移動（囲い込み・農業革命の結果）によって生じた都市の余剰人口が賃金労働者になった。

解答番号 35

大日本帝国憲法が制定されたのが1889年。それに先立つ1885年に内閣制度が成立した。それ以外の選択肢はすべて大日本帝国憲法下で行われたことなのだから，Dが最初にこなければならない。

解答番号 36

①イタリアは連合国として参戦した。②この時はアメリカではなく，イギリスが参戦した。アメリカはドイツによる無制限潜水艦作戦の後に参戦。③トルコには宣戦布告していない。

解答番号 37

ベトナム戦争は，ベトナムの独立戦争（帝国主義 v.s 民族主義）であり，また東西冷戦下の代理戦争（資本主義 v.s. 共産主義）でもあった。ベトナム人民は最初フランスと戦い（インドシナ戦争），次いでアメリカと戦い（ベトナム戦争），約30年かけてようやく独立を勝ち取ったのである。

①ベトナムを含むインドシナ半島はフランスの植民地だった。②ある国が共産化すると周辺国も共産化してしまう，といった見方を「ドミノ理論」という。③ニクソンではなくジョンソン。ニクソンは1973年にアメリカ軍をベトナムから撤退させ，中国との国交正常化を実現した。④北ベトナムが勝利し，統一国家であるベトナム社会主義共和国が成立した。

解答番号 38

①カイロ会談は，1943年11月にアメリカのローズヴェルト・イギリスのチャーチル・中国の蒋介石らによって行われた。日ソ中立条約があるためソ連のスターリンは参加していない。

②テヘラン会談は43年11月から12月にかけて行われ，対ドイツ戦争方針が合意された。

③ヤルタ会談は45年2月に行われ，ソ連の対日参戦が合意された。ソ連はすでに41年6月以来ドイツと交戦している（独ソ戦）。

④ポツダム会談は45年7月から8月にかけて行われ，アメリカのトルーマン，イギリスのチャーチル（のちアトリー），ソ連のスターリンらが日本へ無条件降伏を勧告することを同意した。ただし，この会談の成果をまとめたポツダム宣言は，アメリカ・イギリス・中国の連名で発表された（ソ連は表向き中立を守るため不参加）。なお，ローズヴェルトは45年4月に死去したため，トルーマンがアメリカ大統領に就任していた。また，会談の最中にイギリスの首相がチャーチルからアトリーに交代した。

第 4 回 解答解説

問	解答番号	正解
問 1	1	④
	2	②
	3	③
	4	④
問 2	5	②
	6	③
	7	①
	8	①
問 3	9	④
問 4	10	②
問 5	11	③
問 6	12	①
問 7	13	④
問 8	14	①
問 9	15	①
問 10	16	④
問 11	17	②
問 12	18	①
問 13	19	④
問 14	20	③
問 15	21	④
	22	③
問 16	23	②
問 17	24	④
問 18	25	④
問 19	26	③
問 20	27	③
問 21	28	①
問 22	29	④
問 23	30	①
問 24	31	②
問 25	32	②
問 26	33	③
問 27	34	③

問	解答番号	正解
問 28	35	①
問 29	36	④
問 30	37	④
問 31	38	③

解答番号 1

①ハンブルク，②ベルリン（首都），③ケルン。ミュンヘンはドイツ南部バイエルン州の州都。ベルリン，ハンブルクに次いでドイツで3番目に大きな都市である。

解答番号 2

①男子普通選挙だが議会の権力が制限されていた。②ビスマルクはドイツの工業化を急ぐ一方で社会主義の伸長を強く警戒した。③ビスマルク外交の最優先課題は敵対するフランスを抑え込むこと。④文化闘争はカトリック教徒の抑圧。

解答番号 3

インフレは物価の上昇・貨幣価値の下落，デフレは物価の下落・貨幣価値の上昇である。
①需要が供給を下回ると，商品が売れなくなるため物価の下落＝デフレが起きる。②通貨の供給量が増えると，貨幣価値の下落＝インフレが起きる。③生産コストの上昇によって起きる物価の上昇を，コスト・プッシュ・インフレーションという。④消費者の購買力が上昇すると，需要が増えるため物価は上昇する。

解答番号 4

①ロシアと，オスマン帝国・イギリス・フランス・サルデーニャ王国の連合軍が戦った。表面上はオスマン帝国を他の三国が支援する形だが，実質的にはロシア対イギリス・フランスの戦争だ

った。②「ヨーロッパの火薬庫」とよばれたのはバルカン半島。③この戦争はロシアが敗北し、オスマン帝国らが求める黒海の中立化が実現した。

curve_low**解答番号 5**
外部不経済とは、ある経済主体の行為が市場を介さずに他の経済主体へ負の影響を与えること。負の外部性ともいう。公害が典型例。①③④はいずれも市場を介しているので外部性とはいえない。

解答番号 6
①第一身分・第二身分は納税の義務を負わない。②立法議会→国民議会。③革命期のフランスの政治体制については、国民議会〜立法議会期は立憲君主政、国民公会期は共和政だった。④ナポレオンが総裁政府を倒したのは1799年、皇帝に即位したのは1804年。

解答番号 7
A＝ブラジル、B＝コロンビア。カカオ豆はコートジボワール、サトウキビはブラジル・インド・タイ・中国、トウモロコシはアメリカ・中国・ブラジルで盛んに生産されている。

解答番号 8
②1992年採択。特定の生物種や地域に限らず、地球規模での生物多様性の保全を定めている。③絶滅危惧種の国際取引を規制している。④温室効果ガスの削減について定めている。

解答番号 9
フリードマンは20世紀アメリカの経済学者。彼はケインズの積極財政主義を批判し、マクロ経済における貨幣の供給量および供給する中央銀行の役割を重視した。このような貨幣政策を重視する経済思想をマネタリズム、それを主張する経済学者をマネタリストという。①ケインズ、②リカード、③マルクス。

解答番号 10
塩のような生活必需品は、価格が上昇しても需要量は減少しにくい。一方で、嗜好品・贅沢品は価格が上昇すると需要量は減少しやすい。このような、価格の変化に対する需要量の変化を「需要の価格弾力性」という。需要の価格弾力性は「需要量の変化率÷価格の変化率」によって求められる。

①と②を比較してみると、①は価格の変化は小さいが需要量の変化は大きい。これを価格弾力性が高い、または弾力的という。それに対して、②は価格の変化は大きいが需要量の変化は小さい。これを価格弾力性が低い、または非弾力的という。

③は右肩上がり（＝価格が上昇するほど需要量が増加する）、④は水平（＝需要量が変化しても価格は変化しない）であり、ともに自由経済の原則から外れている。

解答番号 11
政府は家計や企業に対し、租税を徴収して公共財を提供する。企業は家計から労働力の供給を受け、その対価として賃金を支払う。

解答番号 12
②株式は投資であって融資でないので、利息支払い・元本返済の義務はない。③株式の所有とはその企業への出資である。したがって、利益が出れば見返りがあるが利益が出なければ見返りはない。④1株でも所有していれば株主総会に参加する権利がある。

解答番号 13
国内総生産（GDP）＝国民総生産（GNP）－海外からの純所得。国民純生産（NNP）＝国民総生産－固定資本減耗。国民所得（NI）＝国民純生産－（間接税－補助金）。

解答番号 14
まったく同じ商品がアメリカでは5ドル、日本では700円で販売されている場合、物価水準を基にした為替レートは、700÷5＝140で、1ドル＝140円となる。実際の為替レートが1ドル＝115円だから、140－115＝25で、実際の為替レートは1ドルあたり25円の円高ドル安

287

である。

解答番号 15

②中央銀行は発券銀行であるが，国債の発行は政府の権限である。③財政政策は政府が行うものである。

解答番号 16

①農業界から懸念や反発が起こったものの，日本は TPP に参加した。②カナダとメキシコは離脱していない。アメリカ・カナダ・メキシコは従来の NAFTA（北米自由貿易協定）に代わって USMCA を結んだが，TPP とは直接関係ない。③ TPP は軍事同盟ではないので，軍事・安全保障に関する取り決めはない。④ TPP の最大の特徴は，広範な分野での非関税障壁の撤廃である。

解答番号 17

カタールは歳入の約 4 割を石油・天然ガスの輸出に依存している。従って，一人あたり GNI の推移は石油・天然ガス価格の推移とおおむね連動している。2000 年以降は価格上昇を背景に積極的な事業投資を行ったため，グラフは急激に伸びている。そして，2009 年は世界金融危機の影響で，2014 年以降は原油価格低下の影響で，それぞれグラフは大幅に低下している。

解答番号 18

石炭の産出量は中国が世界全体の約 5 割，インドが約 1 割を占める。しかし両国とも人口が多いので大部分が国内で消費される。産出量と輸出量の両方で上位を占めるのはインドネシア，オーストラリアである。

解答番号 19

ラトビアとエストニアは EU に加盟しているため，国境を越えた人・モノ・資本の移動は完全に自由化されている。

解答番号 20

ハイサーグラフによれば，この都市の最も寒い月（1 月）の気温は 18℃以上，最も雨の少ない月（1 月）の雨量は 60mm 未満である。したがって，熱帯モンスーン気候（弱い乾季のある熱帯雨林気候）だと分かる。①サバナ気候。なおブラジルは南半球なので，この図のように 8 月が夏で 1 月が冬ということはありえない。②西岸海洋性気候。④砂漠気候。

解答番号 21

南アメリカ大陸のほとんどはスペイン語圏だが，ブラジルはポルトガル語圏である。

解答番号 22

ブラジルは世界の鉄鉱石の約 2 割を産出する。

解答番号 23

東京の経度は東経 135°，ロサンゼルスの経度は西経 120° だから，135 ＋ 120 ＝ 255 で，東京とロサンゼルスは経度にして 255° 離れている。経度 15° につき 1 時間の時差が生じるので，255 ÷ 15 ＝ 17 で，ロサンゼルスは東京より 17 時間遅れている。以上より，飛行機が出発したときの東京の時刻は 8 月 9 日午前 10 時，ロサンゼルスの時刻は 8 月 8 日午後 5 時。その 10 時間後は 8 月 9 日午前 3 時。よって②が正解である。

解答番号 24

一般に，経済の発達した国ほど第 3 次産業の割合は高く，第 1 次産業の割合は低くなる傾向にある。ゆえに，経済的先進国のカナダが D に該当する。それに次いで工業化の進んでいるイランが C。ミャンマーは農業国だが近年は工業化も進んでいるため，A ではなく B に該当する。

解答番号 25

M. ヴェーバーは近代官僚制の特徴として，規則，階層性，専門分化，文書主義などを挙げた。①と②は家産官僚制（例えば古代ローマ皇帝が私的に雇った秘書官など）にも当てはまる。③近代官僚制の本質は規則と文書によって動く非人格的関係である。

解答番号 26

①条約の締結（批准）は内閣が行う。天皇の国事行為として認められているのは、内閣が作成した批准書を認証すること、締結された条約を公布することである。②天皇は国会を召集し、衆議院を解散する。参議院にはもともと解散がない。④内閣の指名に基づいて任命する。

解答番号 27

明治憲法では、軍法会議、皇室裁判所、行政裁判所などが規定されていた（ただし皇室裁判所は一度も開廷されたことがない）。家庭裁判所は最高裁判所の下に位置づけられた下級裁判所である。

解答番号 28

①アメリカの大統領選挙では、有権者は直接候補者を選ぶのではなく大統領選挙人を選ぶ。もっとも、大統領選挙人はどの候補者に投票するか事前に宣言しているので、間接選挙といえども民意が強く反映される選挙だといえる。
②上院（貴族院）議員は選挙によって選ばれるのではなく、国王から任命される。現代の上院議員に世襲貴族の議員は少なく、多くは一代貴族や法服貴族（＝法曹関係者）、つまり任期付きの議員である。また、近年では貴族院改革の一環として公選制の導入も議論されているため、将来的に選挙が行われる可能性は低くない。
③日本の首相は間接選挙によって選ばれる。国会議員の中から、衆議院・参議院がそれぞれ1名を選出する。憲法の規定では参議院議員も首相になる資格をもつが、慣例上「衆議院議員、かつ衆議院第一党の党首」が選ばれる。ゆえに、衆議院議員選挙の時点で次期首相はほぼ決定している。
④衆議院選挙は、小選挙区比例代表並立制。一度の選挙ですべての議席を争い、また小選挙区制と比例代表制が同時に行われる（同じ候補者が小選挙区と比例代表の両方に立候補するのも可能）。
参議院選挙は、選挙区制と比例代表制。参議院の任期は6年で解散はなく、3年ごとに半数が改選される。選挙区制で争われる議席と比例代表制で争われる議席は区別されている（並立制ではないので、同じ候補者が選挙区と比例代表の両方に立候補することはできない）。さらに、参議院の選挙区制では定数は選挙区ごとに異なる（1～6）ため、小選挙区制ではない。

解答番号 29

社会権とは、生存権、労働する権利、教育を受ける権利、社会保障を受ける権利などを指す。①権利章典は社会権に言及していない。②ワイマール憲法の成立は1919年。第一次大戦の後、第二次大戦の前。③信教の自由は社会権に含まれない。

解答番号 30

日本の地方自治制度は「大統領制と議院内閣制の中間」と評される。（1）二元代表制（＝首長と議員が別々の選挙で選出される）という点では大統領制に似ているが、（2）首長と議会が相互に解散権または不信任議決権をもつという点では議院内閣制に似ている。
③不信任決議は議会が首長に対して行うものである。④二元代表制ということは、首長と議会は対等であり、双方が住民の代表ということ。したがって議会が活動するために首長の同意を得る必要はない。

解答番号 31

①安保理の勧告に基づいて総会が事務総長を任命する。③為替や貿易は国際通貨基金（IMF）の担当。④「すべての常任理事国」→「すべての常任理事国を含む過半数」。安保理の理事国は15ヶ国（過半数は9）なので、常任理事国の5ヶ国が賛成するだけでは可決されない。

解答番号 32

焼畑や森林伐採はおもに開発途上国でみられるが、それは「無知で時代遅れな後進国が環境を破壊している」のではなく、世界の経済構造が人々にそうさせている、つまり構造的矛盾の現れと見るべきである。①地球温暖化が進行すると南極の氷が解けて海面上昇が起きる。③原子力は自然エネルギーに含まれない。④これらは

必要とされているが，地球温暖化対策としてではない。

解答番号 33

①産業革命が進行したのはナポレオン3世の時代で，1855年にパリで万国博覧会が開催された。②ナポレオンはドイツ諸邦にライン同盟（ライン連邦）を結成させたが，これは統一政権ではない。プロイセンの主導でドイツが統一されたのは1871年。④クリミア戦争に参戦したのはナポレオン3世。

解答番号 34

四ヵ国条約を結んだのはイギリス・フランス・アメリカ合衆国・日本。ドイツは第一次世界大戦の敗北によりの植民地を奪われた。ロカルノ条約はドイツの国際連盟加盟を定めたもの。中国の領土保全を定めたのは九ヵ国条約。不戦条約は1928年に成立。

解答番号 35

①独ソ不可侵条約は1939年。日独伊三国軍事同盟は1940年。それまで日本国内では北進論（対ソ連戦争）と南進論（対英米戦争）が対立していた。しかし日ソ中立条約が結ばれたことで南進論が決定的になり，アメリカは対日開戦を強く意識した。なお，第二次世界大戦末期の1945年にソ連はこの条約を破棄して日本へ侵攻した。

② 1875年の樺太・千島交換条約。これ以前に結ばれた日露和親条約（1855年）では，樺太島は両国の雑居地とされ，正式な国境が画定していなかった。

③ 1925年の日ソ基本条約。ロシア革命によって成立したソヴィエト政権を諸外国は承認せず，むしろ派兵して革命に干渉した。日本もそれに同調してシベリア出兵を行ったものの，成果が得られなかったためソ連との共存路線に転換した。

④ 1956年の日ソ共同宣言。1951年のサンフランシスコ平和条約で日本は連合国と講和して主権を回復した。ただしこれは西側諸国との講和であり，東側諸国との国交正常化は先送りされた。

解答番号 36

APECは1989年，ASEANは1967年，WPOは1955年，NATOは1949年にそれぞれ成立した。NATOは共産圏に対抗するため西側諸国によって結成され，それに対抗してソ連を中心とするWPOが結成された。したがってDのすぐ後にCがこなければならない。

解答番号 37

①キューバは1902年に独立している。②キューバ政府はソ連の支援を受けてアメリカに対抗していた。③アメリカはソ連のミサイル配備に反発してキューバの海上を封鎖した。

解答番号 38

①同時多発テロの首謀者とされたのはイスラム原理主義者のアルカイダである。②ソ連のアフガニスタン侵攻は1979年。④アフガニスタンは元々OPECに加盟していない。

第5回 解答解説

解答

解答

問	解答番号	正解
問1	1	②
	2	③
	3	④
	4	④
問2	5	③
	6	②
	7	④
	8	①
問3	9	③
問4	10	③
問5	11	①
問6	12	③
問7	13	①
問8	14	①
問9	15	③
問10	16	①
問11	17	②
問12	18	④
問13	19	②
問14	20	②
問15	21	③
問16	22	①
問17	23	③
問18	24	③
問19	25	①
問20	26	①
問21	27	④
問22	28	③
問23	29	③
問24	30	③
問25	31	③
問26	32	④
問27	33	③
問28	34	③

問	解答番号	正解
問29	35	④
問30	36	①
問31	37	①
問32	38	②

解説

解答番号 1

①南岸には地中海性気候の地域もあるが北岸にはない。②北岸の黒土地帯（ex.ウクライナ，ロシア）は世界有数の穀倉地帯として知られている。③ステップ気候の地域にも黒土地帯はあるが，それはカスピ海の東側（カザフスタンなど）。黒海北岸は土壌や降水量が農耕に最適なので遊牧は行われていない。④これは赤道に近い地域での農業。

解答番号 2

イスタンブールはトルコ最大の都市で，人口は約1600万人（首都アンカラは約600万人）。古くはビザンティオン，コンスタンティノープルとも呼ばれた。紀元前に都市が築かれ，東ローマ帝国（ビザンツ帝国），オスマン帝国が首都を置いてきたため，歴史上つねに重要な大都市であり続けた。①オデーサ（ウクライナ），②ヤルタ（ウクライナ），④バトゥミ（ジョージア）。

解答番号 3

①ネパールは2008年に王政を廃止した。現在は連邦共和制であり，名誉職的大統領の下に首相と議会が置かれている。
②チリは共和制で，大統領が行政権をもつ。ピノチェト政権期（1974～90年）は事実上の独裁国家だったが，現在は民主政治が定着している。

③サウジアラビアは絶対君主制国家。近代憲法をもたず，クルアーン（イスラム教の経典）とシャリーア（イスラム慣習法）が憲法だとされている。内閣や議会に相当する機関はあるものの，内閣の首班を国王が兼任するため君主権力に制限を加える政体とはいえない。
④ノーベル賞（の一部）を主宰するのはスウェーデン王立科学アカデミー。

解答番号 4
①露土戦争→クリミア戦争。露土戦争でロシアは勝利した。②デカブリストの乱は皇帝専制政治や農奴制に反対して起きた革命運動であり，南下政策は主要な争点ではない。③レーニンの後継者の地位をめぐっての対立。

解答番号 5
ローマはイタリア半島の中部に位置する。人口は約300万人で国内最大の都市である。①ミラノ，②フィレンツェ，④ナポリ。

解答番号 6
①ナポレオンのイタリア遠征は1796~1800年。「青年イタリア」の結成は1831年。③ガリバルディは占領した南部をサルデーニャ国王に献上し，イタリア王国が成立した。④フランス→オーストリア。

解答番号 7
①軽工業（食品・繊維）が全体の約1/3を占め，特に繊維が石油や化学を上回っている。これが新興工業国のベトナム。②重工業が約2/3を占め，特に化学は4ヶ国中最も高い。これが化学産業にすぐれた工業国オランダ。③食品が約半数を占め，機械は1割強にすぎない。これが酪農や畜産の盛んなニュージーランド。④機械が約半数を占め，軽工業は1割弱にすぎない。これが自動車と半導体の生産に特化した韓国。

解答番号 8
中南米やアフリカでカトリックが広く信仰されている理由の一つに，大航海時代にスペインやポルトガルが布教した歴史的経緯がある。②イスラエルはユダヤ人が建てた国家であり，ユダヤ教が主流。③フィンランドはじめ北欧諸国ではプロテスタントが主流。④ギリシャでは正教会が主流。東ローマ帝国以来，ギリシャや東欧では西ヨーロッパとは異なるキリスト教が発展してきた。

解答番号 9
商品の人気が上昇すると，需要曲線は右上へシフトする。価格はP_2からP_3へ上昇し，取引量はQ_2からQ_3へ増加する。

解答番号 10
GDPに含まれるのは，総生産額から中間生産物の総額を引いたものである。ここでは，総生産額（4,000円＋10,000円＋20,000円）—中間生産物（4,000円＋1,0000円）＝20,000円となる。

解答番号 11
インフレは，貨幣価値が下落し物価が上昇すること。デフレは，貨幣価値が上昇し物価が下落すること。
①中央銀行が国債の返済のために通貨を発行すると，貨幣の供給量は増加する。すなわち，貨幣価値が下落して物価が上昇する。②総需要が総供給を上回るということは，商品が不足しているのだから物価は上昇する。③インフレは貨幣価値が下落するのだから，借金の負担も実質的に軽減される。これを債務者利得という。④デフレは物価が下落するのだから，賃金が同じでも買えるものは増える。

解答番号 12
①景気後退期には物価が下降する。②景気回復期には利子率が上昇する。④コンドラチェフの波は約50年周期の長期波動。産業革命以降を4つの波に分けて説明する。コンドラチェフがこの理論を提唱したのは1926年である。現代の経済学では，21世紀前半を"第4波の終わり"とみなす見解や"第5波の始まり"とみなす見解などがある。

解答番号 13

②国内外を問わない。③企業が設備投資などの
ために必要な資金調達を行う際に，銀行からの
借入や株式発行などを通じて，企業外部から資
金を調達することを外部資金調達という。また，
外部の資金に頼らず利益剰余金などの内部留保
や減価償却によって蓄積された資金を利用する
ことを内部資金調達という。④株式は直接金融
に分類される。

解答番号 14

②は逆。1960 年代にドルを金に換える動きが加
速し，アメリカから世界に金が流出した（ドル
危機）が背景にあり，ニクソンが金ドルの交換
を停止した。（ニクソン・ショック）③は「キ
ングストン合意」ではなく「スミソニアン合意」
の説明。④は「ドル安是正」ではなく「ドル高
是正」。

解答番号 15

マルサスは 18 世紀後期〜 19 世紀前期のイギリ
スの経済学者。古典派経済学の代表的人物。彼
が唱えた「人口過剰が貧困の要因となる」とい
うテーゼは「マルサスの罠」と呼ばれ，これに
より貧困層を救済するための産児制限運動など
が起こった。

解答番号 16

輸出依存度・輸入依存度を合わせて貿易依存度
という。一般に，貿易依存度は次の二つの要因
に左右される。（1）国土面積。国土の狭い国
は食料や資源を自給することが難しいため，貿
易依存度は高くなる傾向にある。アメリカが低
く，ベルギーが高いのはこの要因による。（2）
産業の高度性。第 3 次産業は第 1 次・第 2 次に
比べて貿易依存度が低い。ゆえに産業が高度化
し，商業・金融が主要産業となっている国は貿
易依存度が低くなる傾向にある。イギリスが低
く，マレーシアが高いのはこの要因による。

解答番号 17

①景気が過熱したときは売りオペが行われる。
③預金準備率を上げると市中銀行から企業へし

出せるお金は減る。④金融緩和とは，金利を下
げてお金を借りやすくすることである。

解答番号 18

①国際法は，慣習として発達してきた国際慣習
法と成文化された条約を合わせたもの。憲法は
各国内部の権力運用に関する規定であり，国際
法とは直接関係ない。②国際法の概念を初めて
提唱したのは，オランダの法学者グロティウス。
クロムウェルはイギリス清教徒革命を指導した
政治家。

解答番号 19

①これは戦後の労働基準法の規定。明治の工場
法には労働者保護の観点が欠けていた。具体的
には，1 日 12 時間労働，就業可能年齢 12 歳以上，
小規模工場は適用外など。
②大正時代には労働争議・小作争議が盛んにな
り，社会主義思想も広まりつつあった。これを
警戒した政府は，男子普通選挙を導入して貧困
層に譲歩すると同時に，治安維持法によって社
会主義者を弾圧した。
③労働三権とは，労働基本権のうちの団結権・
団体交渉権・団体行動権（争議権）の三つである。
④ 1980 年代から現在に至るまで，労働組合の
組織率は一貫して減少傾向にある。

解答番号 20

総排出量の最も多い A が中国。1 人あたり排出
量の最も多い B がアメリカ。これは，鉄道があ
まり普及せず交通手段をほぼ自動車に依存して
いるからと考えられる。そして，GDP1 ドルあ
たり排出量の最も少ない C が EU。これは，エ
ネルギー産業の依存度が低いこと，自然エネル
ギー発電や炭素税といった「環境にやさしい」
取り組みが充実していることなどの理由が考え
られる。

解答番号 21

この図は，南回帰線（南緯 23°）に沿った南ア
メリカ大陸の断面図。右側が大西洋方面，左側
が太平洋方面。ロッキー山脈・アパラチア山脈
は北アメリカ大陸の地形。アンデス山脈・ブラ

ジル高原は南アメリカ大陸の地形。ロッキー山脈はＡよりも内陸寄りで，アパラチア山脈はＢよりもずっと狭い。また，アパラチア山脈の東には平地がある。

解答番号 22
ニューヨークは，アメリカ合衆国のみならず世界的に重要な金融都市である。オタワはカナダの首都。人口は国内第4位である。オックスフォードはイギリスの都市。オックスフォード大学が有名。

解答番号 23
コロラド川はアメリカ合衆国西部のロッキー山脈から発し，メキシコ北部を経てカリフォルニア湾へ注いでいる。水源地のコロラド州にちなんでこう呼ばれる。この川の浸食作用によって形成された峡谷が，有名なグランド・キャニオンである。
①アマゾン川は，南米北部のブラジルなどを流れる世界最長の川で，大西洋へ注いでいる。②ニジェール川はアフリカ中部の川。サハラ砂漠の南，マリ，ニジェール，ナイジェリアなどを流れ，大西洋のギニア湾へ注いでいる。④ヴォルガ川は，ロシア西部を流れるヨーロッパ最長の川で，カスピ海へ注いでいる。

解答番号 24
一般に，経済の発達した国ほど第3次産業の割合は高く，第1次産業の割合は低くなる傾向にある。第3次産業の割合の最も高いＤがフランス。その次に高いＣが，近年大きく経済成長しているフィリピン。Ｂはインド。工業化が進んでいるとはいえ，国民の約4割は農業に従事している。Ａはコンゴ民主共和国。世界最貧困国の一つで，1人あたりGNIはフランスの1/100程度である。

解答番号 25
Ａは原油の輸出に大きく依存している。よって，OPEC加盟国のナイジェリアが該当する。Ｂは輸出の大半を農産物が占めている。これは農業国エチオピア。Ｃはカカオ豆の生産が盛んであ

ることから，コートジボワールと分かる。Ｄは貴金属の輸出が目立つ。また自動車を輸出していることから，この4ヶ国中で最も工業化が進んでいることが分かる。よって南アフリカ共和国が該当する。

解答番号 26
17～18世紀の市民革命で最も重視されたのは自由権の確立だった。ゆえに18～19世紀の立憲国家では，国家は国民にできるだけ干渉するべきでない（「国家からの自由」）と考えられた。このような国家像を，夜警国家・消極国家という。
しかし，19世紀後半～20世紀前半にかけて資本主義社会の弊害（ex.貧富の格差の拡大）が顕著になったことで，むしろ国家が積極的に干渉して国民の人間的な生活を営む権利を保障するべきだ（「国家による自由」）という思想が生まれた。このような国家像を福祉国家・積極国家という。

解答番号 27
ドイツは二院制を採用している。下院は国民の選挙によって選ばれた議員で構成されるが，上院は各州政府によって選ばれた代表者で構成される。ただし立法機関としての権限は下院のほうが優位にある。したがって，形式上は二院制だが事実上は一院制に近いといえる。

解答番号 28
①平等権，②精神的自由権（信教の自由），④経済活動の自由。

解答番号 29
③は日本国憲法第7条に定める天皇の国事行為にあたる。

解答番号 30
日本ではすべての裁判所が違憲立法審査権をもつ。ゆえに，諸外国の憲法裁判所のような違憲立法審査専門の機関は存在しない。
②司法権は立法権から独立しているため，国会の同意を必要としない。もし違憲立法審査を行

うのに国会の同意が必要だとしたら，司法府（裁判所）が立法府（国会）を適切にチェックしているとは言えない。

④（地方公共団体の制定する）条例は（国の制定する）法律に基づかなければならず，法律は憲法に基づかなければならない。ゆえに，条例も法律と同じく違憲立法審査の対象である。

人を辞めさせる請求（首長・議員の解職請求，議会の解散請求）は，有権者の1/3以上の署名が必要。それ以外の請求は有権者の1/50以上の署名で可能となる。

①事務監査を行うのは監査委員であり，議会（議員）や首長は監査される立場である。②条例の制定・改廃請求を「イニシアティブ」という。イニシアティブがなされた場合，首長は議会を招集しなければならない。議会で1/2以上の賛成があれば条例が制定・改廃される。③④首長・議員の解職請求を「リコール」という。リコールまたは議会の解散請求がなされた場合，住民投票が行われる。住民投票で有権者の1/2以上の賛成があれば首長・議員が解職，または議会が解散される。

各国の国民参加型司法制度には，陪審制，参審制，裁判員制度（日本）がある。

陪審制では，陪審員は刑事・民事両方を審理し，事実認定（有罪か無罪か）のみを判定し量刑判断は行わない。陪審員は選挙人名簿をもとに事件ごとに無作為（アトランダム）に選出される。陪審制を採用している国は，アメリカ・イギリス・オーストラリアなど。

参審制では，参審員は主に刑事事件を審理し（一部の国では民事も担当），職業裁判官とともに事実認定・量刑判断を行う。原則として参審員は選挙人名簿をもとに無作為選出される（ただしドイツは5年間の任期制）。参審制を採用している国は，ドイツ・フランス・イタリアなど。なお，日本の裁判員制度は参審制をモデルとしているが，裁判員の権限は参審員よりもやや弱められている（例えば，裁判員裁判は重大な刑

事事件の第一審のみに限られる等）。

①オーストリア（ハプスブルク家）が普墺戦争に敗れて弱体化すると，その支配下にあった諸民族（特にハンガリー人）が独立を要求した。そこで，ハンガリーの形式的な独立を認め，オーストリアとハンガリーを同じ皇帝を戴く同君連合国家とするという大胆な政策転換が行われた。これをアウスグライヒ（妥協）という。

②オーストリアは植民地を持たなかった。

④第一次世界大戦後のヴェルサイユ条約によって，オーストリア・ハンガリー帝国の支配下にあった諸民族が独立を果たした（ハンガリー，チェコスロバキア，ユーゴスラヴィアなど）。これによってオーストリア・ハンガリー帝国は崩壊し，オーストリア共和国が成立した（領土は現在のオーストリアとほぼ同じ）。ナチス・ドイツによって併合されたのはこの共和国である。

①シンガポールはイギリス領。イギリスはマレー半島南部を「海峡植民地」として領有し，その首都をシンガポールに置いた。

②フィリピンは16世紀からスペインの植民地支配を受けていた。1896年のフィリピン革命によっていったんは独立国となったものの，アメリカ・スペイン戦争に勝利したアメリカによって再び植民地化された。フィリピンが完全な独立を果たすのは，第二次世界大戦後の1946年のことである。

③東南アジアのオランダ植民地（オランダ領インドシナ）は，第二次大戦後にインドネシアとして独立した。オランダ領だった西ティモールはインドネシアの一部となり，ポルトガル領だった東ティモールは，長年の内戦と紛争を経て，2002年に東ティモール民主共和国として独立した。

④フランス領インドシナ（仏印）は，現在のベトナム・ラオス・カンボジア。タイは一応独立を維持していた。

解答番号 35

ヴェルサイユ条約では，民族自決の原則にもとづき東欧諸国が独立を果たした。

①ブルガリアは1877年に事実上独立し（オスマン帝国の下で自治権を獲得），1908年に正式に独立した。第一次世界大戦には同盟国として参戦している。敗戦によって領土を失ったものの，主権国家としては存続した。

②アイルランドは，大戦後の1921年の英愛条約によって「アイルランド自由国」となり，連合王国内の自治領に昇格した。ただし自由国には北アイルランドが含まれておらず，関税等の不平等は改善されなかったため，条約賛成派（自由国）と条約反対派（共和国）とのあいだで激しい内戦が起こった。

③ノルウェーは1905年にスウェーデンから独立し，第一次大戦では中立を維持した。

④ポーランドはオーストリア，ドイツ，ロシアに分割されていたが，ヴェルサイユ条約で独立が認められた。

解答番号 36

①1941年12月，日本はアメリカ・イギリスなどに宣戦布告し，アメリカ合衆国ハワイを奇襲した（真珠湾攻撃）。同時に英領マレーにも侵攻し，翌42年2月にはシンガポールを陥落させた。②独ソ不可侵条約には，両国がポーランドなど東欧諸国を分割する秘密協定が付随していた。デンマークはこの条約に関係がない。③大西洋憲章にソ連は参加していない。④ミュンヘン会談は38年9月。独・英・仏・伊の4ヶ国が，ドイツの領土拡大要求を調整するために会談した。

解答番号 37

①フィリピン・アメリカ戦争は1899〜1902年。フィリピンは1899年にスペインからの独立を宣言した。しかし，スペインとの戦争に勝利したアメリカが新たな宗主国としてフィリピンを統治した。その後フィリピンは，第二次世界大戦中一時的に日本に統治され，戦後は再びアメリカに統治され，最終的に1946年に完全な独立を達成した。

②1968年に結ばれたこの条約では，アメリカ・イギリス・ソ連・フランス・中国の五大国を核保有国と認め，それ以外の国の核保有を禁じている。しかし，この条約に参加していないインド，パキスタン，イスラエル，北朝鮮などが核保有を進めた。

③1991年の湾岸戦争。これ以前にも「国連決議に基づいて各国が軍隊を派遣する」という意味での多国籍軍は存在したが，湾岸戦争では「各国の軍隊が事実上アメリカ軍の指揮下に入る」という形が初めて実現した。その後の2001年アフガニスタン戦争，2003年イラク戦争など，冷戦後のアメリカ主導による武力介入の，最初の本格的な事例が湾岸戦争だった。

④ベトナム戦争中に「名誉ある和平」を掲げて大統領に当選したニクソンは，公約通りベトナムから撤退した。さらに，この戦争による行き詰まりを打開するため，親中国路線に転換して1972年に中国を訪問した（正式な国交正常化は1979年）。

解答番号 38

フォークランド諸島（マルビナス諸島）は，南アメリカ大陸の南端付近にある。イギリスは大航海時代の発見を根拠に同地の実効支配を続け，アルゼンチンと対立していた。紛争当時のイギリスの首相はサッチャーで，彼女の掲げる新自由主義的改革は当初国民から不評だったが，この戦勝により人気が劇的に回復したことで改革を遂行できた。

第 6 回 解答解説

解答

問	解答番号	正解
問 1	1	②
	2	②
	3	③
	4	④
問 2	5	③
	6	②
	7	①
	8	②
問 3	9	②
問 4	10	①
問 5	11	③
問 6	12	④
問 7	13	④
問 8	14	②
問 9	15	③
問 10	16	①
問 11	17	④
問 12	18	④
問 13	19	①
問 14	20	②
問 15	21	③
問 16	22	③
問 17	23	①
問 18	24	②
問 19	25	①
問 20	26	③
問 21	27	②
問 22	28	④
問 23	29	④
問 24	30	①
問 25	31	③
問 26	32	①
問 27	33	②
問 28	34	④

問	解答番号	正解
問 29	35	②
問 30	36	④
問 31	37	②
問 32	38	④

解説

解答番号 1

エジプトは立憲君主制ではなく共和制である。国王は存在せず，大統領が政治的実権を持つ。ただし，2014 年から現職のシーシー大統領は，憲法を改正して 2030 年までの任期延長を可能にし，「大統領君主制（presidential monarchy）」と一部で評されるほどの強権体制を築いている。

解答番号 2

カイロは砂漠気候。一年中きわめて乾燥しており，特に夏（6~9 月）は全く雨が降らない。①パキスタンのラホール（ステップ気候）。一年中乾燥しているものの，雨季（7~8 月）には少し雨が降る。③ウズベキスタンのタシュケント（地中海性気候）。一年中乾燥していて，夏に雨が少なく冬に雨が多い。また夏は暑く冬は寒い点もカイロとは異なっている。④インドのコルカタ（サバナ気候）。雨季（6~9 月）と乾季（10~5 月）にはっきり分かれ，雨季には猛烈な豪雨が降る。

解答番号 3

①マゼラン海峡，②ジブラルタル海峡，③ホルムズ海峡，④マラッカ海峡。
ホルムズ海峡は，ペルシャ湾沿岸で産出する石油を運び出すための非常に重要な輸送路である。日本へ来るタンカーの約 8 割がこの海峡を経由しているといわれる。

解答番号 4

① 1848 年の二月革命では，ルイ・フィリップを国王とする立憲君主政（七月王政）が打倒され，第二共和政へ移行した。さらに，ナポレオン 1 世の甥であるルイ・ナポレオンが大統領に選出された。彼はのちに皇帝ナポレオン 3 世となり，フランスは第二共和政から第二帝政へ移行した。②第一次世界大戦中の 1917 年，ロシア帝国のロマノフ王朝は打倒され社会主義政権が樹立された。これを第 2 次ロシア革命という。③「アラブの春」の発端となったジャスミン革命は，2011 年にチュニジアで起きた。

解答番号 5

固定資産税は，固定資産＝土地・家屋・機械設備などにかかる税。一般的には市町村が（東京23 区内では東京都が）徴収する地方税。固定資産の所有者が税を負担し税を納める直接税。累進課税制度が適用されるのは所得税・相続税・贈与税の 3 つである。

解答番号 6

一般に，工業化が進むと都市化率は高くなる。都市化率がほぼ一定の国は，（1）地形的にそれ以上都市を広げられない，（2）人口爆発期でない等の条件がそろっている。これに該当するのがクウェートとスイス。そして，クウェートのような平地の小国は限界まで都市を拡張できるので，都市化率はほぼ 100% に達する。一方で，山岳地帯に村が点在するスイスはそうならない。よって④は排除できる。

解答番号 7

本来は国の事務だが地方公共団体で処理した方が効率的なものを，法定受託事務という。それ以外を自治事務という。①地域の実情に合わせた医療体制を提供するため，地方公共団体に大きな裁量が認められている。②③④生活保護，旅券，戸籍は国の管轄である。

解答番号 8

①これは障害者雇用促進法の規定。③出産前に 6 週間，出産後に 8 週間。このほか育児休業・育児休暇については育児・介護休業法に定められている。④これは労働組合法の規定。

解答番号 9

外部不経済とは，市場で行われる経済活動が，市場に参加していない第三者に不利益を与えること。外部不経済の内部化とは，市場の外部で生じた不利益を市場に取り込むこと。例えば，公害を例に考えてみよう。ある工場が有毒物質を排出し，それが原因で環境汚染が発生したとする。この場合，工場周辺の地価は下落し，周辺で生産した農産物も売れなくなる。これは，工場の経済活動によって工場と無関係の人々が不利益を受けているので，外部不経済の典型例といえる。さらに，環境汚染を軽減する目的で，この工場が有毒物質の浄化装置を新たに設置したとする。この場合，設備投資が増加するので生産コストは上昇する。これを外部不経済の内部化という。
外部不経済の内部化によって生産コストは上昇するので，商品の価格も上昇すると考えられる。すなわち，供給曲線は左へシフトすることになる。

解答番号 10

J.S. ミルは 19 世紀イギリスの経済学者。彼は経済学のみならず，政治哲学では自由主義・リバタリアニズムを，倫理学では功利主義を唱え，近代思想史に偉大な足跡を残した。

解答番号 11

フロー（flow）とは「ある一定期間内に流れた量」，ストック（stock）とは「ある時点での量」である。簡単に言えば，"1 年間でどれだけお金を稼いだか・使ったか"がフロー，"今どれだけ貯金があるか"がストック。具体的には，フローは GDP（国内総生産），NI（国民所得），貿易収支，政府の財政赤字，家計の年収など。ストックは外貨準備高，政府の債務残高，社会資本，国民資産など。

解答番号 12

①②医療や住宅は代金を支払って受ける財・サービスである。また，一人の医師が同時に多

くの人を治療する，一つの住宅に同時に多くの人が住むことも難しい。③一般的に，農薬の散布は農家の事業の一部である。

解答番号 13

貸借対照表には，左側に資金の運用（お金をどう使ったか），右側に資金の調達（お金をどう集めたか）が書かれている。調達した資金のうち，借入金など返済する必要のあるものを負債（＝他人資本）といい，資本金など返済する必要のないものを純資産（≒自己資本）という。資産の合計を総資産といい，負債と純資産の合計を総資本という。総資産と総資本は必ず一致する。

また，自己資本比率は次の式で求められる。

「自己資本比率（％）＝自己資本÷総資本×100」

さて，この企業が社債発行によって 3,000 万円を調達した場合，負債の部にそれが計上されて総資本は 1 億円となる（同様に総資産も 1 億円となる）。自己資本が 4,000 万円，総資本が 1 億円だから，自己資本比率は 40％である。

解答番号 14

② 2019 年度の税収額は 58.4 兆円，2020 年度の赤字国債発行額は 85.9 兆円で，赤字国債発行額が前年度の税収額を上回っている。言うまでもなくコロナ禍の影響である。③東日本大震災は 2011 年。2011 ～ 18 年の間は歳出額と税収額の差が縮小する傾向にある。

解答番号 15

インフレ時には景気を抑制するために通貨供給量を減らす。その手段は，政策金利の引き上げ，売りオペ，預金準備率の引き上げである。逆にデフレ時には景気を刺激するため通貨供給量を増やす。その手段は，政策金利の引き下げ，買いオペ，預金準備率の引き下げである。

解答番号 16

① 1968 年に制定された「消費者保護基本法」が 2004 年に「消費者基本法」へと改正・改称された。旧法では消費者を恩恵的な保護の対象と扱っていたが，新法では消費者を権利の主体として尊重し，その自立を支援している。簡単に言えば，消費者は黙々とモノを買うだけの受動的な客体ではなく，意見を発信して企業・社会に働きかける能動的な主体だ，ということ。②同法では，商品に欠陥があれば，製造者の過失の有無にかかわらず賠償責任が生じると規定されている。企業に比べて消費者は弱者である。もし製造者の過失を消費者側が立証しなければならないとしたら，欠陥商品の被害者救済は極めて困難になってしまう。③消費生活に関する情報提供や調査研究のために，国民生活センターが設置されている。公正取引委員会は不公正な取引が行われないよう監視するという意味で消費者保護に役立っているが，消費者の苦情を受け付ける機関ではない。④消費者問題の相談窓口として，都道府県や市区町村に消費生活センターが設置されている。消費者庁は消費者行政に関する政府機関であり，内閣府に属する。

解答番号 17

貨幣価値の基準となる貴金属を正貨という。正貨と交換できる紙幣を兌換紙幣といい，金を正貨とする貨幣制度を金本位制という。これに対して，各国の中央銀行が通貨量を調節する制度を管理通貨制という。

金本位制における兌換紙幣は金の代替物であり，金と交換できることに価値がある。つまり通貨の信用は金によって担保されている。したがって政府は金の保有量を超えて通貨を発行することができない（仮に発行しても価値をもたない）。しかし管理通貨制では，通貨の信用は正貨によってではなく，それを発行する政府への信用によって担保されている。したがって政府は正貨の保有量と関係なく通貨を発行できる。そして市場に流通する通貨量を調節することで，ある程度景気を調整することができる。

解答番号 18

温暖な気候に適しているため，綿花はアメリカ南部で盛んに栽培されている。①は放牧，②は春小麦，③は冬小麦が盛んである。

解答番号 19

②これは社会保険の説明。③これは社会福祉の説明。社会福祉として提供される施設・サービスには，例えば児童扶養施設や老人ホームなどがある。④働けない，あるいは働いても十分な収入を得られない人々を援助するための公的扶助なのだから，援助される側が財源を負担するのはおかしい。

解答番号 20

タイガは針葉樹林の総称であり，亜寒帯湿潤気候に広がる。ステップは短草草原であり，ステップ気候でみられる。パンパとプレーリーは温帯湿潤気候でみられる草原であり，パンパはアルゼンチンからウルグアイ，プレーリーは北アメリカ大陸の中央部でみられる。

解答番号 21

台風とよばれるのは北西太平洋（東アジア周辺）にあるときで，北東太平洋（北アメリカ大陸周辺）と大西洋ではハリケーンとよばれる。サイクロンとよばれるのは，インド洋・南太平洋にあるとき。なお，モンスーンは南アジアなどでみられる季節風のことで，発達した熱帯低気圧ではない。

解答番号 22

①正距方位図法。中心からの距離と方位が正しく表現される図法（ここでは東京が中心）。一方で，中心以外の2点間の距離・角度は正しく表現されない。また，中心から遠ざかるほど地形や面積の歪みは大きくなる。大圏航路（最短距離）が直線で表現されるため，飛行機の航路図として用いられる。

②正積図法（円筒図法）のモルワイデ図法。正積図法は，地球上での面積が地図上でも正しく表現される図法。緯線を等間隔の水平な直線，経線を弧として描き，全体が楕円形になるのがモルワイデ図法の特徴。面積が正しく表現され，高緯度地域でも歪みが小さい。一方で，距離や角度は正しく表現されない。おおまかな位置関係を視覚的に理解しやすいため，分布図などに用いられる。

③正角図法のメルカトル図法。正角図法は，地球上での角度の関係が地図上でも正しく表現される図法。一方で，緯度が高くなるほど面積が実際よりも大きく表現される。等角航路（経線に対して一定の角度を保つ航路）が直線で表現されるため，船舶用の海図として用いられてきた。

④正積図法（円錐図法）のボンヌ図法。緯線を等間隔の同心円，経線を曲線として描く。地球上での面積が地図上でも正しく表現される図法。一方で，距離や方位は正しく表現されない。また，中心経線から遠ざかるほど地形の歪みが大きくなる。地球の丸みと広がりをイメージしやすいため，大陸図や地方図として用いられることが多い。

解答番号 23

宮城県は東北地方の太平洋側，宮崎県は九州地方の太平洋側にある。福岡県は九州地方の日本海側，福井県は中部地方の日本海側にある。

解答番号 24

2019年時点で最も低いAが韓国（0.92）。ギリシャは2010年の経済危機を境に増加から減少へ転じた。フランスやアメリカは移民の影響もあり高水準を維持してきた。しかし，アメリカは2007年のリーマンショック以来一貫して減少傾向にある。

解答番号 25

日本国憲法に「国民固有の権利」と規定されたものを除き，外国人にも基本的人権は保障されている。②国家公務員の選定・罷免は国民固有の権利であり，日本国籍を持たない者の参政権は認められていない。③これは国政選挙（衆議院議員総選挙）と同時に行われ，同じく国民固有の権利である。④現時点で外国人参政権を認めている都道府県はない。

解答番号 26

③2007年調印，2009年発効。法的根拠のない慣習的な存在だった欧州理事会議長を制度化した。

解答番号 27

①国会の会期中には原則として逮捕されない。ただし例外はあり，（1）現行犯の場合，（2）議員の所属する議院が認めた場合は，会期中であっても逮捕される。③国務大臣の過半数は国会議員でなければならない。④助言と承認を与えるのは議員ではなく内閣。

解答番号 28

小選挙区制は，選挙区の最多得票者1人のみ当選する制度。よって獲得議席数は，A党2，B党1，C党1である。四つの選挙区の得票数の合計はC党が最も多いが，選挙区Ⅳ以外はすべて僅差で敗北したため議席には反映されない。逆にA党は合計の得票数は最も少ないが，選挙区Ⅰ・Ⅲで僅差で勝利したため最も多い2議席を獲得している。このように，議席に反映されない得票（＝死票）が多くなりがちなことが小選挙区制の欠点である。

解答番号 29

プライバシー権を守るために個人情報保護法が制定されている。①表現の自由は第21条に明記されており，新しい人権ではない。②請願権は16条に明記。③職業選択の自由・営業の自由は22条に明記。

解答番号 30

①最高裁判所長官の任命は天皇の国事行為の一つであり，内閣の助言と承認（この場合は候補者の指名）にもとづいて行われる。長官以外の最高裁判所裁判官は内閣が任命する。
②下級裁判所の裁判官は，最高裁判所の指名した名簿にもとづき内閣が任命する。国民審査は，最高裁判所裁判官のみを対象としている。
③日本国憲法第79条，同第80条では，裁判官の報酬は減額できないと定められている。
④弾劾裁判は国会によって行われる（両院から7人ずつ選出して弾劾裁判所を開廷する）。憲法第78条では，裁判官は行政機関による懲戒処分を受けないと定められている（＝司法権の独立）。法務大臣は，たとえ国会議員であっても行政府の一員であり，裁判官を罷免する権限をもたない。

解答番号 31

①南南問題とは，途上国間の経済格差である。途上国の中でも資源の豊かな国や工業化の進んだ国は経済成長したが，そうでない国はますます貧困化した。そのような国を後発開発途上国（最貧国）という。
② NIEO宣言は，天然資源はその産出国に主権があるとし，先進国企業の進出を規制した。途上国の資源を先進国が搾取する構造が，南北問題の原因の一つである。
③ DACはOECD（経済協力開発機構）の下部機関である。
④ UNCTADは南北問題の解決のために設置された。環境や教育に特化した組織ではない。

解答番号 32

②常任理事国は安全保障理事会の仕組み。総会は平等に一国一票であり拒否権のような制度はない。③「すべての国家」ではなく「すべての加盟国」。事実上の国家であっても国連非加盟の国はいくつか存在する。④これは経済社会理事会の説明。

解答番号 33

① 2015年に採択された，気候変動に関する取り決め。温室効果ガスの排出量を実質ゼロにするという目標を設定した。② 1987年に採択された，オゾン層保護のためフロン類の使用を規制する取り決め。③ 1964年に採択された，医学研究の倫理に関する取り決め（人体実験の禁止など）。医学の進歩によって新しい研究方法が次々と開発されるため，それに伴って同宣言もたびたび改訂されてきた。④ 1973年に採択された，絶滅の恐れのある動植物の国際的な取引を規制する取り決め。

解答番号 34

①ハワイ在住のアメリカ人入植者がクーデターによってハワイ王国を打倒し，のちアメリカ合衆国がこれを併合した。ハワイがスペインに支配されたことはない。
②パラオ諸島，マリアナ諸島，ナウルなどの旧ドイツ植民地は，第一次世界大戦の戦勝国によって委任統治（事実上の植民地支配）された。

③ニューギニア島の西部がオランダ領，東北部がドイツ領，東南部がイギリス領として植民地化された。第二次世界大戦後，西部は（オランダから独立した）インドネシアの一部となり，東部はパプアニューギニアとして独立した。
④マオリは，白人入植後に人口が激減したものの，現在でもニュージーランド国民の約15%を占めている。

解答番号 35

ウィルソンの十四ヶ条は東欧やバルカン半島での民族自決を唱えた。同様に，当時ドイツ軍に占領されていたベルギーの解放も支持している。③これはヴェルサイユ条約の内容。④ウィルソンの十四ヶ条は関税障壁の撤廃（＝自由貿易）を主張している。

解答番号 36

ファショダ事件は，1898年にナイル川上流のファショダ（現在の南スーダン）で起きた英仏両軍の遭遇事件。軍事衝突の危機が高まったが衝突は回避された。
①イギリスは既にエジプトや南アフリカを支配下に置いていたため，これらを南北につなぐアフリカ縦断政策を進めていた。
②フランスはモロッコ，チュニジア，アルジェリアなど西アフリカを支配した。加えてアフリカ東海岸のジブチにも植民地を持っていたため，これらを東西につなぐアフリカ横断政策を進めていた。
③エジプトから南進する英軍とサハラから西進する仏軍がファショダで遭遇したが，仏軍が譲歩して戦争は回避された。コンゴは当時ベルギー領であり，そこに進軍することはベルギーとの戦争を意味する。
④仏軍が譲歩した理由は，（1）兵力が少ないこと，（2）ドレフュス事件（ユダヤ系軍人の冤罪事件）で軍部の評判が落ちていたこと，そして何よりも（3）急速に台頭するドイツを警戒し，英仏が衝突するのは得策でないと判断したことである。

解答番号 37

第二次世界大戦の開始は1939年9月1日ドイツのポーランド侵攻。選択肢の前後関係を考えよう。39年8月に独ソ不可侵条約（B）。戦争準備を整えたドイツは同年9月にポーランドへ侵攻（開戦）。続いてソ連もポーランドとフィンランドへ侵攻し国際連盟から除名される（D）。ドイツは40年6月にパリを占領，傀儡のヴィシー政府が成立（A）。優勢なドイツに日本が接近し，40年9月に三国同盟が成立（C）。

解答番号 38

戦後日本の外交を巨視的に見ると，冷戦という国際情勢に規定されながら第二次世界大戦の清算をしてきた歴史だといえる。
①サンフランシスコ平和条約は1951年。これによって日本は主権国家として国際社会に復帰したものの，東側諸国（ソ連・中国）や韓国との国交正常化は先送りされた。
②日ソの国交正常化は1956年。先送りされた国のうちソ連が優先された理由は次の2点である。（1）国連に加盟するため常任理事国であるソ連と講和する必要があった，（2）シベリア抑留者を帰還させるため。
③日韓の国交正常化は1965年。アメリカの東アジア戦略にとって，ともに西側陣営である日本と韓国の国交が未回復であることは不都合だった。そこでアメリカの強い仲介のもとで日韓基本条約が結ばれ，両国の賠償請求権は最終的に解決された。
④沖縄返還は1972年。朝鮮戦争（1950～53年）やベトナム戦争（1965～73年）では沖縄の米軍基地が重要拠点として機能したため，これに反発して沖縄では50年代に祖国復帰運動が高揚した。これを受けて，日本政府とアメリカのニクソン政権（ベトナム戦争の終結をめざしていた）の間で協定が結ばれ，沖縄が日本へ返還された。

第7回 解答解説

解答

問	解答番号	正解
問1	1	③
	2	②
	3	④
	4	①
問2	5	②
	6	③
	7	④
	8	②
問3	9	①
問4	10	④
問5	11	③
問6	12	④
問7	13	③
問8	14	④
問9	15	②
問10	16	②
問11	17	①
問12	18	③
問13	19	②
問14	20	④
問15	21	①
問16	22	①
問17	23	③
問18	24	④
問19	25	②
問20	26	④
問21	27	①
問22	28	③
問23	29	②
問24	30	③
問25	31	④
問26	32	②
問27	33	②
問28	34	②

問	解答番号	正解
問29	35	③
問30	36	④
問31	37	②
問32	38	①

解説

解答番号 1

グリーンランドは世界最大の島，そして北極点に最も近い陸地である。グリーンランド自治政府が置かれている。①アイスランド共和国は1944年にデンマーク王国から完全に独立した。②アメリカ合衆国の州。④カナダの東海岸にある島。

解答番号 2

福祉国家の類型には，自由主義型（アメリカ・カナダなど），社会民主主義型（北欧諸国），保守主義型（ドイツ・フランスなど大陸欧州諸国）の三つがあるとされる。社会民主主義型の特徴は，大きな政府，高福祉高負担，所得や年齢を問わず手厚いサービスを受けられる，職業訓練などの就労支援が充実している，などである。①・③は自由主義型，④は保守主義型，また北欧諸国ではプロテスタントが主流である。

解答番号 3

ライン川はスイスから発し，オーストリア・フランス・ドイツ・オランダを流れて北海へ注ぐ。ヨーロッパを代表する国際河川の一つである。

解答番号 4

フランスは原発大国。逆にドイツは脱原発をめざしており，再生可能エネルギー（バイオ燃料・風力・太陽光など）の割合を増やしている。アマゾン川を抱えるブラジルは主に水力発電に依

存している。

解答番号 5
①スマトラ島，②カリマンタン島（ボルネオ），③ジャワ島，④スラウェシ島。新首都ヌサンタラはカリマンタン島東南部に現在建設中である。

解答番号 6
①ベトナム戦争（1955〜75年）中の1967年，東南アジアの共産主義化を懸念してASEANが設立された。②ASEANはゆるやかな経済協力に留まり，内政不干渉が原則。よってEUにおける欧州委員会のような機関は存在しない。④安全保障面でもある程度連携するものの，軍事同盟ではない。

解答番号 7
A= 石炭は中国が世界の産出量の約半数を占める。天然ガスの場合，アメリカ合衆国・ロシアが上位に入る。B= なたねや大豆はインドネシアの気候に適していない。D= スズ鉱は中国・インドネシアなどで多く産出する。亜鉛は中国・ペルー，鉄鉱石はオーストラリア・ブラジル，銅鉱はチリ・ペルーがそれぞれ上位に入る。

解答番号 8
①マラッカ海峡はマレー半島とスマトラ島のあいだ。マレー半島はイギリス領だがスマトラ島はオランダ領。③スカルノではなくホー・チ・ミン。④フランスではなくオランダ。現在のインドネシアの領域はオランダ領東インドがもとになっている。

解答番号 9
消費税を増税すると，商品の価格は高くなる。一方で，「消費者の事情に変化がない」ということは，需要曲線Dは動かないということ。したがって，需要曲線D上でAより価格の高い点，つまり①が正解となる。

解答番号 10
ワルラスの『純粋経済学要論』は数理経済学の古典的名著。自由競争における一般均衡を明らかにした。

解答番号 11
金本位制における兌換紙幣は金の代替物であり，金と交換できることに価値がある。ゆえに政府は金の保有量を超えて紙幣を発行することができない。したがって，通貨の発行量を調節して景気対策を行うことは難しい。一方，管理通貨制は金の保有量に関係なく不換紙幣を発行できる。ゆえに通貨の発行量を調節して景気対策を行うことは容易である。通貨の発行量が変動しやすいので，外国為替レートも市場原理にそって変動しやすい。

解答番号 12
① GNP ＝ GDP ＋海外からの純所得なので，600 ＋ 30 ＝ 630。
② NNP ＝ GNP －固定資本減耗なので，630 － 120 ＝ 510。
③ NDP ＝ GDP －固定資本減耗なので，600 － 120 ＝ 480。
④ NI ＝ NNP －（間接税－補助金）なので，510 － 50 ＝ 460。

解答番号 13
原則として，景気後退（不況）のとき物価は下落し，景気高揚（好況）のとき物価は上昇する。スタグフレーション（stagflation）とは，景気後退（stagnation）と物価上昇（inflation）が同時に進行する状況をさす。
①これは通常の不況である。②物価が上昇するということは，賃金が同じでも買える物が減るということ。すなわち，通貨や預貯金の実質的価値は下落する。③金利を引き下げるとお金を借りやすくなる。市場に流通するお金の量が増えるということは，お金の価値が下がり相対的に物価が上がるということ。④増税は需要を増大させず，減少させる。またスタグフレーションは景気の後退なのだから，「さらに過熱する」はおかしい。

解答番号 14

①日銀が発行するのは紙幣だけで，硬貨を製造するのは造幣局である。②日銀は「銀行の銀行」であり，一般企業に融資を行うことはない。③日銀は「政府の銀行」でもあり，国庫金の出納も業務に含まれる。

解答番号 15

①シリアでは2011年から激しい内戦が起こり，2012年から難民が急激に増加した。

②アフガニスタンは，1979年から89年までソ連の侵攻を受けて難民が大量に発生した。ソ連軍撤退後の90年代前半に難民は急激に減少したが，2001年にアメリカの侵攻を受けて再び増加した。アメリカは2021年まで占領統治を行ったが，難民はあまり減少していない。

③ソマリアの難民人口が100万人を超えたのは2011年〜16年だけで，それ以外は100万人未満で推移している。

④湾岸戦争は1991年，イラク戦争は2003年。イラク戦争後の方が難民人口は多い。

解答番号 16

①好況のときは所得が増加し物価が上昇するため，消費支出は増加する。

②家計の消費支出に占める食料費の割合をエンゲル係数という。エンゲル係数は所得が多いほど減少し，所得が少ないほど増加する。これは，教育費や娯楽費などと比べ，食料費は削減することが困難だからである。

③資産効果とは，家計の保有する資産（株式・土地など）の価格が上昇すると家計の消費が増加することをいう。

④レジャーや教育への支出の割合が多いということは，食料費の割合が少ない＝エンゲル係数が小さいということ。一般に，エンゲル係数の小さい世帯は所得の多い世帯だから，家計全体の消費支出も多いと考えられる。

解答番号 17

①関税はヨーロッパ統合運動で最も重視されてきた点の一つ。EUの前身の一つで1958年に設立されたEEC（ヨーロッパ経済共同体）で，域内関税の引き下げ，域外貿易の共通関税が規定された。

②デンマークやスウェーデンなど，EU加盟国でユーロを導入していない国もいくつかある。

③市民（労働者，学生，観光客など）の国境を越えた移動は自由化されている。しかしEUは軍事同盟ではないので軍隊の移動は対象外である。

④ECBが一元的に管理しているのは金融政策であり，財政政策は各国政府に委ねられている。ただし，ユーロ圏には一定の財政規律が課せられているため，それに反した加盟国にEUが介入することはあり得る（例えば，財政赤字が大幅に増加した国に対して，EUが財政再建案を強く勧告するなど）。

解答番号 18

① 1971年に採択されたラムサール条約。

② 1992年に採択された生物多様性条約。

③ワシントン条約は1973年に採択された。学術研究（おもに大学や動物園）などの正当な理由がない限り，絶滅危惧種の国際取引を厳しく禁じている。この背景には，象牙狩りに代表されるように，先進国の需要を満たすために発展途上国の生物が乱獲されてきたという歴史がある。

④ 2015年に採択されたパリ協定。温室効果ガス排出量削減の取り組みとして，これ以前に1997年の京都議定書が存在した。京都議定書では，先進国に対して「削減目標の達成」が義務づけられていた。そのため，温室効果ガスを大量に排出する途上国（中国・インド等）を除外した枠組みに実効性があるのかなどの疑問が提出されていた。そこでパリ協定では，中国・インドを含めたすべての締結国に対して「目標の策定」（目標の達成ではない）を義務づけた。

解答番号 19

①ドッジ・ラインは超均衡予算の実施，1ドル＝360円の単一為替レートの導入など。

②敗戦直後，日本政府は多くの産業へ均等に予算を配分したが，電力不足・設備不足により復興が進まなかった。そこで，石炭・鉄鋼などの

重要産業に優先的に予算を投入した。これを傾斜生産方式という。

③シャウプはアメリカの経済学者。彼を中心とする視察団が、日本の税制を直接税中心に改革するよう勧告した。

④財閥解体は1947年。朝鮮戦争は1950年。財閥解体はGHQの日本民主化政策の一環として行われたものであり、好景気が原因ではない。

解答番号 20

イエメンはアラビア半島南端に位置する。同国では2015年から激しい内戦が続いており、200万人以上が故郷を追われるという重大な人道危機が発生している。

解答番号 21

メルカトル図法では球体を平面として表現するため、緯度が高くなるほど（＝赤道から離れるほど）実際の面積・方位とのずれが大きくなる。なお、北半球では④のように下向きの曲線が最短距離ということはあり得ない。

解答番号 22

①扇状地は、山間部を流れてきた川が谷の出口で土砂を堆積させることで形成される。谷の出口を中心に、緩やかな傾斜地が扇状に広がる。

②リアス海岸は、山地が沈降してできた、複雑に入り組んだ海岸線。沈水海岸の一種。

③塩湖は塩分濃度の高い湖。乾燥地帯で水が蒸発することによって形成される。

④フィヨルドは、氷食（氷河による侵食）によって形成されたU字谷に海水が浸入してできた入り江。沈水海岸の一種。

解答番号 23

瀬戸内は日本の西部、瀬戸内海を囲む地域をさす。北を中国山地に、南を四国山地に挟まれている。これらの山地に夏の季節風（太平洋から吹く湿った風）・冬の季節風（日本海から吹く湿った風）がさえぎられるため、年間を通して雨が少なく晴れの日が多くなる。

解答番号 24

①ケニア、②パキスタン、③ペルー、④マレーシア。

一般に、経済の発達した国ほど第3次産業の割合は高く、第1次産業の割合は低くなる傾向にある。この4ヶ国の中ではマレーシアが最も経済的に発達している。国民1人あたりGNIを比較すると、マレーシア11,110ドル、ペルー6,635ドル、ケニア1,780ドル、パキスタン1,264ドル。

①ケニアは農業国。特に茶の生産量は世界3位、輸出量は世界1位を占める。②パキスタンの主要産業は農業と繊維工業（綿糸・綿布）。国民の約半数が貧困層である。④マレーシアは80年代に工業化が進み、現在は観光業も盛んである。ASEAN加盟国の中で、シンガポールにならぶ「優等生」と見なされている。

解答番号 25

まず協定標準時（UTC）を考える。東京は東経135°なのでUTC+9（135÷15=9）。ホノルルは西経150°なのでUTC−10（−150÷15=−10）。つまり、東京はホノルルより19時間進んでいる。したがって、飛行機が出発したとき東京は5月1日午前9時、ホノルルは4月30日午後2時。到着はその6時間後だから、東京は5月1日午後3時、ホノルルは4月30日午後8時。よって②が正解となる。

解答番号 26

17〜18世紀の市民革命で最も重視されたのは自由権の確立だった。ゆえに18〜19世紀の立憲国家では、国家は国民にできるだけ干渉するべきでない（「国家からの自由」）と考えられた。このような国家像を、夜警国家・消極国家という。しかし、19世紀後半〜20世紀前半にかけて資本主義社会の弊害（ex.貧富の格差の拡大）が顕著になったことで、むしろ国家が積極的に干渉して国民の人間的な生活を営む権利を保障するべきだ（「国家による自由」）という思想が生まれた。このような国家像を福祉国家・積極国家という。

解答番号 27

①「影の内閣」制度によって二大政党のどちらも政権担当能力，政策立案能力を維持することができる。「影の内閣」の運営には予算が計上され，議会内に専用の執務室まで用意されている。

②アメリカは議院内閣制ではないので，大統領に議会を解散する権限はない。

③日本の国会では，内閣がほとんどの法案を提出している。与野党問わず，議員が法案を提出すること（これを議員立法という）はまれである。

④いわゆる「55年体制」下でも内閣不信任案が可決された事例がある。1980年第二次大平内閣と1993年宮澤内閣である。前者は，自民党の非主流派が棄権した結果僅差で可決された（内閣総辞職後，自民党による別の内閣が誕生した）。後者は，自民党の反主流派が野党に同調したため可決された（その後，反主流派が離党して自民党は政権を失った）。

解答番号 28

「バージニア権利章典」は，アメリカ独立戦争開戦直後の1776年にバージニア州で発表された文書。ロックの思想に影響を受け，抵抗権・革命権を規定している。さらに「バージニア権利章典」が同年のアメリカ独立宣言，78年の合衆国憲法，89年のフランス人権宣言に大きな影響を与えた。

① 1215年のマグナ・カルタや，それを基にした1628年権利請願の内容。これをめぐってピューリタン革命が起きた。

② 1689年権利章典の内容。名誉革命の結果この文書が発表され，立憲君主制が確立したとされる。

解答番号 29

①国会にできるのは憲法改正の発議であり，改正するかどうかを決めるのは国民投票である。

③憲法第60条1項には「予算は，さきに衆議院に提出しなければならない。」とある。予算先議権は「衆議院の優越」の代表例である。

④憲法第73条に，条約の締結には国会の承認を必要すると規定されている。ただし条約も予算案と同様，両院の議決が一致しない場合は最終的に衆議院の議決が優先される。

解答番号 30

①現行犯逮捕の場合，令状は不要である。

②裁判は原則として公開される。被告人のプライバシーに関わる事案は非公開になることもあるが，その場合も判決を言い渡すときは必ず公開裁判でなければならい。

③一つの刑事事件について既に確定した判決があるとき，同じ事件を再度審理することはできない。この原則を「一事不再理」という。

④逮捕後に無罪判決を受けた人は，国に対して刑事補償を請求することができる。警察官は公務員の職務として逮捕したのであり，誤認逮捕の最終的責任は国が負わねばならない。

解答番号 31

住民投票にはおもに三種類ある。（a）首長・地方議会議員の選出・解職および議会の解散，（b）地方特別法にもとづく住民投票，（c）住民投票条例にもとづく住民投票，である。（a）（b）は法的拘束力をもち，（c）は法的拘束力をもたない。

①これは（c）なので，首長・議会は投票結果に従う義務はない。ただし，多くの場合首長・議会は投票結果を尊重する。

②原発，産業廃棄物処理施設，可動堰の建設など，公共事業の是非をめぐって住民投票が行われた事例はある。

③解職請求にもとづく住民投票で過半数の同意があった場合，首長・議員は失職する。議会の解散もこれと同様。

④これは（b）。国会は「唯一の立法機関」であるが，この件は例外である。国が特定の地方自治体を狙い撃ちした一方的な法律を制定することを防ぐため，このような例外規定が設けられている。

解答番号 32

①これは国際通貨基金（IMF）の説明。③これは国際農業開発基金（IFAD）の説明。FAOは

農村開発の促進，農林水産物の分配の改善などに取り組む。④赤十字は国連と連携する専門機関ではない。

解答番号 33

①バスク地方はスペインとフランスの国境付近にある。②この内戦では，フツ過激派によるジェノサイド（民族浄化）が起き，50万〜100万人が犠牲となる深刻な人道危機が発生した。③東ティモールはインドネシアから独立した。④カシミール地方は，インド・中国・パキスタンの3ヶ国が領有権を主張している。

解答番号 34

①大陸封鎖令はナポレオンがイギリスを封じ込めるために出したもの。③フランスはアメリカ側を支援した。④これはイギリス市民革命の成果。アメリカ合衆国は共和政。

解答番号 35

第一次世界大戦中に行われたのが戦時共産主義。そこからの回復を目指したのが新経済政策。ペレストロイカはソ連末期。ニューディール政策はアメリカ。

解答番号 36

①スウェーデンは第一次大戦以前からの独立国。ハンガリーはオーストリアから，フィンランドはロシアから独立した。
②ソ連は1934年に加盟している。
③ワシントン海軍軍縮条約の締結国は，アメリカ・イギリス・日本・フランス・イタリア。ドイツの軍備制限はヴェルサイユ条約で賠償金とともに課せられたもので，ワシントン会議で協議されたのではない。
④9ヶ国条約の締結国は，アメリカ・イギリス・日本・フランス・イタリア・オランダ・ポルトガル・ベルギー・中国。

解答番号 37

①はドイツ連邦共和国（西ドイツ）の説明である。③西ドイツが加盟したのはNATO（北大西洋条約機構）である。④ペレストロイカはソ連の政治改革である。

解答番号 38

①イラン革命では，親米・専制的なパフラヴィー朝に反発したイスラーム教勢力が革命を起こして政権を奪取した。新政権はホメイニー師を精神的指導者とし，イスラーム教の理想に立ち帰る国家建設をめざした。
②イランではシーア派が主流，イラクではスンニ派が主流。こうした宗教対立のほか，石油利権をめぐる紛争，欧米による革命への干渉など，複数の要因が重なってイラン・イラク戦争が起きた。
③第一次石油危機は1973年で，第四次中東戦争が原因である。
④ソ連が侵攻したのはアフガニスタン。

第8回 解答解説

問	解答番号	正解
問1	1	②
	2	③
	3	③
	4	①
問2	5	②
	6	③
	7	③
	8	④
問3	9	②
問4	10	①
問5	11	④
問6	12	③
問7	13	②
問8	14	②
問9	15	①
問10	16	②
問11	17	②
問12	18	①
問13	19	①
問14	20	②
問15	21	②
問16	22	①
問17	23	④
問18	24	①
問19	25	①
問20	26	④
問21	27	①
問22	28	③
問23	29	①
問24	30	②
問25	31	③
問26	32	④
問27	33	③
問28	34	③

問	解答番号	正解
問29	35	③
問30	36	②
問31	37	①
問32	38	②

解説

解答番号 1

本州のおもな山脈・山地は，二つの意味での「中心」に集中している。

一つは，太平洋側と日本海側のあいだ。東北地方を南北に縦断する奥羽山脈，中国地方を東西に横断する中国山脈がこれにあたる。

もう一つは，東北から西南にかけて延びている島の真ん中。とくに中部地方には，飛騨山脈，木曽山脈，赤石山脈といった険しい山脈が連なっている。日本最高峰の富士山（標高3776m）を含め，3000m以上の高山はすべてこの中部地方に存在する。

解答番号 2

自給率とは，供給量に占める国内生産量の割合である。自給率が100%未満なら輸入している。100%以上なら備蓄または輸出している。

①高齢化したかどうか，食料生産量が減ったかどうかはグラフから判断できない。

②93年のウルグアイ・ラウンドを経て，99年から米の輸入化が自由化された。主食である米と違い，小麦の輸入は大きく規制されていない。

③この背景には日米貿易摩擦問題がある。農産物に関する日本の輸入規制をアメリカは厳しく批判し，70年代から輸入自由化を強く要求していた。その結果，91年に牛肉とオレンジの輸入が自由化された。

④戦後，日本人の食生活が西洋化したため，米

の供給は増えたが需要は減った。そこで生産量を調整して価格を安定させるために，70年から減反政策という作付制限が実施された。

解答番号 3
権利の章典はイギリス名誉革命で制定された。国王権力に制限を加え，議会の同意なしには諸権限を行使できないと規定している。権利の章典は，マグナ・カルタ，権利の請願とともにイギリス不文憲法の中核を成している。
①権利の章典が述べているのは王権と議会の関係であって，議会内の上院と下院の関係ではない。②④議院内閣制や違憲立法審査権などの高度な制度が確立したのはもっと後世のことである。

解答番号 4
②石油危機は1970年代。③原発についてはEU内で意見が統一されていない。フランスは原発推進，ドイツは脱原発をめざしている。④17目標が設定されているのはSDGs。パリ協定はCO2削減に関する取り決め。

解答番号 5
①北→南。③メキシコ湾→カリブ海。メキシコ湾はメキシコ・アメリカ合衆国・キューバ島（西インド諸島の一部）に囲まれている。④タイガ→アマゾン。

解答番号 6
ゴールドラッシュ（1848年〜）や大陸横断鉄道の完成（1869年）によって，19世紀末に西部のフロンティアは消滅した。アメリカはその後太平洋への進出を企て，ハワイ・グアム・フィリピンを併合し，中国市場の門戸開放を宣言した。アメリカのカリブ海進出およびパナマ運河の開通（1914年）は，これらの政策の延長線上にある。
①シモン・ボリバルは19世紀前期に活躍した革命家でありパナマ運河とは関係ない。②アメリカ・スペイン戦争（1898年）は，キューバのスペインからの独立にアメリカが介入したことが原因。④大西洋と太平洋をつなぐパナマ運河

をアメリカが必要としたのは，アジア・太平洋地域へ勢力を拡大するためであり，西部開拓を進めるためではない。

解答番号 7
正加盟国は，アルゼンチン・ブラジル・パラグアイ・ウルグアイおよびベネズエラ。ただしベネズエラは加盟資格停止処分を受けている（2022年現在）。チリ・コロンビア・ペルーは準加盟国で将来的な加盟をめざしている。

解答番号 8
コスタリカは1949年制定の憲法で常備軍を廃止した。ただし公安部隊や沿岸警備隊などの準軍事組織，および予備役や民兵組織は維持されている。

解答番号 9
供給曲線が右上がり，需要曲線が右下がりだから，供給曲線が左上へシフトした場合は需要と供給の均衡点も左上へ移動する。つまり，縦軸の価格は上昇し，横軸の販売量は減少することになる。

解答番号 10
「レーガノミクス」は，スタグフレーション（インフレと不況が同時に進行すること）を解決するために実施された。その要点は，（1）大幅減税による景気刺激，（2）軍事支出の増大による雇用創出，（3）社会保障の削減，（4）規制緩和による投資の促進などである。詳しく見ると，（2）は「強いアメリカ」の復活を掲げている。これは雇用創出という経済的要因だけでなく，直前のソ連のアフガン侵攻（1979年）に対する警戒感にも由来する（この時期の米ソの緊張関係を「新冷戦」という）。（3）は「大きな政府」から「小さな政府」への転換を意味する。
「レーガノミクス」は減税と軍備増強を同時に行う政策だったので，巨額の財政赤字を生んだ。また同時期に日本・西ドイツが台頭してきたため，貿易赤字も深刻化した。そこで貿易収支を改善するため，主要国の同意（プラザ合意）の

もとで為替相場に介入してドル安へ誘導した。

解答番号 11
①公開市場操作で民間企業の振り出した手形の売買などを行っている。②日銀が国債を引き受けることは，財政法で禁止されている。③国庫金の保管・出納は「政府の銀行」としての業務。

解答番号 12
①価格や生産量などについて協定を結ぶことを，カルテルという。②これを管理価格という。協定ではなく有力企業の市場支配力によって決まるので，協定価格とは呼ばない。③価格が変動しなければ，価格以外の部分で競争するしかない。④寡占によって価格が下がりにくくなることを，価格の下方硬直性という。このような市場では，自由な市場がもつ資源配分機能が正常に働かない。

解答番号 13
GDP（国内総生産）とは，国内で生産された最終生産物の総額。最終生産物とは総生産額から中間生産物を引いたもの。生産したのが自国民かそうでないかは問わない。GDPに海外からの純所得を足したものが，GNP（国民総生産）である。

解答番号 14
①株式会社は出資者から資本を集め，それを元手に事業を起こして利益を生む。従って最高議決機関は株主総会であり，株主総会で選出された取締役が経営を行う。これを「所有（資本）と経営の分離」という。③監査役は経営状態をチェックする役割。監査役自ら経営に参加したらチェック機能を果たせない。④株式会社は有限責任社員（出資の範囲内で責任を負う）から構成される。無限責任社員のみで構成されるのは合名会社。

解答番号 15
男女雇用機会均等法は1985年に制定されたが，当初は男女差別を解消することは「努力義務」とされ，違反しても罰則はなかった。その後，

1997年の改正で努力義務から禁止事項へと強化された（違反した場合，事業者に罰金刑が科せられる）。さらに，男女問わずセクハラ行為の禁止などが追加され，現在では妊娠中および産後1年以内の従業員の解雇は無効と規定されている。
②1947年に制定された労働基準法で男女同一賃金が定められた。男女雇用機会均等法はその前提の上で，男女の機会や待遇を均等にするための法律である。
③民間企業にのみ適用される。公務員の労働環境は，国家公務員法など別途法律で定められている。
④事業者の許可を必要としない。育児休業・介護休業を取得したいという申請を事業者が拒否することは禁止されている。

解答番号 16
ドッジ・ラインの実施は1949年，ニクソン・ショックは1971年。
1944年にブレトンウッズ協定が結ばれ，IMF（国際通貨基金）・IBRD（世界銀行）が設立，および固定相場制が導入された。これをブレトンウッズ体制という。これに伴い，日本でも敗戦後の49年にドッジ・ライン（1ドル＝360円の単一為替レート）が設定された。このことは，日本経済に大きな追い風となった。なぜなら，敗戦直後のどん底の時期に設定されたレートであるため，経済復興した後は実質的な円安となり，輸出に有利な状態が続いたからである。高度経済成長をもたらした要因の一つが，この1ドル＝360円の単一為替レートである。
60年代に入ると，ベトナム戦争や日本・西ドイツの台頭などによってアメリカ経済は大きく後退した。そこでアメリカのニクソン大統領は，71年に金とドルの交換停止を発表した。これは，「金と交換できるドルを基軸通貨とする」というブレト・ウッズ体制を根底から否定するものであり，世界経済に大きな混乱をもたらした。これをニクソン・ショックという。その後，主要国による数度の協議を経て固定相場制から変動相場制へ移行し，ブレトンウッズ体制は崩壊

した。

①国債は戦前からずっと発行され続けている。ただし，戦後になって赤字国債の発行は禁止された（戦争中に国債を発行しすぎて債務超過に陥ったため）。しかし1965年に戦後初めて赤字国債が発行されて以降，現在に至るまでしばしば発行されている。

③ 1956年，日本の国内総生産（GDP）は初めて戦前の水準を超えた。このことを『経済白書』では「もはや戦後ではない」と表現した。ニクソン・ショックに関する記述ではない。

解答番号 17

京都議定書では，各国のCO_2削減目標と2008～2012年までの目標達成が取り決められた。しかし，最大の排出国アメリカが離脱したことで目標達成が困難になり，2013～2020年を期限とする新たな目標が設定された。加えて，中国やインドなどの新興国が規制の対象外であることも問題視され，2015年には京都議定書にかわる新たな枠組みとしてパリ協定が締結された。①はパリ協定の内容。

解答番号 18

タイは，固定電話が普及しないまま携帯電話が爆発的に普及した。日本は，普及した固定電話が解約されずに携帯電話が上乗せされている。オランダは，契約総数に大きな変化はないが固定電話から携帯電話への移行が進んでいる。カナダは，2000年まで固定電話が主流だったがその後の20年間で携帯電話への移行が進んだ。

解答番号 19

ワシントン州は初代大統領ジョージ・ワシントンにちなんで命名された。首都ワシントンD.C.とは遠く離れていることに注意。②カンザス州，③ヴァージニア州，④マサチューセッツ州。

解答番号 20

北緯35度はアフリカ大陸北岸。モロッコ，アルジェリア，チュニジアなど。

北緯55度はグレートブリテン島中部，デンマーク，リトアニアなど。

北緯65度はヨーロッパ州の最北部。アイスランド，フィンランドなど。

解答番号 21

ボツワナは人口約240万人の小国だが，ダイヤモンドの産出量は世界第2位（17.2%）を誇る。ガーナは金と原油を産出し，カカオ豆の生産も盛んである。エチオピアは農業国で，農業がGDPの約4割を占める。アルジェリアの経済は原油・天然ガスをヨーロッパへ輸出することで成り立っている。

解答番号 22

①エスチュアリとは，広大な平野を流れる（＝土砂の運搬量が少ない）川の河口部が沈水し，ラッパ状に広がった入り江のこと。別名三角江，河口湾ともいう。イギリスのテムズ川河口が代表例。②④沈水海岸とは逆に，陸地の隆起または海面の低下によって離水海岸が形成される。海岸平野は，遠浅の海底が離水したもの。海岸段丘は，波の浸食作用によってできた崖が離水したもの。③ラグーン（潟湖）は，湾が砂州によって外海と隔てられて湖になったもの。

解答番号 23

生産年齢人口の割合が人口増加率を上回ることを「人口ボーナス」という（働ける世代が多く，子どもと老人が少ない状態）。一般的に，人口ボーナス期はその国の経済が最も大きく成長する時期である。そして，経済的に発展すると出生率は下がり，少子高齢化へと転換する。

Aは「多産多死」の状態，開発途上国によくみられる型。Bは出生率と死亡率がAより低下し，これから人口ボーナス期を迎える。Cは15～39才の割合が高く，人口ボーナス期の最中にある。Dは，少子高齢化が進行している。

解答番号 24

①はラホール（パキスタン）。ステップ気候は乾燥帯に属するが，砂漠気候とは異なり雨季に少し雨が降る。②亜寒帯湿潤気候。モスクワ（ロシア）。冬の平均気温が氷点下で，一年中降水

量が少ない。③サバナ気候。テグシガルパ（ホンジュラス）。平均気温が20℃前後で一定，雨季に少し雨が降る。④温暖湿潤気候。横浜（日本）。四季がはっきりしているため，ハイサーグラフは複雑な形を成す。

解答番号 25
権力者の意志や発言がそのまま法となる状態を「人の支配」といい，権力者よりも（人民によって作られた）法が優越する状態を「法の支配」という。法の支配の起源は，13世紀イギリスのマグナ・カルタにある。その後17世紀の絶対王政期のイギリスで，法の支配の概念が確立した（「王権よりコモンローが優越する」）。コモンローとは一般慣習法であり，それまでの判例の集積である。

解答番号 26
①これは国際連盟の問題点。国際連合は軍事的制裁を行うことができる。②アメリカは国連分担金の分担率も滞納額も最も大きいが，日本やドイツは滞納していない。③国連憲章中の「敵国条項」は未だに修正されていないが，議決から排除されるなどの実害もない。④国連総会では主権平等の原則を尊重し，一国一票制が採用されている。一方，安全保障理事会では常任理事国と非常任理事国とのあいだに大きな権限の差がある。また，常任理事国が欧米に偏っていることも問題視されている。

解答番号 27
ベルギーは1830年にオランダから独立し，立憲君主制のもとで制限選挙がはじまった。しかし，さまざまな要因から有権者の選挙への関心は低く，19世紀後半には10％台というきわめて低い投票率を記録した。そこで，1893年にすべての有権者に投票が義務づけられた（これに違反した場合，罰金だけでなく選挙権停止などの厳罰が科せられる）。ベルギーで男子普通選挙が実現したのが1919年，男女普通選挙が1949年だから，普通選挙の実現よりも投票義務化の方が早いという，きわめて興味深い事例である。

なお，国政選挙での投票を義務化している国は世界に30ヶ国以上ある。ただし，罰則を設けて厳格に適用している国は10ヶ国前後である。（オーストラリア，シンガポール，ルクセンブルク，北朝鮮など）。

解答番号 28
①「一般意思」はルソー独自の思想。②これはホッブズの主張。ルソーは自然状態を自由で平等なユートピアと考え，資本主義が浸透したことで不平等な社会になったと主張した。④抵抗権（革命権）はロックの主張。ホッブズは，個人の権利を主権者（君主）に譲渡して成立したものが国家だと考えているため，君主を打倒する革命を正当化しない。

解答番号 29
衆参両院でそれぞれ2/3以上，国民投票で1/2以上の賛成を得られれば，憲法が改正される。これは諸外国と比べてかなり高いハードルであり，日本国憲法が硬性憲法と呼ばれる所以である。

解答番号 30
イギリスは明文化された憲法典をもたない（不文憲法）ため，裁判所の違憲審査権もない。①下院議員のみ選挙で選ばれる。上院議員は貴族なので選挙も任期もない。③大統領選挙人を介した間接選挙である。④大統領は議会の解散権をもたない。

解答番号 31
国会議員は公務員であり立法府の一員である。その職責の重さを思えば，資産状況を公開し国民の監視を受けることは公共の利益に資するといえる。①は政府による思想統制，内心の自由の侵害につながる可能性があるので固く禁止されている。

解答番号 32
①国連に加盟していない主権国家も存在する。②女子差別撤廃条約（1979年採択），子どもの権利条約（1989年採択）など，個人の人権に関

わる条約も存在する。これらに批准した国は，条約の規定に沿うよう国内法を整備しなければならない。③排他的経済水域は国家の領域ではない。

解答番号 33

ナポレオン戦争後のウィーン会議（1815 年）でスイスの永世中立化が認められた。①は三十年戦争の講和条約（1648 年），②は第一次インドシナ戦争の休戦協定（1954 年），④は EC（欧州共同体）を EU（欧州連合）に改組する条約（1993 年）。

解答番号 34

生糸は，近代日本の発展を支えた最も重要な輸出品である。特にこの時期はヨーロッパで蚕の病気が流行したこと，太平天国の乱で中国の製糸業が停滞したことが日本にとって追い風となった。また，製糸業が機械化されたのは明治時代の殖産興業政策によってであり，江戸時代末期に機械類の需要はない。

解答番号 35

A は第一次大戦の講和条約（1919 年）。B は第一次大戦後に主要国の軍備縮小を取り決めた会議（1921 年）。C は第一次大戦中にソビエト政府が成立した革命（1917 年）。D は A でできた国際連盟にドイツを加盟させる条約（1925 年）。よって A の後に B，D がこなければならない。

解答番号 36

①ムッソリーニは戦死ではなく失脚し，後継政権が無条件降伏を受け入れた。また，イタリアはポーランドを占領していない。

②ノルマンディーはフランス北部，イギリス海峡に面した地域。連合国軍はここで大規模な攻勢をかけ，ドイツ軍に大損害を与えた。

③アメリカ軍は 1945 年 6 月に沖縄を占領し，ソ連軍は同年 8 月に満州や千島列島を占領したが，戦争中に連合国軍が東京を占領したことはない。GHQ（連合国軍最高司令部）が東京に置かれて占領統治を行ったのは，日本の無条件降伏後である。

④ポツダム会談が行われる以前にドイツは降伏した。同会談では日本への無条件降伏勧告が合意された。

解答番号 37

①は第二次石油危機の原因。②，③はどちらも第一次の原因。④のイラン・イラク戦争は 1980~88 年。石油パイプラインの閉鎖は 82 年，かつイラクが石油を入手できなくなった事件であり石油危機とは関係ない。

解答番号 38

①消費税の導入は 1989 年，竹下登内閣。

②戦後日本は「大きな政府」を志向してきたが，長引く不況と少子高齢化により財政赤字が増大していた。そこで小泉内閣は，国営事業を民営化することで経済活性化を促そうとした。いわゆる「聖域なき構造改革」である。

③自衛隊の最初の海外派遣は 1991 年，海部俊樹内閣。当時は湾岸戦争直後で，イラクによって敷設された機雷を除去するため海上自衛隊をペルシャ湾へ派遣した。

④東日本大震災は 2011 年，菅直人内閣。小泉内閣は自民党政権，菅内閣は民主党政権。

第 9 回 解答解説

解答

問	解答番号	正解
問1	1	①
	2	③
	3	②
	4	①
問2	5	②
	6	④
	7	②
	8	①
問3	9	③
問4	10	③
問5	11	④
問6	12	③
問7	13	②
問8	14	②
問9	15	②
問10	16	④
問11	17	④
問12	18	③
問13	19	①
問14	20	②
問15	21	④
問16	22	③
問17	23	②
問18	24	①
問19	25	③
問20	26	①
問21	27	③
問22	28	④
問23	29	④
問24	30	②
問25	31	①
問26	32	②
問27	33	④
問28	34	①

問	解答番号	正解
問29	35	③
問30	36	②
問31	37	④
問32	38	③

解説

解答番号 1
①リベリア，②ガーナ，③ナイジェリア，④ガボン。

解答番号 2
①アメリカ大陸からヨーロッパへの輸出品は砂糖・綿花・タバコ・コーヒーなど。イギリスは石炭・鉄鉱石を国内で調達できた。②奴隷はおもにプランテーション（大農園）で使役された。近代工場は賃金労働が前提であり奴隷制とは両立しない。④ヨーロッパの方がより早く奴隷制を廃止した。このことが，南北戦争においてイギリスが北部を支持した理由に関係している。

解答番号 3
①中国，②イギリス，③スペイン，④南アフリカ。①はすべての品目で100%近い自給率を誇る。これが農業大国の中国である。②は小麦を自給し米を輸入している。これが，小麦の栽培に適した西岸海洋性気候のイギリスである。③は肉類の自給率が突出して高く，米も自給している。これがイベリコ豚で有名な，またヨーロッパには珍しい稲作国のスペインである。④は小麦と米以外の品目をほぼ自給している。これが農業の盛んな南アフリカである。

解答番号 4
②ソマリアへの介入は完全に失敗し内戦は泥沼化した。この苦い経験によって国連はPKOの

抜本的な見直しを迫られた。③東ティモールではなくカンボジア。④自衛隊が初めてPKOに参加したのは1992年のカンボジア。ハイチPKO（2004年〜2017年）は終了したものの、2021年に大統領が暗殺されるなど情勢は不安定である。

解答番号 5

ロシアの人口の多くはヨーロッパ、つまりウラル山脈の西側に偏っている。①サンクトペテルブルク。ロシア帝国時代の首都。ソ連時代はレニングラードと呼ばれた。③エカテリンブルク。ウラル山脈の東麓。ここより東がアジアのシベリア地方。④ノヴォシビルスク。国内第3の都市。付近に重要な鉱山が集中している。

解答番号 6

①科学者の会合はパグウォッシュ会議。その後も定期的に開催され1995年にはノーベル平和賞を受賞した。ストックホルム・アピールは1950年に行われた国際的な署名活動。
②フランスではなくソ連。フランス・中国は同条約に参加せず、その後核実験を行った。
③アメリカ・中国が批准せず、この条約は現在まで発効していない。

解答番号 7

総力戦では軍事力だけでなく、経済・思想・文化などあらゆるものが戦争に利用される。したがって銃後の国民も戦争遂行のための労働力として動員される。①イタリアは三国同盟に参加したが脱退し、戦争中は連合国の一員としてドイツ・オーストリアと戦った。③ドイツ革命で倒れたのはドイツ帝国、皇帝はヴィルヘルム2世。ロマノフ王朝・ニコライ2世はロシア。④ローズヴェルトではなくウィルソン。

解答番号 8

群島国家であるインドネシアは、国内に豊富な漁場を多くもっている。ノルウェーは、南北に細長い国土の西側がすべて海に面しているため、漁業に向いている。人口は約540万人と比較的少ないので、生産する水産物のほとんどが輸出に回っている。

解答番号 9

需要量が増加すると需要曲線は右へシフトし、需要量が減少すると需要曲線は左へシフトする。供給量が増加すると供給曲線は右へシフトし、供給量が減少すると供給曲線は左へシフトする。
①消費者の所得が増加すると、買える物が増えるのだから需要量は増加する。よって需要曲線は右へシフトする。
②原材料費が上昇すると、生産コストが増えるため供給量は減少する。よって供給曲線は左へシフトする。
③代替財とは、ある財の代わりになるような財。コーヒーと紅茶、ビールとウイスキー、バターとマーガリンのような関係。かりにコーヒーの価格が10倍に上昇したら、コーヒーの代わりに紅茶を飲む人が増えるので紅茶の需要量は増加する。よって需要曲線は右へシフトする。
④生産性が向上すると、同じ資金・時間でより多く生産できるのだから供給量は増加する。よって供給曲線は右へシフトする。

解答番号 10

アダム・スミスは市場のもつ価格調整機能を重視し（「神の見えざる手」）、政府が市場に介入しない自由放任主義（レッセ・フェール）を主張した。ここから「小さな政府」という思想が生まれた。
①自由貿易の限界を指摘している。これは保護貿易を重視したリスト。
②古典派経済学では「供給はみずから需要を創出する」とされ、失業問題は市場メカニズムによって自動的に解決されると考えられた。これを批判し、政府が介入して有効需要を作り出し完全雇用を達成しなければならない、と唱えたのがケインズである。
④資本家は本来労働者が得るべき剰余価値（＝賃金）を搾取する存在だと批判し、階級闘争による社会主義の実現を主張したのがマルクス。

解答番号 11

完全競争市場の条件は4つ。（1）売り手と買い手が多数存在すること，（2）取引される財・サービスが完全に同質であること，（3）売り手と買い手が共に取引される財・サービスの情報を熟知していること，（4）市場への参入・退出が自由であること。

①は（4）に反する。②は独占・寡占の状態であり，（1）（4）に反する。③（2）を別の表現で言い換えると，財・サービスが差別化されていないこと。ブランド志向とは価格や品質にかかわらず特定のブランドを求めることであり，そのような志向が強い市場では製品は事実上差別化されている。

解答番号 12

①株主は出資の範囲内で責任を負う（これを有限責任という）。株式会社は有限責任社員のみで構成される。②株主は経営側（取締役など）から財務状況の報告を受ける立場である。③内部の監査役とは別に，コーポレート・ガバナンス（企業統治）の観点から社外取締役を置くことがある（上場企業には義務づけられている）。④株式の売買は自由に行われる。

解答番号 13

A（1973年）が第一次石油危機，B（1991〜93年）がバブル経済の崩壊，C（2007〜10年）がリーマン・ショック。第二次石油危機は日本経済にほとんど打撃を与えていない。1990年代初頭〜2000年代初頭までの景気低迷は「失われた20年」とも呼ばれる。

解答番号 14

マイナス金利政策とは，市中銀行の日銀当座預金にマイナスの金利を適用する政策である。すなわち，市中銀行は日銀に預金を預けても利子を受け取ることができず，むしろ利子を支払わなければならない。それなら日銀に預けるより積極的に企業や個人に貸し付けた方がよいと市中銀行は判断するだろうから，結果的に世の中に出回る資金が増えることが期待できる。

①90年代のバブル崩壊によって起きた銀行の不良債権問題は，2000年代におおむね解決した。③マイナスになるのは市中銀行が日銀に預けている預金の金利であって，企業や個人が市中銀行に預けている預金の金利ではない。④マイナス金利政策は物価上昇を目的に，具体的には「2年後の年率2%の物価上昇率」という目標を掲げて導入されたが，結果的に目標を達成できなかった。なお2022年に入って物価は大幅に上昇したが，その主な原因は原油価格高騰やロシアのウクライナ侵攻であり，マイナス金利政策の成果とは言い難い。

解答番号 15

経済活動が最も大きくなる点を景気の山といい，最も小さくなる点を景気の谷という。谷から山へ上っていくのが景気の拡張期，山から谷へ下っていくのが後退期である。

解答番号 16

①スウェーデン，②ドイツ，③イギリス。社会保障の類型には，租税負担中心の「イギリス・北欧型」と，社会保険料中心の「大陸型」（ドイツ・フランスなど）がある。アメリカは国民負担が軽いかわりに社会保障も薄い。

解答番号 17

国際収支統計は，「経常収支＋資本移転等収支－金融収支＋誤差脱漏＝0」という式で計算される。この式を変換すると「資本移転等収支＝金融収支－経常収支－誤差脱漏」となる。あとは各項目に代入すればよい。

解答番号 18

ロシアは世界最大のエネルギー資源産出国であり，純輸出量はサウジアラビアの約1.5倍にのぼる。ドイツはオランダより人口が多く工業も発達している。なお，イギリスは経済的先進国だが，北海油田などからエネルギー資源を調達できるので純輸入量は意外に少ない。

解答番号 19

東京は東経135°。135÷15=9で，東京はロンドンより9時間進んでいる。ニューヨークは西

317

経75°。－75÷15＝－5で，ニューヨークはロンドンより5時間，東京より14時間遅れている。ゆえに，東京が14:00のとき，ニューヨークは0:00，ロンドンは5:00である。表の営業時間から外れているため，東京のみ営業していることが分かる。

解答番号 20

天然ゴムの原料は熱帯で育つ植物（パラゴムノキなど）の樹液である。そのため天然ゴムの主要な生産国は熱帯地方の国が多い。タイは世界最大の天然ゴムの生産国で，その生産量は実に世界全体の1/3を占める。

解答番号 21

石灰岩が弱酸性の水で溶解・侵食されることを「溶食」という。カルスト地形には，溶食されずに残った岩が石碑のように立つ「ピクナル」や，ピクナルが林立する台地「カレンフェルト」，台地の溶食が進んで塔状の山になった「タワーカルスト」などがある。中国の桂林はタワーカルストの代表例である。

解答番号 22

アイスランドはイギリスの北西に位置する国である。従って，南緯や東経ということはありえない。なお，北緯55°線はアイスランドよりだいぶ南，グレートブリテン島中部，ユトランド半島などの上を通過する。

解答番号 23

①アメリカ，②日本，③メキシコ，④バングラディシュ。
バングラディシュは農業国，かつ開発途上国であるため農業の機械化が進んでいない。ゆえに④に該当する。日本やアメリカは農業より商工業が発達しているため，農林水産業従事者の割合は低い。さらにアメリカでは企業的農業が高度に発達しており，農林水産業従事者1人あたりの労働生産性が極めて高い。高齢化による担い手不足が深刻な日本と比べると，「稼げる農業」といえる。

解答番号 24

中国は羊毛の最大の生産国だが，大半が国内で消費されるため輸出量は多くない。一方，ニュージーランドは人口の5倍以上の羊を飼育しており，生産した羊毛のほとんどが輸出されている。

解答番号 25

1972年の国連人間環境会議（ストックホルム会議）は地球環境問題をテーマにした初の国際会議であり，1992年の国連環境開発会議（地球サミット）ではいくつかの重要な国際条約が採択された。
①「かけがえのない地球」は72年のストックホルム会議のスローガン。92年の地球サミットのスローガンは「持続可能な開発」。②これはワシントン条約の説明。④国連環境計画（UNEP）は72年のストックホルム会議を受けて設立された。

解答番号 26

カントは18世紀ドイツの哲学者。『永遠平和のために』では，常備軍の廃止，国際法の整備，そして国家間の連合により「世界政府」を作り，その力で永遠平和を実現することを説いている。この構想が20世紀のアメリカ大統領ウィルソンに影響を与え，国際連盟の創設につながった。

解答番号 27

解散総選挙後30日以内に特別国会（特別会）が召集され，内閣総理大臣の指名が行われる。①最高裁判所長官は天皇の国事行為として任命される。長官以外の最高裁判事は内閣が任命し天皇が認証する。衆議院の承認は必要としない。②内閣は参議院を解散することができない。④参議院の緊急集会が召集される。

解答番号 28

フランス人権宣言は自由権的基本権に重点を置いており，社会権的基本権の発想は未だ薄弱だった。①③人権宣言の直後に成立した立法議会は制限選挙である。②労働者の権利が強く意識されるようになるのは，所有権が保障されて

資本主義が興隆した後の時代である。

解答番号 29

有権者が立候補者に直接に投票することを，直接選挙という。有権者が代理人を選挙し代理人が立候補者に投票することを間接選挙という（例：アメリカ大統領選挙）。自由選挙とは，選挙人・被選挙人の自由意思で権利を行使できる（＝投票または立候補できる）選挙である。政府の推薦する唯一の候補者に対する信任投票（例：旧ソ連，北朝鮮）や，立候補に事実上政府の公認を必要とする選挙（例：中国の香港）などは，近代選挙の定義を満たしておらず民主主義とは呼べない。

解答番号 30

戦前の大日本帝国憲法では「法律の範囲内において」認められていた。③文民統制の原則は国民主権の原理に基づいて生じている。

解答番号 31

1つの選挙区から1人を選出するのが小選挙区制。1つの選挙区から複数人を選出するのが大選挙区制。中選挙区制は大選挙区制の一種である（日本独自の呼称にすぎず大選挙区制と区別する合理的根拠はない）。

まず，小選挙制では得票数第一位の候補者のみ当選する。第二位，第三位はいかに僅差であっても落選し議席を獲得できない。一方，大選挙区制では第二位以下も（定数の分だけ）当選し議席を獲得できる。

次に，小選挙区制の長所は，選挙区の民意がA党支持なのかB党支持なのかが明確になること。ゆえに大政党が有利で，二大政党制になりやすい。短所は，死票が多く少数意見が議席に反映されないことである。大選挙区制の長所は，死票が少なく少数意見が議席に反映されること。短所は，少数政党が乱立し政局が不安定になりがちなことである。

さらに，比例代表制では有権者は候補者ではなく政党に投票し，政党は得票数に応じて議席を獲得する。ゆえに大政党・少数政党どちらにも公平であり，二大政党制になりやすいとはいえ

ない。

解答番号 32

難民条約における難民の定義は，戦争難民や政治難民（亡命者）に限られている（狭義の「難民」）。災害難民，国内避難民，経済難民（これらを広義の「難民」という）は含まれていない。UNHCR（国連難民高等弁務官事務所）など難民問題に取り組む国際機関は，広義の「難民」も保護の対象としているが，国際的には見解が分かれている。①難民条約は冷戦期に成立した（条約が51年，議定書が67年）。④日本は難民条約に批准しているが，これを厳格に解釈している（狭義の「難民」）ため，結果的に難民の受け入れに極めて消極的である。

解答番号 33

この大陸横断鉄道は，ネブラスカ州オマハとカリフォルニア州サクラメントを結んでいる。1863年に着工し，1869年に完成した。

①アメリカ・メキシコ戦争（米墨戦争）は1846〜48年。この戦争に勝利によってアメリカの領土は太平洋沿岸まで拡大し，西部開拓が本格化した。

②南部で使役される黒人奴隷はアフリカ大陸から船で運ばれてきたので，大陸横断鉄道を利用しない。

③1930年代のニューディール政策では，テネシー川のダム建設などの大規模な公共事業が行われた。

④この鉄道は東西両側から建設が進められたが，西側では中国系移民，東側ではアイルランド系民が多く使用された。奴隷解放宣言以後もアメリカが経済成長を続けることができたのは，常に大量に流入する移民が危険で不安定な低賃金労働に従事したからである。

解答番号 34

①東欧の社会主義国のほとんどはソ連の衛星国であり，ソ連と同じく共産党一党独裁体制が敷かれていた。しかし，1950年代後半に盛り上がったスターリン批判の影響で，チェコスロヴァキアでも共産党指導部の統治体制に不満が高まっ

た。首都プラハで学生による抗議デモが行われるなどしたが，最終的にソ連軍が介入して鎮圧された。

② 2010年から2012年にかけてアラブ諸国で起きた一連の民主化運動。その発端はチュニジアのジャスミン革命で，これにより20年以上続いた独裁政権が打倒された。その後，エジプト，リビア，ヨルダンなど各国で革命や民主化運動が高揚した。ただし，その後安定的に民主政権へ移行した国はわずかで，ほとんどの国は独裁政権の復活，内戦，テロの横行など不安定な状況に陥っている。

③生物学者レイチェル・カーソンが1962年に出版した著書の題名。同書は農薬など化学物質の危険性を訴え，その後の環境保護運動のさきがけとなった。

④ 1848年にヨーロッパで起きた一連の革命運動。ナポレオン失脚後に成立したウィーン体制は，自由主義・民族主義を抑圧する保守的・反動的な国際秩序だった。しかし，これに抵抗する革命が1848年にヨーロッパ各国で起きた。フランス二月革命では君主制が倒れ，ウィーン三月革命では"ウィーン体制の生みの親"宰相メッテルニヒが失脚し，ハンガリーでは独立運動が高揚した。これら一連の革命が諸国民の春と呼ばれている。なお，民主化運動を「○○の春」と呼ぶのは，この諸国民の春になぞらえた表現である。

解答番号 35

①大陸封鎖令は，フランスのナポレオン1世が大陸諸国に対してイギリスとの通商を禁止した法令。ヨーロッパ大陸からイギリス製品を排除しフランスの市場を拡大する目的で出された。しかし，当時のフランス製品は低品質だったこと，対英貿易による利益が失われたこと等から，大陸諸国の大きな反発を招いてしまった。

②日英同盟の締結は1902年。日露戦争は1904～05年。イギリスは中国大陸にさまざまな権益を持っていたが，本国との距離の遠さゆえ，それらをロシアから単独で防衛するのは困難だった。そこでロシアの南下に強い危機感を抱

く日本と同盟を結び，日本を利用してロシアの勢力拡大を食い止めようと考えた。日本はイギリスの支援を得てロシアとの開戦を決意した。

④ ESCSの原加盟国は，フランス，西ドイツ，イタリア，ベルギー，オランダ，ルクセンブルク。これはソ連に対抗するため戦略物資を融通しやすくする枠組みだった。ESCSの成功を受けてEEC（ヨーロッパ経済共同体）が発足したが，イギリスはこれに対抗してEFTA（ヨーロッパ自由貿易連合）を結成した。その後，1973年にEFTAを離脱してEC（ヨーロッパ共同体）に加盟した。

解答番号 36

① 1872年（明治5年），東京（新橋）－横浜間に日本最初の鉄道が開通した。横浜が最も重要な貿易港だったからである。②北九州に設立された理由は，九州には大きな炭田があり，中国大陸に近いからである（鉄鉱石を中国から輸入していた）。③綿織物ではなく生糸（絹糸）。明治初期の日本の主な輸出品は生糸と茶であり，これらの輸出を伸ばすことが国策として重視された。

④ 1875年（明治8年），日本はロシアと樺太・千島交換条約を結んだ。これにより日本が千島列島を，ロシアが樺太島を領有することになった。日本が樺太を領有したのは1905年（明治38年），日露戦争の講和条約であるポーツマス条約においてである（ただし樺太島の南半分のみ）。

解答番号 37

コンゴ民主共和国は1960年にベルギーから独立した。他の三国は1960年以前からの独立国である。

解答番号 38

①西ドイツのシュヴァイツァーはアフリカのガボンで医療活動を行った。②ネルソン・マンデラは南アフリカで反アパルトヘイト闘争を起こし，のち同国の大統領になった。④気候変動を警告したのはアル・ゴア。オバマはイラク戦争の終結などにより受賞。

第 10 回 解答解説

解答

問	解答番号	正解
問1	1	③
	2	②
	3	①
	4	④
問2	5	①
	6	②
	7	④
	8	④
問3	9	③
問4	10	③
問5	11	③
問6	12	②
問7	13	②
問8	14	④
問9	15	②
問10	16	①
問11	17	②
問12	18	①
問13	19	①
問14	20	③
問15	21	③
問16	22	③
問17	23	④
問18	24	④
問19	25	②
問20	26	④
問21	27	③
問22	28	①
問23	29	①
問24	30	②
問25	31	②
問26	32	④
問27	33	④
問28	34	②

問	解答番号	正解
問29	35	④
問30	36	③
問31	37	③
問32	38	①

解説

解答番号 1

シドニーは温暖湿潤気候。年間を通して温暖かつ安定して雨が降る。南半球なので，気温を示す線グラフは山型ではなく谷型になる。①イタリアのローマ（地中海性気候）。一年中乾燥していて，夏に雨が少なく冬に雨が多い。②オーストラリアのパース（地中海性気候）。④日本の大阪（温暖湿潤気候）。

解答番号 2

オーストラリアは豊富な地下資源に恵まれているため，日本の輸入品目は第1位液化天然ガス，第2位石炭，第3位鉄鉱石となっている。ここまでで総輸入額の約3/4を占める。銅鉱は5.5%，肉類は5.1% にとどまっている。

解答番号 3

ウィーン体制とは，ヨーロッパをフランス革命以前の状態にもどす保守的・反動的な国際秩序である。したがって絶対王政の復活，および自由主義と民族主義の抑圧を意味する。

②1815年のウィーン議定書にもとづき，ネーデルラント（のちのオランダ）が南ネーデルラント（のちのベルギー）を併合した。ベルギーの独立は1831年。

③フランスの二月革命，オーストリアの三月革命など，1848年革命とよばれる一連の革命運動によってウィーン体制は崩壊した。この自由主

321

義・民族主義の高揚は「諸国民の春」と呼ばれる。

解答番号 4

①オンブズマン制度はスウェーデンで創始された。② 1990 年に川崎市が初めて導入した。1970 年代はようやくヨーロッパ各国で普及しつつあった時代。③これは圧力団体・利益集団。オンブズマンは政治的に中立であり，特定団体の利益を擁護するものではない。

解答番号 5

②コルカタ（カルカッタ）。インド帝国前期の首都。③チェンナイ（マドラス）。④ムンバイ（ボンベイ）。大航海時代以来，インド貿易における最も重要な港の一つ。

解答番号 6

消費者契約法は不当な契約（悪徳商法・強引な勧誘）から消費者を守るための法律。クーリングオフは，一時の勢いで買った（買わされた）商品でも頭を冷やして（cool off）考えてみて不要ならば無料で返品できるという制度。

解答番号 7

①喜望峰をこえてインドへの航路を開拓した。②世界で初めて世界周航を達成した。③大西洋を横断して現在の西インド諸島へ到達した。④ディアス家は，バルトロメウの祖父の代からポルトガル王家に仕えてアフリカへの冒険航海をくり返していた。喜望峰到達は半世紀以上にわたる国家事業の成果である。

解答番号 8

①ヨルダンのみ 2019 年の方が低い。ヨルダンはアラブ世界の中で最も教育水準の高い国の一つだが，パレスチナ難民を多く受け入れてきたため統計上の就学率は低下している。
②男女平均が 100% 未満の国のうち，インドとセネガルは女子の方が高い。
③コートジボワールとルワンダが該当しない。
④ルワンダが該当する。就学率とは「就学者人口÷就学年齢人口」である。すなわち，ルワンダのように就学率が 100% を大きく超える場合，

就学年齢人口に含まれない成人が学校に通っている（＝子どもの時に適切な教育を受けられなかった）ことを意味する。ルワンダの場合，初等教育の就学率の著しい高さと，高等教育の就学率の著しい低さは表裏一体である。90 年代の内戦によって教育制度が一度崩壊し，改めて再出発したことがこの数字に表れている。

解答番号 9

1946 ～ 50 年にかけて，GHQ は日本民主化の一環として農地改革を行った。国が農地を地主から安く買い上げ小作人に安く販売した。これにより多くの自作農が生まれ，寄生地主制は解体された。

50 年代後半から高度経済成長が始まると，若者が都市へ移住したため農家の高齢化・零細化が進んだ。そこで政府は 61 年に農業基本法を制定した。この法律は農家に米以外の作物の生産を奨励し，大規模農家を育成することをめざしていた（だが実現しなかった）。

さらに，日本人の食生活が欧米化したことで，米の需要が減って農家の収入が不安定になった。そこで政府は 70 年から生産調整を行った。具体的には，農家に米の作付面積を削減させた（田植えをする田んぼを減らす）ので，これを減反政策という。

農業と農家の衰退がさらに進んだ 99 年，食料・農業・農村基本法（新農業基本法）が制定された。これは食料自給率の向上と，食料生産以外の観点（環境保全など）から農業を振興することをめざしている。

解答番号 10

労働者の賃金は Y 国より X 国の方が高い。ゆえに労働移動が自由化された場合，Y 国から X 国へ労働移動が起きる。すなわち，X 国では労働供給量が増えるので Sx は右へシフトする。Y 国では労働供給量が減るので Sy は左へシフトする。したがって，X 国での新しい均衡点は B，Y 国でのそれは C となる。

解答番号 11

①固定資本減耗を引かない。②国内在住・国外

在住にかかわらず，国民が生産した付加価値の総額が GNP。ゆえに経済のグローバル化が進んだ現代では，一国の経済力を表す指標として GNP はあまり参考にならない。④間接税と補助金の差を引いたもの。間接税は小売店の売り上げに含まれているが，直接税はそうでないのだから引く理由がない。

解答番号 12

デフレスパイラルとは，デフレーション（deflation）とスパイラル（spiral）（＝螺旋）を合わせた用語。「物価の下落→売上の減少→賃金の下落や企業の倒産→所得の減少や失業者の増加→消費の減退→経済の停滞→物価の下落」という循環が持続する状況である。
①ハイパーインフレの説明。スタグフレーションは不況（stagnation）と物価上昇（inflation）が同時に進行する状況のこと。③コスト・プッシュ・インフレーションの説明。ディマンド・プル・インフレーションとは，需要（demand）の増大によるインフレのこと。
④クリーピング（creeping）は「忍び寄る」，ギャロッピング（galloping）は「駆け足の」という意味。年率 10％ 未満のゆるやかなインフレをクリーピング・インフレーションといい，年率 10％ 〜 100％ 程度の急激なインフレをギャロッピング・インフレーションといい，さらに激しいものをハイパーインフレーションという。

解答番号 13

①企業数では約 99％ を占め，従業員数では約 70％ を占める。③中小企業は，好況期には大企業からの発注量を増やされ，不況期には発注量を減らされる。需要の増減が一定の範囲内に収まっている間は，大企業は中小企業への発注量を調整することで自社への影響を最小限に抑えようとする。この構造をさして「景気の調整弁」という。④中小企業の振興をはかる目的で設置されているのは中小企業庁。公正取引委員会は特段中小企業を対象としているわけではない。

解答番号 14

この 4 ヶ国はすべて EU 加盟国，かつユーロ圏

である。フランスはドイツに次ぐ豊かな国であり，EU 経済圏の中核の一つである。よって A に該当する。オランダは商工業や金融業が発達しているため，1 人あたり GNI は高い。よって C に該当する。GNI が著しく低い D は，人口と経済規模の小さいリトアニア。同国の 1 人あたり GNI はオランダの 37％ であり，EU 内の経済格差がはっきりと表れている。

解答番号 15

貿易収支とは，輸出額から輸入額を引いたもの。つまりプラスなら輸出超過＝貿易黒字，マイナスなら輸入超過＝貿易赤字である。
アメリカは世界最大の消費大国であり，国際信用力の高さゆえドル高になる傾向があるので，輸入超過になりやすい。加えて日本，ドイツ，中国などの後発工業国の台頭によって貿易赤字が増大し続けている。従って④がアメリカ。21 世紀に入ってから貿易黒字が急激に増加した①が中国。2011 年以降の数年間貿易赤字に転落した③が日本（東日本大震災の影響）。以上より，安定的かつ堅実に貿易黒字を記録している②がドイツである。

解答番号 16

1 年目の 1 ポンド＝ 110 円のとき，4 × 110 ＝ 440 により，4 億ポンドは 440 億円である。2 年目の 1 ポンド＝ 150 円のとき，3 × 150 ＝ 450 により，3 億ポンドは 450 億円である。したがって，この企業の売上は 10 億円増加したことになる。

解答番号 17

産業の空洞化とは，国内の工場が国外へ移転することで国内の産業（とくに製造業）が衰退してしまうことをいう。日本では 1980 年代以降，円高や中国の台頭による産業の空洞化がたびたび懸念されてきた。
①近隣諸国より人件費が安い場合は製品価格も安く抑えられるので，国内工場で生産する方が有利である。②自国通貨が高いと輸出の利益が減るので，工場を国外へ移転して生産する方が有利である。③これは産業の空洞化の結果であ

り，要因ではない。④原材料を自給しているのか輸入しているのかによって異なる。自給している場合は国内工場で生産する方が有利なのだから，これは正解になり得ない。

解答番号 18

②③水道や医療は代金を払って受ける財・サービスである。④商店は代金と引き換えに財・サービスを提供する。たとえ国の要請を受けて営業時間を短縮しようとその性質に変化はない。

解答番号 19

エチオピアは北アフリカに位置するものの，イスラム教徒よりキリスト教徒が多い。それは，古代に伝来したキリスト教（ヨーロッパとは別系統）が信仰されてきたからである。シンガポールはさまざまな文化的背景を持つ人々が集まる商業都市であり，宗教の構成も多様性に富んでいる。

解答番号 20

地図上で標高の同じ地点を結んだ線を等高線という。この地図の場合，標高 10m ごとに細い等高線が，50m ごとに太い等高線が引かれている。

①等高線をよく見ると，A 地点は標高 900m と 950m の間にある。よって誤り。② B 地点は標高 800m より低く，C 地点は 850m より高い。よって誤り。③ C 地点は標高 850m の等高線より 1.5 本分高い位置にある。よって正解。④標高 800m の等高線に注目しよう。D 地点は 800m より高く，B 地点は 800m より低い。よって誤り。

解答番号 21

海流はおもに太陽光と風によって生じる。赤道に近い海は太陽光を多く受けるので温かく，赤道から遠い（極点に近い）海は太陽光をあまり受けないので冷たい。ゆえに海水が対流する。同様に，赤道付近の空気と極点付近の空気との温度差から空気も対流し，風が生まれる（偏西風や貿易風）。

このような海水と空気の対流に地球の自転運動も加わって，海流は原則として北半球では時計

回り，南半球では反時計回りに流れている。①②のように，赤道に大きくまたがって流れることはありえない。

解答番号 22

①ヨーロッパ，②日本，③南北アメリカ，④アジア・太平洋地域（日本を除く）。

半導体の生産は，20 世紀まではアメリカ合衆国と日本が大きくリードしていた（「南北アメリカ」のほとんどはアメリカ合衆国）。しかし，21 世紀に入ってから東アジア，特に韓国，台湾，中国が急速に成長し，現在ではアジア・太平洋地域だけで世界全体の生産量の約 2/3 を占める。

解答番号 23

ボストンはマサチューセッツ州北東部の都市。同じ東海岸の州でも，マサチューセッツ州はニューヨークの北，ヴァージニア州はニューヨークの南に位置する。

解答番号 24

黒海の北には肥沃な黒土地帯が広がっているため，ロシアやウクライナは世界有数の穀倉地帯である。なお，小麦の生産量は第 1 位が中国，第 2 位がインドであり，この 2 ヵ国で世界全体の生産量の 3 割強を占める。しかし両国とも人口が多いため輸出量は少なくなっている。

解答番号 25

①フランス人権宣言。近代憲法の基本原理は人権保障と三権分立にあると述べている。③アメリカ独立宣言。ロックの革命権に強く影響を受けている。④ホッブズの『リヴァイアサン』。いわゆる「万人の万人に対する闘争」を述べている。

解答番号 26

裁判員裁判は，重大な刑事事件の第一審において，裁判員 6 人と職業裁判官 3 人によって行われる（ただし，被告人が罪状を認めている場合は裁判員 4 人職業裁判官 1 人となる）。職業裁判官 1 名を含む過半数の賛成があれば有罪判決を下せる。言い換えれば，裁判員が裁判官から

独立して判決を下すことはできない。

解答番号 27

ポイントは2つ。（1）C党が与党になるためにはどの党と連立すればよいか。（2）連立与党の議席数に占めるC党の議席数の割合が最も多くなる組み合わせはどれか。

まず、A〜F党の議席数を合計した総議席数は700。ゆえに過半数は $700 \div 2 + 1 = 351$。よって、合計が351以上になる組み合わせが連立与党として成立する。A＋C＝350，A＋C＋D＝460，B＋C＋E＝355，C＋D＋E＋F＝320。したがって②と③が連立与党として成立する。

②の場合，連立与党の議席数は460，そのうちC党の議席数は130なので，$130 \div 460 \times 100\% = 28.3\%$。③の場合，連立与党の議席数は355，そのうちC党の議席数は130なので，$130 \div 355 \times 100\% = 36.6\%$。以上より，C党議員の大臣数が最大となるのは③である。

解答番号 28

②「鉄のカーテン」演説を行ったのはイギリスのチャーチル。③スターリンは農業の集団化を推進した。④ド・ゴールは1950〜60年代のフランス大統領。EUが発足したのは1993年。ただし，EEC（ヨーロッパ経済共同体）などEUの前身となるヨーロッパ統合にはド・ゴールも関与している。

解答番号 29

①フランスの半大統領制では，大統領は大きな権限を持つ。②ドイツの半大統領制では，大統領は名誉職的で事実上の議院内閣制に近い。③首相は下院（庶民院）の信任を必要とし，上院（貴族院）の信任を必要としない。④副大統領は大統領と同時に選挙によって選ばれる。

解答番号 30

①統帥権は議会・内閣から独立していた。③国民主権かつ象徴天皇制である以上，国会が指名した人物の任命を天皇が拒否することはできない。④逮捕令状を発行するのは裁判官である。

法務大臣は内閣総理大臣によって任命される行政府の一員。逮捕とは個人の自由権を一時的に制限するものであり，司法権の領域である。

解答番号 31

17〜18世紀の市民革命で最も重視されたのは自由権の確立だった。ゆえに18〜19世紀の立憲国家では，国家は国民にできるだけ干渉するべきでない（「国家からの自由」）と考えられた。このような国家像を，夜警国家・消極国家という。しかし，19世紀後半〜20世紀前半にかけて資本主義社会の弊害（ex. 貧富の格差の拡大）が顕著になったことで，むしろ国家が積極的に干渉して国民の人間的な生活を営む権利を保障するべきだ（「国家による自由」）という思想が生まれた。このような国家像を福祉国家・積極国家という。

解答番号 32

核兵器禁止条約は国連での討議を経て2017年に採択され，2021年に発効した。この条約は，規模や戦略目的を問わずあらゆる核兵器を法的に禁止しており，それまでの核軍縮条約の集大成といえる。しかし，アメリカ・ロシア・中国などの核保有国や唯一の被爆国である日本は批准していない。①②はアメリカとソ連，③はアメリカとロシアの間で締結された条約。すでに多数の核兵器（核ミサイル）を保有している国同士の条約であり，非核保有国も含めた包括的な条約ではない。

解答番号 33

①イタイイタイ病→水俣病。海に垂れ流された工場排水に有機水銀が含まれていて，これが沿岸の住民に重篤な健康被害を与えた。
②富山県では，川に垂れ流された工場排水が原因でイタイイタイ病が起きた。足尾銅山鉱毒事件は，明治時代に栃木県で起きた"日本初"の公害問題。四日市ぜんそくは，中京工業地帯の三重県四日市市で起きた。
③67年に公害対策基本法，93年に環境基本法，97年に環境アセスメント法が制定された。60〜70年代の日本の公害対策は対症療法的だっ

た。地球環境も含めた包括的な環境保護意識が日本で浸透したのは90年代以降のことである。

解答番号 34

産業革命というと蒸気機関のイメージが強いが，飛び杼やジェニー紡績機（人力），水力紡績機やミュール紡績機（水力）のように，既知の動力で動かす機械の技術改良が先行し，それに蒸気機関という新しい動力源が充てられた，という方が実態に近い。

①ジェニー紡績機は1764年ハーグリーヴスによって発明された。多軸紡績機とも呼ばれる。同時に多数の糸を紡ぐことが可能となり，紡績の能率が向上した。②水力紡績機は1769年にアークライトによって発明された。水車を動力源とする。③蒸気機関車は蒸気機関を動力源とする乗り物。1804年にトレシヴィックにより発明され，1814年にスティーヴンソンによって実用化された。ワットは蒸気機関を改良し実用化した人物。④蒸気船は1807年にフルトンによって発明された。スティーヴンソンは1814年に蒸気機関車を実用化した。

解答番号 35

フランスが領有したのはインドシナ（Indochina）。大陸封鎖令はナポレオン一世（Napoleon Ⅰ）。パリ・コミューンはナポレオン三世による第二帝政に反対して起こった民衆運動。

解答番号 36

第二次世界大戦を基準に，それぞれの出来事の前後関係を考えよう。B・Cは第二次大戦以前，Aは第二次大戦末期，Dは第二次大戦以後の出来事である。

Cの第一次バルカン戦争は1912〜13年。オスマン帝国と，そこから独立したバルカン同盟諸国との戦争。こうしたバルカン半島の紛争が，第一次世界大戦（1914〜18年）の誘因となった。第一次世界大戦の末期にロシア革命が勃発し，その後ソ連が成立するのだから，Cの後にBが来なければならない。

解答番号 37

① 1918年に成立したのはユーゴスラヴィア王国。オーストリア・ハンガリーに支配されていたセルビア人，クロアチア人，スロベニア人などが連合して新国家が成立した。ユーゴ王国は第二次世界大戦中にドイツの侵攻を受けて崩壊し，同じ領域で1943年にユーゴスラヴィア連邦が成立した。

②ユーゴ連邦は社会主義国だったがソ連とは異なる独自路線を歩み（自主管理社会主義），ワルシャワ条約機構の加盟も拒否した。その背景には，ユーゴはスターリンに解放してもらったのではなく自力でナチスを撃退したのだという自負があった。

③ユーゴ連邦は複数の異なる民族・言語・宗教をもつモザイク国家だったが，チトー大統領のカリスマ性と調整能力により平和が保たれていた。

④ 1980年にチトーが死去し89年に冷戦が終結すると，内戦を経てユーゴ連邦は解体され，セルビア，クロアチア，ボスニア・ヘルツェゴヴィナなどが独立した。スロバキアは隣国チェコと連合して「チェコスロバキア連邦」を構成していたが，冷戦後に連合を解消しスロバキア共和国として独立した。

解答番号 38

イギリスは中国から茶・絹・陶磁器などを輸入したが，中国はイギリスの主力商品である綿布を輸入しなかった（中国は綿布を自給していた）。膨張した貿易赤字を解消するために，イギリスはインドを利用した三角貿易を行った。その要点は，インドで生産されたアヘンを中国へ輸出することである。このアヘン貿易をめぐってのちにアヘン戦争（1840〜42年）が起きた。

日本留学試験（EJU）
総合科目　予想問題

付録

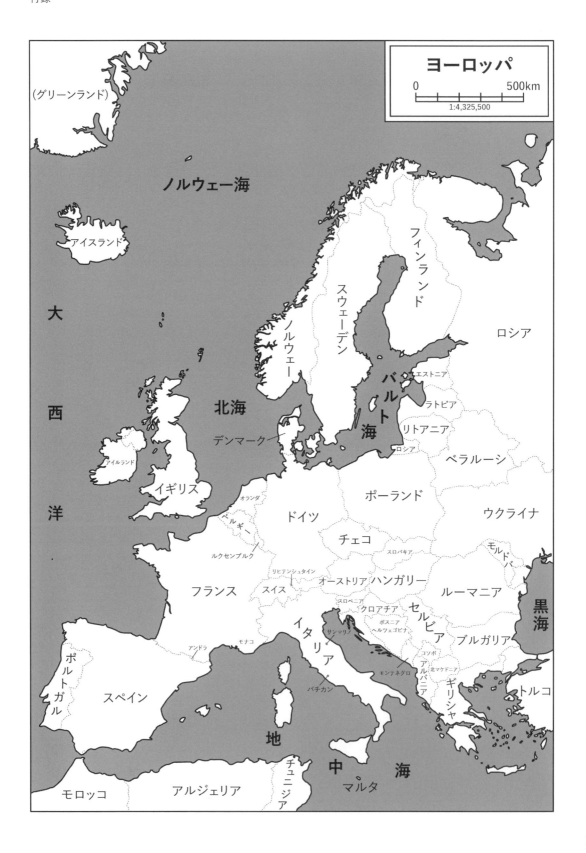

ホンジュラス

カリブ海

ニカラグア

パナマ

コスタリカ

アンティグア・バーブーダ

ドミニカ国

セントルシア

グレナダ

バルバドス

セントビンセント・グレナディーン諸島

トリニダード・トバゴ

ベネズエラ

ガイアナ

（ギアナ）

スリナム

コロンビア

エクアドル

ペルー

ブラジル

ボリビア

パラグアイ

太平洋

チリ

大西洋

アルゼンチン

ウルグアイ

南アメリカ大陸

0   1500km

1/10,079,000

中央アメリカ

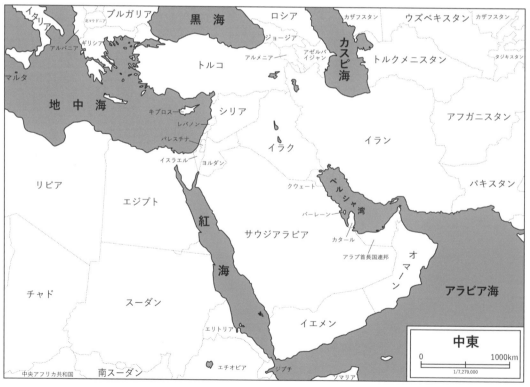

中東

北海道地方		
1	北海道	ほっかいどう

東北地方		
2	青森	あおもり
3	岩手	いわて
4	秋田	あきた
5	宮城	みやぎ
6	山形	やまがた
7	福島	ふくしま

関東地方		
8	茨城	いばらき
9	栃木	とちぎ
10	群馬	ぐんま
11	千葉	ちば
12	埼玉	さいたま
13	東京都	とうきょうと
14	神奈川	かながわ

中部地方		
15	新潟	にいがた
16	富山	とやま
17	石川	いしかわ
18	福井	ふくい
19	山梨	やまなし
20	長野	ながの
21	岐阜	ぎふ
22	静岡	しずおか
23	愛知	あいち

近畿地方		
24	滋賀	しが
25	京都府	きょうとふ
26	兵庫	ひょうご
27	三重	みえ
28	奈良	なら
29	大阪府	おおさかふ
30	和歌山	わかやま

中国地方		
31	鳥取	とっとり
32	島根	しまね
33	岡山	おかやま
34	広島	ひろしま
35	山口	やまぐち

四国地方		
36	徳島	とくしま
37	香川	かがわ
38	愛媛	えひめ
39	高知	こうち

九州地方		
40	福岡	ふくおか
41	佐賀	さが
42	長崎	ながさき
43	大分	おおいた
44	熊本	くまもと
45	宮崎	みやざき
46	鹿児島	かごしま
47	沖縄	おきなわ

🔺 啓程塾 日本留学試験（EJU）模擬試験

総合科目 解答用紙

🔺 あなたの受験票と同じかどうか確かめてください。Check that these are the same as your Examination Voucher. ◀

受験番号
Examinee Registration Number

名前
Name

注意事項 Note

1. 必ず鉛筆 (HB) で記入してください。

2. この解答用紙を汚したり折ったりしてはいけません。

3. マークは下の良い例のように、○わく内を完全に塗りつぶしてください。

Marking Examples.

よい例 Correct	悪い例 Incorrect

4. 訂正する場合はプラスチック消しゴムで完全に消し、消しくずを残してはいけません。

5. 解答番号は 1 から 75 まであmeりますが、問題のあるところまで答えて、あとはマークしないで下さい。

6. 所定の欄以外には何も書いてはいけません。

7. この解答用紙は全て機械で処理しますので、以上の 1 から 6 までが守られていないと採点されません。

解答欄 Answer

解答番号	1	2	3	4
1	①	②	③	④
2	①	②	③	④
3	①	②	③	④
4	①	②	③	④
5	①	②	③	④
6	①	②	③	④
7	①	②	③	④
8	①	②	③	④
9	①	②	③	④
10	①	②	③	④
11	①	②	③	④
12	①	②	③	④
13	①	②	③	④
14	①	②	③	④
15	①	②	③	④
16	①	②	③	④
17	①	②	③	④
18	①	②	③	④
19	①	②	③	④
20	①	②	③	④

解答番号	1	2	3	4
21	①	②	③	④
22	①	②	③	④
23	①	②	③	④
24	①	②	③	④
25	①	②	③	④
26	①	②	③	④
27	①	②	③	④
28	①	②	③	④
29	①	②	③	④
30	①	②	③	④
31	①	②	③	④
32	①	②	③	④
33	①	②	③	④
34	①	②	③	④
35	①	②	③	④
36	①	②	③	④
37	①	②	③	④
38	①	②	③	④
39	①	②	③	④
40	①	②	③	④

解答番号	1	2	3	4
41	①	②	③	④
42	①	②	③	④
43	①	②	③	④
44	①	②	③	④
45	①	②	③	④
46	①	②	③	④
47	①	②	③	④
48	①	②	③	④
49	①	②	③	④
50	①	②	③	④
51	①	②	③	④
52	①	②	③	④
53	①	②	③	④
54	①	②	③	④
55	①	②	③	④
56	①	②	③	④
57	①	②	③	④
58	①	②	③	④
59	①	②	③	④
60	①	②	③	④

启程塾

**進学情報力
日本トップ
クラス**

最も責任感がある
留学生向けの進学塾

── 四大特徴 ──

学部文系 学部理系 大学院 芸術 語学など **豊富な コースを用意**	すべての 留学生に 最高の **学習環境を提供**	過去問題 進学情報を **徹底分析**	通信教育 ビデオ 生配信 **授業を展開**

啓程塾から
難関大学へ
1598 名

旧帝一工神大学合格者合計 ➤ *110* 名

早稲田慶応上智合格者合計 ➤ *148* 名

GMARCH 関関同立合格者合計 ➤ *188* 名

一流国公立大学*1 合格者合計 ➤ *133* 名

一流私立大学*2 合格者合計 ➤ *347* 名

*1　広島大学、東京医科歯科大学、千葉大学、筑波大学、岡山大学等

*2　順天堂大学、日本大学、東京理科大学、東京医科大学等

※ 2023 年 3 月迄

啓程塾合格体験記

KEI TEI EDUCATION GROUP

合格のヒントが
たくさんあります

胡さん 東京大学 教養学部	斯さん 東京大学 理科一類	崔さん 大阪大学 経済学部	欧阳さん 大阪大学 経済学部	李さん 大阪大学 文学部
許さん 名古屋大学 経済学部	張さん 名古屋大学 農学部	夏さん 九州大学 工学部	周さん 東京工業大学 工学院	許さん 一橋大学 商学部
董さん 千葉大学 工学部	張さん 千葉大学 法政経学部	許さん 広島大学 文学部	雷さん 東京外国語大学 国際日本学部	張さん 東京外国語大学 言語文化学部
張さん 慶應義塾大学 法学部	杨さん 慶應義塾大学 文学部	苏さん 慶應義塾大学 商学部	曹さん 慶應義塾大学 法学部	王さん 早稲田大学 商学部

啓程塾から難関大学へ 1598 名

KEI TEI
陈さん
早稲田大学
商学部
EDUCATION

KEI TEI
苗さん
早稲田大学
法学部
EDUCATION

KEI TEI
期さん
早稲田大学
文学部
EDUCATION

KEI TEI
陆さん
早稲田大学
文化構想学部
EDUCATION

KEI TEI
王さん
早稲田大学
基幹理工学部
EDUCATION

KEI TEI
徐さん
早稲田大学
創造理工学部
EDUCATION

KEI TEI
張さん
上智大学
経済学部
EDUCATION

KEI TEI
郭さん
上智大学
経済学部
EDUCATION

KEI TEI
高さん
武蔵野美術大学
造形学部
EDUCATION

KEI TEI
李さん
武蔵野美術大学
造形学部
EDUCATION

KEI TEI
谭さん
武蔵野美術大学
造形学部
EDUCATION

KEI TEI
黄さん
多摩美術大学
美術学部
EDUCATION

KEI TEI
钟さん
多摩美術大学
美術学部
EDUCATION

KEI TEI
馬さん
多摩美術大学
美術学部
EDUCATION

KEI TEI
刘さん
女子美術大学
アート・デザイン表現学科
EDUCATION

KEI TEI
石さん
女子美術大学
アート・デザイン表現学科
EDUCATION

KEI TEI
張さん
女子美術大学
美術学科
EDUCATION

KEI TEI
何さん
東京造形大学
造形学部
EDUCATION

KEI TEI
董さん
東京造形大学
造形学部
EDUCATION

KEI TEI
刘さん
東京造形大学
造形学部
EDUCATION

啓程教育グループ
予備校関係

啓程塾東京校（本校）

📍 東京都新宿区高田馬場 2-18-6 柳屋ビル 2 階

📞 03-6380-3045 🆔 2294302667

啓程塾北京センター

📍 北京市朝阳区东三环建外 SOHO
　东区 5 号楼 8 层 0803 室

📞 010-58695812 🆔 2294302667

啓程塾上海センター

📍 上海市黄浦区徐家汇路 555 号
　广东发展银行大厦 8A

📞 021-53513553 🆔 2294302667

啓程塾広州センター

📍 广东省广州市天河区体育东路 122 号
　羊城国际商贸中心东塔 1907 室

📞 020-37209223 🆔 2294302667

啓程塾成都センター

📍 四川省成都市錦江区 IFS 国際金融中心
二号写字楼 1909 号

📞 028-60721986　☎ 2294302667

啓程塾大連センター

📍 辽宁省大连市沙河口区天兴罗斯福
国际大厦 1909

📞 13804243214　☎ 2294302667

啓程芸術学院（芸術進学）

📍 東京都新宿区高田馬場 2-18-6 柳屋ビル 6 階
📞 03-6380-3045　☎ 2294302667

啓程云課堂（オンライン教育）

📍 東京都新宿区高田馬場 2-18-6 柳屋ビル 2 階
📞 03-6380-3045　☎ 2294302667

日本語学校関係

早稲田進学館駒込校

📍 東京都北区中里 2-27-1 AST ビル
📞 03-6903-6395　☎ 2294302667

早稲田進学館中野校

📍 東京都杉並区高円寺南 2-53-4
📞 03-5913-7328　☎ 2294302667

日本留学試験（EJU）予想問題集
総合科目

2023 年 6 月 9 日　初版第 1 刷発行

著　者　　啓程塾

編集者　　張　健　　柏崎史信　　潘志城

ＤＴＰ　　巫　雲

発行者　　李　旭

発行所　　株式会社啓程

　　　　　〒 169-0075　東京都新宿区高田馬場 2 丁目 18 番 6 号　柳屋ビル 2 階
　　　　　TEL: 03-6380-3045
　　　　　http://www.qichengshu.com/

発売所　　日販アイ・ピー・エス株式会社

　　　　　〒 113-0034　東京都文京区湯島 1-3-4
　　　　　TEL: 03-5802-1859　FAX: 03-5802-1891

印刷所　　シナノ書籍印刷株式会社

ISBN978-4-910159-51-5